本书是国家社科基金项目"西部地区民族特色文化产业法律保障研究"(12XFX004)研究成果

卫霞 著

西部民族特色文化产业法律保障研究

中国社会科学出版社

图书在版编目(CIP)数据

西部民族特色文化产业法律保障研究/卫霞著.—北京：中国社会科学出版社，2020.6

ISBN 978-7-5203-5765-4

Ⅰ.①西… Ⅱ.①卫… Ⅲ.①民族文化—文化产业—法律—研究—中国 Ⅳ.①D922.164

中国版本图书馆CIP数据核字(2019)第277644号

出 版 人	赵剑英
责任编辑	梁剑琴
责任校对	李　莉
责任印制	郝美娜
出　　版	中国社会科学出版社
社　　址	北京鼓楼西大街甲158号
邮　　编	100720
网　　址	http://www.csspw.cn
发 行 部	010-84083685
门 市 部	010-84029450
经　　销	新华书店及其他书店
印刷装订	北京市十月印刷有限公司
版　　次	2020年6月第1版
印　　次	2020年6月第1次印刷
开　　本	710×1000 1/16
印　　张	13.5
插　　页	2
字　　数	223千字
定　　价	78.00元

凡购买中国社会科学出版社图书，如有质量问题请与本社营销中心联系调换
电话：010-84083683
版权所有　侵权必究

目 录

第一章 绪论 ……………………………………………………（1）

 第一节 研究意义 ……………………………………………（1）

  一 全球化背景下文化产业发展的重要性 …………………（2）

  二 西部特色文化产业对区域经济的重要性 ………………（5）

  三 法律制度对文化产业发展的支撑作用 …………………（9）

 第二节 研究现状 ……………………………………………（10）

  一 国内研究现状 ……………………………………………（10）

  二 国外研究现状 ……………………………………………（13）

  三 评述 ………………………………………………………（16）

 第三节 概念界定 ……………………………………………（16）

  一 文化 ………………………………………………………（16）

  二 文化产业 …………………………………………………（18）

  三 西部民族特色文化产业 …………………………………（24）

  四 法律保障 …………………………………………………（25）

  五 法律与政策 ………………………………………………（26）

 第四节 研究框架 ……………………………………………（27）

  一 研究思路 …………………………………………………（27）

  二 研究体系 …………………………………………………（28）

 第五节 研究方法与研究特色 ………………………………（28）

  一 研究方法 …………………………………………………（28）

  二 研究特色 …………………………………………………（29）

第二章 西部民族特色文化产业的现状与特点 ………………（31）

 第一节 西部民族特色文化产业的现状 ……………………（31）

  一 西部大开发与西部文化产业发展 ………………………（32）

二　西部民族特色文化产业与扶贫 ……………………………………（39）
　　三　西部民族特色文化产业的发展数据 …………………………（42）
第二节　西部民族特色文化产业的特点 …………………………………（43）
　　一　少数民族聚居与文化多样化 …………………………………（43）
　　二　发展速度较快与产业化程度低 ………………………………（44）
　　三　促进了民族文化的传承与社会和谐 …………………………（45）
第三节　西部民族特色文化产业模式 ……………………………………（47）
　　一　西藏特色文化产业模式 ………………………………………（47）
　　二　云南特色文化产业模式 ………………………………………（50）
　　三　新疆特色文化产业模式 ………………………………………（56）
　　四　四川特色文化产业模式 ………………………………………（57）
　　五　其他地区的经验 ………………………………………………（59）
第四节　西部民族特色文化产业的问题 …………………………………（59）
　　一　管理职权分散及法律协同不足 ………………………………（59）
　　二　市场准入限制条件过多 ………………………………………（61）
　　三　法律调控不足 …………………………………………………（64）
　　四　文化产业结构优化的问题 ……………………………………（65）

第三章　西部民族特色文化产业的法律制度 …………………………（70）
第一节　国家层面的法律制度 ……………………………………………（70）
　　一　全国性的法律法规 ……………………………………………（70）
　　二　文化产业促进法的起草与审议 ………………………………（74）
　　三　国家的文化产业政策 …………………………………………（76）
　　四　国家层面立法存在的问题 ……………………………………（77）
第二节　地方层面的法律制度 ……………………………………………（80）
　　一　地方立法的现状 ………………………………………………（81）
　　二　地方立法的适用 ………………………………………………（83）
　　三　地方立法与地方政策 …………………………………………（86）
第三节　西部民族特色文化产业法律存在的问题 ………………………（87）
　　一　西部民族特色文化产业主体的法律问题 ……………………（88）
　　二　西部民族特色文化产业管理中的法律问题 …………………（95）
　　三　西部民族特色文化产业融资中的法律问题 ………………（104）

目录

  四 西部民族特色文化产业税收扶持中的法律问题……………（112）
第四章 西部民族特色文化产业的法律保障措施……………（117）
 第一节 构建适度型文化产业政府管理模式…………………（117）
  一 完善我国文化产业政府职能…………………………（117）
  二 文化管理体制改革思考…………………………………（120）
 第二节 发挥地方立法的优势………………………………（126）
  一 结合地方特色的法律激励………………………………（126）
  二 地方法律激励模式构建…………………………………（129）
  三 法律及激励政策对特色文化产业发展的作用…………（132）
 第三节 新疆莎车非遗文化产业法律保障与边疆发展………（133）
  一 莎车民族特色文化产业发展概览………………………（134）
  二 莎车非遗文化产业激励措施……………………………（135）
  三 非物质文化遗产的法律保护……………………………（140）
  四 莎车文化产业与地区发展………………………………（146）
 第四节 甘肃庆阳民族手工业与知识产权保护………………（148）
  一 庆阳民族文化产业发展概述……………………………（148）
  二 庆阳市民族文化产业政策激励的成效…………………（149）
  三 庆阳民族特色手工业发展的困境与不足………………（152）
  四 庆阳民族文化产业的法律保护模式……………………（155）
  五 民族特色手工业的知识产权纠纷与保护………………（157）
 第五节 甘肃甘南演艺文化产业与演艺合同………………（162）
  一 甘南州演艺文化产业的概况……………………………（162）
  二 甘南演艺文化产业的现状与问题………………………（164）
  三 合同在演艺文化产业中的重要作用……………………（170）
第五章 国外文化产业的法律制度……………………………（173）
 第一节 美国文化产业法律制度……………………………（173）
  一 法律创造自由竞争环境…………………………………（174）
  二 美国文化产业法律制度…………………………………（174）
 第二节 英国文化产业法律制度……………………………（179）
  一 创意产业管理体制………………………………………（180）
  二 "臂距原则"管理模式…………………………………（181）

三　英国文化产业法律制度 ………………………………（182）
第三节　法国文化产业法律制度 …………………………………（183）
　　一　文化产业国家主导模式 ………………………………（184）
　　二　"文化例外"原则 ……………………………………（185）
　　三　法国文化产业法律制度 ………………………………（187）
第四节　日本文化产业法律制度 …………………………………（190）
　　一　文化产业管理模式 ……………………………………（190）
　　二　日本文化产业法律制度 ………………………………（191）
第五节　韩国文化产业法律制度 …………………………………（193）
　　一　文化产业管理模式 ……………………………………（194）
　　二　韩国文化产业法律制度 ………………………………（195）
第六节　对我国的启示 ……………………………………………（196）
　　一　对民族特色文化产业促进模式的启示 ………………（196）
　　二　对立法选择的启示 ……………………………………（197）
　　三　对法律制度构建的启示 ………………………………（199）

结语 …………………………………………………………………（201）

参考文献 ……………………………………………………………（203）

后记 …………………………………………………………………（212）

第一章 绪论

第一节 研究意义

文化产业是"绿色产业",被誉为 21 世纪的朝阳产业,是建设"美丽中国"、树立"文化自信"的重要促进力。党的十六大以来,我国文化体制改革不断深化,文化产业快速成长。党的十七届六中全会强调:推动文化产业成为国民经济支柱性产业,使之成为新的经济增长点、经济结构战略性调整的重要支点、转变经济开发方式的重要着力点。党的十九大报告指出,中国特色社会主义已经进入了新时代,我国社会主要矛盾也发生了重要变化,从原来的人民日益增长的物质文化需要同落后的社会生产之间的矛盾转化为现在的人民日益增长的美好生活需要和不平衡不充分的发展之间的矛盾。这里所讲的"美好生活需要",是消费升级催生的新需求、人民的需要日益广泛,其中就对多元、高质、跨界的文化产品消费提出更高需求。文化产业是未来经济发展与结构调整升级的刚需,是解决社会主要矛盾的重要手段。

关于新时代的文化产业发展目标,党的十九大报告指出:深化文化体制改革,完善文化管理体制,加快构建把社会效益放在首位、社会效益和经济效益相统一的体制机制。完善公共文化服务体系,深入实施文化惠民工程,丰富群众性文化活动。加强文物保护利用和文化遗产保护传承。健全现代文化产业体系和市场体系,创新生产经营机制,完善文化经济政策,培育新型文化业态。加强中外人文交流,以我为主、兼收并蓄。推进国际传播能力建设,讲好中国故事,展现真实、立体、全面的中国,提高国家文化软实力。要想实现这些目标,离不开我国西部 680 多万平方公里土地上的民族特色文化产业的发展,离不开各层级法律规范的强力保障。

一　全球化背景下文化产业发展的重要性

在人类命运共同体的世界发展模式下，文化的交流与融合已经不可避免。当代社会发展的一个基本趋势是经济与文化的联姻与融合，"知识经济"视野下的一种新的经济类型或者经济发展模式——"文化经济"得以诞生。经济全球化必然会带来文化全球化，在这样的趋势下，世界变得越来越"小"，文化的传播速度变得越来越快。文化产业化的发展，对于我国推进国际传播能力建设、"讲好中国故事，展现真实、立体、全面的中国"、提高国家文化软实力都具有重要的意义。

福特主义兴起后，美国从传统的生产社会向消费社会转型，非物质形态的商品在联系符号体消费中占据越来越重要的地位。美国学者费斯克指出：在消费社会中，所有商品既有实用价值也有文化价值。[①] 进入21世纪后，被知识经济所推动的非物质的符号的交换与消费，逐渐成为民族国家新的经济增长领域，文化竞争已经成为综合国力竞争的主要领域，文化产业发展战略变成了一种国家发展战略。发展文化产业，有意识地采取相应政策，使得文化发展与国家经济建设同步，已经成为一种潮流和大势。1990年，以时代华纳合并为标志，美国开始实施对各类传媒大规模的合并，进而开始全面进军国际文化市场。

西方发达国家几乎都把文化产业和文化经济作为整个国家建设的切入点和结合点，并借助"文化产业"的渗透力，促使文化产业大规模发展。报刊等传统媒体是文化产业的基础，也是文化产业的中枢，是文化最直接的传统传媒载体，也是最能被大众接受、最易被大众接受、最具悠久历史传统的文化产业。发展文化产业的重要性毋庸置疑——精神的竞争意识形态、价值观、行为方式通过全球人口流动和互联网激烈碰撞，一个国家或者民族如果没有自身强大的文化烙印，将会被其他国家强势的文化吸收融合。文化竞争力甚至比实体经济的竞争力更能带给国民自信心和自豪感，其作为一种充满活力、独具影响力和吸引力的资

[①] [美] 约翰·费斯克：《理解大众文化》，王晓珏、宋伟杰译，中央编译出版社2006年版，第12页。

源，在全球化和互联网时代能够产生巨大的产业价值。世界各国纷纷于20世纪末开始将文化看作一种经济力，形成了越来越强的国际竞争力，随即在全球范围内形成了一股文化经济的发展及运作的研究热潮。

1998年，联合国教科文组织召开了政府间文化政策促进发展会议，[①] 会议经过充分讨论后通过了《文化政策促进发展行动计划》，向会员国建议了五个行动目标，其中包括"使文化政策成为发展战略的主要内容之一"以及"促进文化产业的政策和实践"。在这样的国际大背景下，文化政策包括文化产业政策研究成为世界性的热点问题。可以看出，文化政策和文化规制经历了重大转变。长期存在的公共所有制及规制传统已经被抛弃。重要的政治决策越来越多地在国际层面上被制定。同时，文化产业在城市政策和公共政策领域越来越重要，成为复兴当地经济和增强竞争优势的一条途径。[②]

在实现中华民族伟大复兴的道路上，不断富强开放的中国需要经济的快速发展，而第三产业发展对经济发展相当重要，近几年的事实证明，依靠第三产业中的文化产业作支撑是必然且可行的发展战略。第三产业占GDP的比重是反映经济发展水平的重要指标，在世界发达国家的中心城市中，第三产业的比重都在70%以上，且在第三产业中文化产业又占了相当大的比例，而我国文化产业占GDP的比重却很低，据国家统计局数据显示，2016年全国文化及相关产业增加值达到30785亿元，占到了当年GDP的4.14%，同比增加13.0%，文化产业增加值占GDP比重逐年增长。从地域角度来看，东西部差距明显，东部地区规模以上文化及相关产业企业实现营业收入59766亿元，占全国的74.4%，中部、西部和东北地区分别为13641亿元、5963亿元和943亿元，占全国比重分别为17.0%、7.4%和1.2%。但是，西部地区近年来12.5%的增长速度高于东部7.0%的增长速度。[③]

中国近年来文化产业发展速度很快，世界知识产权组织的数据显

[①] 该会议于1998年3月30日至4月2日在瑞典斯德哥尔摩召开，与会者2400多人。包括149个国家的政府，22个国际政府间组织，100多个非政府组织、基金会、自愿组织和其他民间协会单位派代表与专家和学者一起参加了会议。

[②] 参见 [英] 大卫·赫斯蒙德夫《文化产业》（第三版），张菲娜译，中国人民大学出版社2016年版，第2页。

[③] 参见张翼《2016年文化产业保持快速增长》，《光明日报》2017年2月7日第1版。

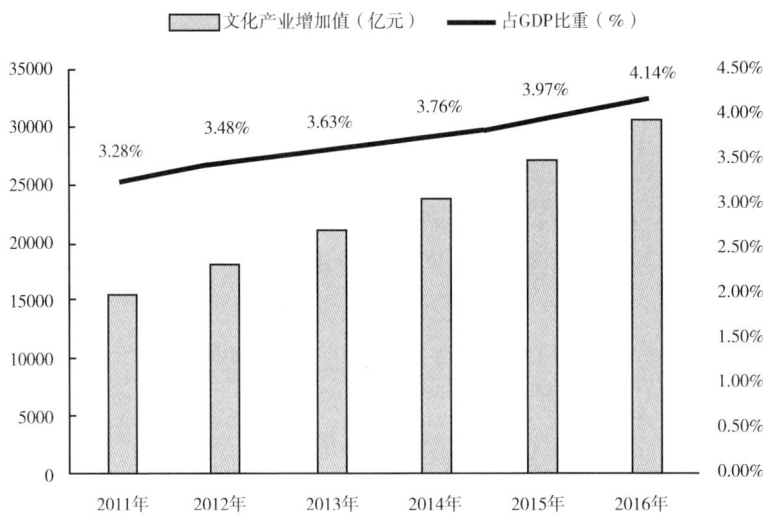

图 1-1　2011—2016 年文化产业增加值

示，2013 年全球各地文化产业增加值占 GDP 的比重平均为 5.26%，约 3/4 的经济体的比重为 4.0%—6.5%。其中美国最高，达 11.3%；韩国、巴西、澳大利亚、中国、新加坡和俄罗斯均超过 6%；加拿大、英国、中国香港、南非和中国台湾则分别达到 5.4%、5.2%、4.9%、4.1% 和 2.9%。① 按照国家的规划，到 2020 年，中国文化产业增加值要占到 GDP 的 5% 以上。即使完成了这一目标，中国和西方国家美国的占比还有很大差距。

2016 年 11 月 19 日，习近平主席在亚太经合组织工商领导人峰会上的主旨演讲中指出，当前，围绕经济全球化有很多讨论，支持者有之，质疑者亦有之。总体而言，经济全球化符合经济规律，符合各方利益。同时，经济全球化是一把双刃剑，既为全球发展提供强劲动能，也带来一些新情况新挑战，需要认真面对。新一轮科技和产业革命正孕育兴起，国际分工体系加速演变，全球价值链深度重塑，这些都给经济全球化赋予新的内涵……让经济全球化进程更有活力、更加包容、更可持

---

① 数据引自世界知识产权组织（WIPO）网站（http://www.wipo.int/portal/en/index.html）。

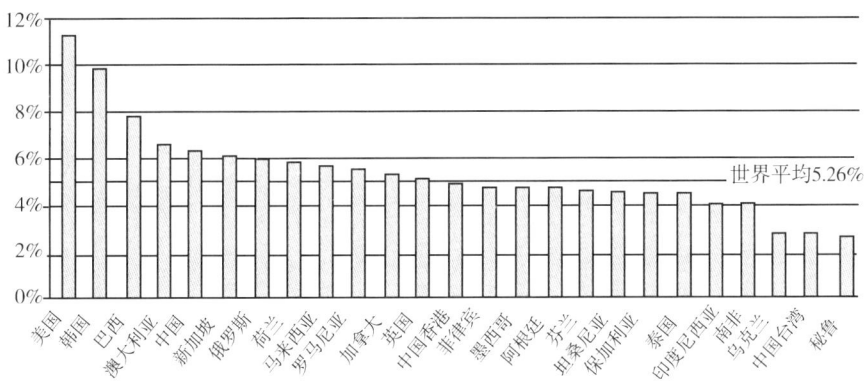

图 1-2 全球各地文化产业增加值占 GDP 的比重

续,增强广大民众参与感、获得感、幸福感。①

在人类命运共同体的倡导与发展趋势下,我国应该充分利用中华民族五千年来积累的特色鲜明、底蕴深厚的文化遗产助推中国对世界的影响力。国家的良性发展是建立在传统经验的基础之上的,文化发展存在惯性,无法彻底割裂现在与过去的联系。中国共产党在执政过程中不断强调中国特色社会主义只有在汲取民族文化营养的过程中才能获得源源不断的生命力。文化产业不仅是对经济发展的促进,更是对传统文化的传承与发展。只有这样,对内才能搭建起现代中国人与传统文化的桥梁,增强国民自信心、自豪感和凝聚力,展现现代中国的文化自信;对外才能塑造文雅、亲切、诚信的国际形象,将民族文化资源转化为新时代中国的软实力和国际影响力,为人类命运共同体的构建增添亮色。

二 西部特色文化产业对区域经济的重要性

如果说,人类所具有的一致性产生了人类一些共同的价值观和不同文化中相通的部分,那么文化的差异性造就了不同民族的独特魅力。2001 年联合国教科文组织大会第 31 届会议通过的《世界文化多样性宣言》指出,文化多样性对人类来讲就像生物多样性对维持生物平衡那样必不可少。在现代社会,这种魅力只有通过文化产业的方式传播,才能

---

① 《习近平谈经济全球化》,http://cpc.people.com.cn/xuexi/n1/2017/0115/c385474-29023879.html。

够产生广泛的影响力。文化产业在工业时代向信息时代的转变过程中扮演了极其重要的角色已经成为人们的共识。

《中共中央关于深化文化体制改革推动社会主义文化大发展大繁荣若干重大问题的决定》指出，文化是民族的血脉、是精神的家园。作为意识形态层面的精神力量，必须在现实中找到物质载体和桥梁，才能转化为国家综合实力的组成部分。西部地区长期的经济落后使其区域综合实力明显落后于东部沿海地区，交通、地形等自然差距短时间无法弥补，但是西部可以将富有地方特色的文化资源转化为文化资本和物质生产力，形成新的区域经济增长点。特色文化产业是西方国家构建文化软实力的重要手段，这些国家都毫无例外地大力扶植本国特色文化产业，形成了一批特色文化产业国际知名品牌。从美国等西方国家流入的文化产品在我国很有市场，这种文化产业流动的不平衡性和不对等性对于中华民族文化的价值观、思维方式、伦理道德、审美情趣、风俗习惯等有一定影响，给我国民族文化造成了不少冲击。

大规模的人口流动和民族杂居，使不同民族文化在世界范围内广泛传播，民族文化差异性引发了文化的对立和冲突，也引发了两种文化现象：一种是文化认同、民族认同、国家认同问题；另一种是主流文化对边缘文化的冲击引起的冲突问题。特色民族文化产业促进国家对各民族传统文化的维护、传承和发展，会使得各民族对本民族优秀传统文化的自豪感油然而生，进而加强中华民族的整体认同情感。因为文化认同构成族群认同与国家认同的中介形式，与族群认同有交叠的部分，与国家认同也有交叠的部分。[1] 文化认同的这种特性，使不同的民族有了相互认同的前提，在某种意义上缓解了文化多样性的内部张力。

中华民族拥有悠久的历史，积淀了丰富的文化资源和深厚的文化底蕴，形成了一个较为完整和坚固的文化共同体。中国虽有着五千多年文明史，是文化资源大国，但并非文化产业强国，文化产业的发展同样面临着区域发展不均衡的问题。西部地区文化产业的规模以及创收能力滞后于中、东部地区，特别是远远滞后于东部经济发达省份，文化产业发

---

[1] 韩震：《论国家认同、民族认同及文化认同——一种基于历史哲学的分析与思考》，《北京师范大学学报》（社会科学版）2010年第1期。

展的地区差距甚至大于GDP的地区差距。这种差距一方面说明西部民族文化产业在西部大开发、振兴西部经济发展社会进步方面具有很大的潜力，另一方面说明对于西部民族特色文化产业的扶持制度存在设计或落实的问题。

西部地区土地面积680多万平方公里，约占全国国土面积的71%；目前人口数约3.9亿人，约占全国总人口数的29%。全国55个少数民族大多生活在西部，西部各省、直辖市、自治区以物质或非物质形式蕴藏着数量巨大且各具地域、民族特色的文化资源。这些丰富而深厚的文化资源是西部文化产业发展的资源优势。未来西部文化产业的发展将呈现出与历史文化资源、民族文化资源的开发利用相结合，与少数民族文化传承相结合的差异化发展趋势。西部文化产业发展在保护优秀民族文化的前提下，应加快民族文化资源的开发利用。

随着国家对特色文化产业的关注度不断提高，特色文化产业及其相关领域获得了空前的发展，但我国有关文化产业发展、激励与保护的法律规定及地方性规章的制定相当滞后，已远不能适应当下文化产业事业蓬勃发展的需求，极大地制约了其发展的进程。文化产业化程度与民族特色文化资源的挖掘、整理和合理保护，需要确立开发和保护民族地区文化主体的文化"自觉"；[1] 需要自愿和自觉地去传承本民族的文化传统，提高文化主体对于本地区、本民族文化地位和地区的文化"自觉"和"自信"，实现"集体无意识"的提升。[2]

具体而言，西部民族特色文化产业的发展对提升区域综合实力的主要作用有以下几点。

第一，有利于保护和传承文化遗产资源。

文化遗产资源是特色文化的主要载体和表现形式。作为人类历史文明的符号载体，文化遗产具有稀缺性、唯一性、不可逆性等特征。随着文化自然发展的规律化和工业化，一些民间传统文化与民众的现代生活逐渐疏远脱离，在全球化的浪潮冲击下渐渐衰亡。所以我们应借助产

---

[1] 齐勇锋、吴莉：《特色文化产业发展研究》，《中国特色社会主义研究》2013年第5期。
[2] 李建柱：《论区域特色文化产业发展的困境与对策——以吉林省为例》，《延边大学学报》（社会科学版）2013年第5期。

开发的动能，激活传统民族文化资源的现代价值，使文化的传承不再停留在文献记录、科学研究或小范围人群的传承接力之中，而是与富有生机活力的民众现代生活形成良性的接触与互动，与现代人的审美、生活方式对接，让更多人感受到其中蕴含的文化特色和魅力，进而产生文化认同，使我国优秀的传统文化薪火相传，保持旺盛的生命力。

第二，有利于把我国本土文化资源优势转化为产业优势和经济优势。

特色文化产业具有资源消耗低、环境污染小的特点，在生产和消费过程中，既不会对自然资源和稀缺能源造成过度消耗，也基本不会对自然环境造成污染或产生不良影响。因此，特色文化产业的发展受资源和环境的制约较小，在资源相对紧张、环境压力较大的情况下，其可持续发展的特点愈加凸显，而且特色文化产业高附加值的特性能够吸引大量资本和人力资源涌进文化领域。特色文化产业已成为社会资本追逐的新热点。

第三，有利于区域特色化发展。

文化产业的创新绝对不是凭空想象的创新，必须依托现有的文化基础。西部丰富多彩的文化样本是文化创新的"富矿"。近年来，我国的文化产业开始出现同质化的趋势，很多旅游景点卖的纪念品都是浙江义乌生产的同一类产品就是一个突出的例子。同质化的发展必然会使区域文化的特色被简单廉价的工业化所湮没，无论是在文学创作、影视制作还是在旅游开发中，西部地区都需要重视挖掘地方特色，这样才能有生命力。比如反映西部文化的电影《冈仁波齐》在口碑和票房上实现了双丰收，表明挖掘特色文化才能真正发展西部。

第四，有利于增强中华民族凝聚力和边疆安全。

西部地区陆地边境线长达1.8万余公里，约占全国陆地边境线的91%。西部地区稳定、繁荣与否直接影响着国家安定与否，进而影响着国家综合国力的高低与国际地位的高低。区域民族特色文化产业的发展可以传承民族文化遗产，实现文化富民，从而增强民族自信心和国家向心力。各地特色文化是中华民族文化的组成部分，这种向心力对于化解分裂主义和恐怖势力、维护边疆的稳定繁荣有积极的作用。

三 法律制度对文化产业发展的支撑作用

依法治国是新时代中国特色社会主义的本质属性，法治社会是现代社会必须追求的目标，法治是全世界公认的最合理、最安全的社会治理模式。虽然关于法治的理解存在差别，但是经济发展需要法律的强有力保障是普遍的认识。产业的发展离不开法律，文化产业更是如此。全面依法治国是我国实现社会主义强国的基本方略，在西部民族文化产业发展中法律的促进与保障不可或缺。

改革开放以来，我国一直重视文化产业制度建设。1998年，文化部设立文化产业司；2000年，党的十五届五中全会首次在党的中央文件中提出"文化产业"概念；2002年，党的十六大将文化建设分为公益性文化事业和经营性文化产业两部分；2007年，党的十七大进一步提升了文化产业的战略地位；2009年，国务院颁布了我国第一部文化产业发展专项规划——《文化产业振兴规划》；2010年，党的十七届五中全会首次提出推动文化产业成为国民经济支柱产业；2011年，党的十七届六中全会要求推动文化产业跨越式发展，使之成为新的经济增长点、经济结构战略性调整的重要支点、转变经济发展方式的重要着力点；2012年党的十八大和2013年党的十八届三中全会将"文化产业成为国民经济支柱性产业"列入2020年全面建成小康社会的指标体系。

文化产业发展的现阶段在我国更多地依靠政策，其原因有四：一是政策具有灵活及时性，文化产业发展的各种因素不停地在变化，立法则有一定的时间要求；二是文化产业发展具有的变化性也不符合法律稳定性的要求；三是政策多为具体性规定，法律往往进行概括性规定，其适用难度大于政策，而政策详细的措施更加具有可操作性；四是长期的工作习惯问题，虽然强调依法治国，但是根深蒂固的"红头文件"意识改变起来需要一个过程。这样表述并不是说法律不重要、政策完全可以替代法律，而是说二者如何配合的问题，两者相比更需要改进的是法律规定与法律适用，因为法律的稳定性和可预测性是政策无法具备的。

从广义的文化角度，法律也是文化的一个组成部分。但从文化产业的角度而言，法律的保护就是不可或缺的。主要分为两个方面：一是法律对于产业的保护，涉及所有的以追求财富为目的的行为；二是针对文化产业在产业中的特殊性而进行的法律保护。本书研究的主要是第二方面。

西部民族地区是我国非物质文化遗产的富集地，但由于系统法律保障供给不足，阻碍了西部民族文化产业规模化发展。我国西部少数民族民俗文化资源丰富，但在转化为生产力的过程中，在现代化和全球经济一体化的冲击下，正面临着前所未有的挑战。目前西部民族特色文化产业的法治保障并不完善，文化事业的推进也要依靠法治。法治所具有的稳定性、可预测性是市场经济得以健康发展的前提。西部特色文化产业的发展离不开法治。审视法治与民族文化产业发展的关系，需要关注以下几个方面。

一是与传统知识产权相比，民族特色文化具有的特殊性正是其经济价值的体现，大多数发展中国家都把包括民族传统文化在内的文化遗产作为发展文化产业的宝贵资源加以保护，本书期望为区域文化产业的发展提供新的法律研究视角。二是通过法律手段探索促进西部地区文化产业规模化发展的创新机制。三是把区域产业经济与法学理论相结合，深化包括知识产权在内的文化产业法律保障研究。

第二节 研究现状

一 国内研究现状

我国对文化产业的研究始于20世纪90年代，21世纪初文化产业理论研究进入繁荣期。据不完全统计，有关文化产业的研究文献从1999年的71篇上升到2000年的238篇，增幅为235%，2000—2011年，相关研究文献每年平均增速为55%。[1] 然而从2012年开始，关于文化产业的研究文献开始下降，段莉、胡惠林教授认为文化产业研究

---

[1] 齐骥：《理论与实践：中国文化产业十年总揽》（上），《学术探索》2012年第2期。

进入"学术疲劳期"。① 近年来随着国家重视传统文化,倡导绿色经济、人类命运共同体等政策的影响,文化产业的研究迎来了一个新的高峰。

与文化产业研究的繁荣相适应,文化政策与法律的研究成果比较多,大多数学者是将法律作为一种政策进行分析研究。国内对于文化产业法律保障的研究往往和政策合在一起;② 也有单独进行法律保障研究的,但是其中的论述也离不开政策,民间特色文化产业法律保障方面的研究成果颇丰。③ 赵玉忠教授在《文化产业法学通论》一书中从法理学的视角提出了一个广义的文化产业法律法规范围,他认为:"《民法通则》《企业法》《著作权法》《合同法》《拍卖法》《招标投标法》、WTO规则、文化经营合同实务以及人格权和公益权的法律都属于文化产业法规范畴。"④ 何敏在《文化产业政策激励与法治保障》一书中,对文化智力成果权益分配正义、民间资本进入文化产业的路径选择及保障、产业安全的法律保障、我国会展中的法律问题与对策、文化产业与刑事法律政策等问题进行了研究。⑤

国内对于文化产业法律保障的研究大致分为以下几类。

一是将文化产业的发展放在法治宏观维度中进行研究。在文化产业的立足、发展、壮大过程中,无论是管理者还是经营者都应该树立法治思维与观念,法律只是促进文化产业的发展,而非超越法律的特殊照顾,民族特色法律文化产业尤为如此。⑥ 有学者认为,面对民族特色文化产业中的生产性、竞争性和生存性难题,应该从法律维度建构制度,从而从宏观法律视角审视民族文化产业培育的价值生态、安全生态和格局生态问题,方能保证其健康有序发展。⑦

二是关于文化产业法律体系构建方面的研究。很多学者认为文化产

---

① 段莉、胡惠林:《中国文化产业研究是否进入学术疲劳期——基于学科概念体系的研究》,《东岳论丛》2013年第8期。
② 参见黄虚峰编《文化产业政策与法律法规》,北京大学出版社2013年版。
③ 戴琳:《民族民间传统文化产业的制度环境》,中国社会科学出版社2007年版。
④ 赵玉忠编:《文化产业法学通论》,云南大学出版社2009年版,第20页。
⑤ 参见何敏等编《文化产业政策激励与法治保障》,法律出版社2011年版。
⑥ 参见黄虚峰编《文化产业政策与法律法规》,北京大学出版社2013年版。
⑦ 参见唐一力《民族文化产业培育的法律生态构建》,《贵州民族研究》2017年第8期。

业行业未形成统一完整的法律体系,阻碍和制约了文化产业进一步发展,应该借鉴国外文化立法的先进经验,针对我国实际情况完善文化产业法律体系。① 学者普遍认为我国现行立法与文化产业发展相关的法律法规效力层级较低,尚未形成逻辑严谨的完整体系,且立法理念和具体制度设计也存在一定的偏差。有必要审视我国当前文化产业立法的现状,从民事主体、投资融资、交易监管、知识产权保护等方面系统研究与文化产业相关的民商事法律制度。② 近年来国家在文化产业方面加快立法节奏是对这种观点的一种回应。但是仍然有不少学者认为文化产业立法还是存在着基础性法律严重匮乏、行政立法规范化程度较低、地方立法与国家立法不相协调、国内法与国际法接轨不足等问题。因此,有必要重新审视我国文化产业的相关法律制度,在转变文化产业发展的主导模式、建构文化产业法律体系、健全法律与政策的协调机制、完善文化产业相关配套制度等方面加强改革。③

在采取何种立法模式上,有学者认为目前世界范围内存在着以亚洲国家为代表的专门立法以及以欧美国家为代表的分散立法两种模式。鉴于国情和实际需要,中国文化产业立法应以"文化强国"为指引,坚持"立法基本原则+立法基本方针+立法技术规范"三位一体的立法原则,按照以文化产业基本法为基础、文化产业单行法为补充的基本进路,选择专门立法这一立法模式。④

三是关于文化产业某一行业的专门研究。对非物质文化遗产的法律保护的研究最多,2011年《中华人民共和国非物质文化遗产保护法》通过前,学者对于非物质遗产的法律保护理论和实践都进行了较为全面

---

① 参见张军《文化产业法律制度的困惑与思考》,《理论月刊》2011年第12期。
② 郑维炜:《社会主义文化产业发展中的民商事法律制度研究》,《中国法学》2012年第3期。蔡武进也认为我国文化产业立法盲区较多、效力等级较低,以致我国文化产业发展不仅难以获得有效的法律保障,反而面临着滞后的文化产业法体系的羁绊。建立健全文化产业法体系就成为促进我国文化法制建设、推进我国文化产业发展及文化繁荣的必由之路。参见蔡武进《我国文化产业法体系建设的进路》,《福建论坛》(人文社会科学版)2014年第10期。
③ 参见徐鹏《我国文化产业振兴中的法律问题研究》,《法学杂志》2013年第9期。
④ 参见王者洁《当下文化产业立法模式之选择》,《中国发展》2017年第3期。

的研究。① 在文化知识产权方面，学者认为少数民族文化产业具有低成本、高效益、防御性和脆弱性等特质，发展少数民文化产业需要国家为其提供特殊的法律保障，如产权制度进一步完善、提高产业政策立法层次、转变地方政府管理模式、给文化产业发展松绑等。② 林日葵编著的《中国文化产业政策法规与典型案例分析》结合典型案例的分析，分章节论述了出版、电影、广播电视、音像、广告、文化市场、美术品市场、文化遗产、会展、演出、文化娱乐市场以及互联网文化产业的政策法规内容。③

四是对于少数民族文化产业的专门研究。这部分的研究很多，主要将视角集中在某一民族或者某一区域的少数民族文化产业发展过程中的法律问题进行分析。一般认为，少数民族文化产业是文化产业的主要类型之一，其核心资源禀赋是民族文化。民族文化产业适用文化产业对法律保障的一般要求，少数民族文化的地域性、多样性、生态脆弱性、难以保护等特点也决定了其对法律保障的特殊要求。④

二 国外研究现状

文化产业在我国是一个新鲜事物，但在西方国家其已经有六七十年的研究历史。西方学者一开始从艺术和哲学价值评判的双重角度出发，对文化产业进行了否定性的批判。他们认为，文化工业的技术只不过用于标准化和系列生产，而放弃了对作品的逻辑与社会体系的区别。⑤ 后

---

① 此类文献主要有：韩小兵的《中国少数民族非物质文化遗产法律保护基本问题研究》（中央民族大学出版社2011年版）；包桂荣等的《民族自治地方少数民族非物质文化遗产的法律保护研究——以蒙古族为例》（民族出版社2010年版）；韩小兵的《少数民族非物质文化遗产概念界定及其法律意义》（《北京政法职业学院学报》2010年第4期）；何星亮的《民族学界关于非物质文化遗产保护的研究和建议》（《中国民族报》2008年第7期）；安雪梅的《非物质文化遗产保护与知识产权制度的兼容与互动》（《河北法学》2007年第12期）；等等。
② 参见李滔《"一带一路"视角下少数民族文化产业的法律保障》，《广西政法管理干部学院学报》2016年第6期；赵锐《创意产业的知识产权保护研究》，知识产权出版社2012年版。
③ 参见林日葵编《中国文化产业政策法规与典型案例分析》，浙江工商大学出版社2009年版。
④ 王雅霖、胡惠芳：《民族文化产业法律保障的问题反思与完善路径——以甘肃省民族文化产业地方立法为例证》，《甘肃政法学院学报》2017年第6期。
⑤ [德] 马克斯·霍克海默、特奥多·威·阿多尔诺：《启蒙的辩证法》，洪佩郁、蔺月峰译，重庆出版社1990年版，第113页。

来,随着法兰克福学派对于"文化元素一旦与现代科技结合形成工业体系,就会产生巨大的影响社会的力量"这一现象的揭示,不仅创造了一个新的概念,而且也预示着一个巨大的新产业的诞生。① 20 世纪 80 年代,文化被视为整个经济政策和社会政策的一部分。随着社会的发展,与文化产业相关的一系列概念应运而生,人们对文化产业的态度发生了彻底的转变,不再把它简单区分为"好"或是"坏",而是把它与经济、社会和文化的某些根本性变化联系起来看待。②

20 世纪 70 年代以来,西方发达国家文化政策从文化艺术自身及意识形态目标转向经济文化交融并重的多元目标体系,从政府管制和政治调控为主转向放松规制和经济法律调控为主,从机械的科层管理转向互动的网络合作模式,为发达国家文化产业跨行业经营培育了市场主体、文化要素、创意阶层及运行体制。③

另外文化产业概念的界定学界尚不统一,国外学者也都认同这一概念具有多重含义,可以在不同的历史文化背景下、从不同的意义上去理解和使用这一概念。由于概念理解的不同,文化产业行业分类也存在着明显的差异。④ 但是它们存在一个共同的趋势,即文化产业涵盖的范围越来越广泛,究其原因,在于"文化"这一概念本身外延的不确定性与广泛性。正如英国学者斯科特·拉什和约翰·厄里所言:经济愈来愈受到文化的影响,文化受经济影响也愈来愈深。因此,文化和经济之间的边界更加模糊,两者之间的关联关系再也不是传统的体系和环境之间的联系。⑤

---

① [德] 马克斯·霍克海默、特奥多·威·阿多尔诺:《启蒙的辩证法》,洪佩郁、蔺月峰译,重庆出版社 1990 年版,第 3 页。
② 转引自苑捷《当代西方文化产业理论研究概述》,《马克思主义与现实》2004 年第 1 期。
③ 李敏:《发达国家促进文化产业跨行业经营的政策变革及特征》,《中国行政管理》2012 年第 11 期。
④ 例如在日本,文化产业被统称为娱乐观光业;而致力于发展文化产业的英国布莱尔政府则把文化产业称作创意产业。之所以用"创意"这个词代替"文化",是为了强调人的创造力,强调文化艺术对经济的渗透和贡献。基于这一理念,创意产业被定义为:源于个体创造力、技能和才华的活动,而通过知识产权的生成和取用,这些活动可以发挥创造财富和就业的潜力。参见苑捷《当代西方文化产业理论研究概述》,《马克思主义与现实》2004 年第 1 期。
⑤ 参见 [英] 斯科特·拉什、约翰·厄里《符号经济与空间经济》,王之光、商正译,商务印书馆 2006 年版,第 82 页。

关于文化产业的法律保障方面的研究，首要的问题是如何看待法律与政策的关系。国外多数学者将法律作为文化产业政策的一种进行研究，当然也指出了法律相比其他政策的特殊性。① 虽然美国的文化产业最为发达，但是对于文化产业法律保障研究最多的还是欧盟各国。其原因在于，美国人一贯认为，艺术创作繁荣的首要条件是提供一个没有政府行政干预的环境，政府着力于创造一种能够促进文化艺术事业发展、为所有艺术家提供更多机会的、形成公平良性竞争的环境。文化产业作为一种产业有其特殊性，但亦应遵从产业发展的基本规则，专门出台相关法律似无必要。但是近年来这一观点有所矫正。② 欧盟的学者普遍比较重视政策法律对于文化产业的促进作用，文化产业、文化政策和法律已经成为众多欧洲会议的主要议题。③ 欧盟学者非常警惕美国文化对于欧洲的影响，倾向于国家在文化产业发展中的主动与积极作用，因此主张通过专门的立法以及行之有效的政策从外部推动文化产业的发展。韩国学者赞同欧盟学者这一观点，并认为韩国文化的成功在于国家法律与政策的保障。

关于文化产业是否需要单独立法的问题，欧盟、韩日学者认为应该通过专门立法，这样有助于凸显文化产业的特殊性，给予稳定专门的保障。美国学者则认为文化产业虽然有特殊性，但是现有的法律体系已经涵盖了文化产业运行的规范，不必再通过专门法律予以调整，这也体现了美国自由放任的一贯思维。④

---

① 参见［英］戴夫·奥布赖恩《文化政策：创意产业中的管理、价值和现代性》，魏家海、余勤译，东北财经大学出版社2016年版，第10页。

② 参见［美］罗伯特斯通·霍尔《什么是文化政策？——一个新兴领域的对话》，苑洁译，http：//www.princeton.edu/~artspol/。

③ 英国伦敦创意中心执行主任、著名艺术家J.威廉姆斯女士对于欧美文化产业研究的一些差别进行了梳理。第一，在美国既没有中央政府的文化研究机构，也没有对这种研究进行汇集和推广的机构，文化政策领域仍处在形成阶段，因而与欧洲相比，美国的大学和基金会对文化政策的认可和支持相对更慢一些；而欧洲的公共机构在国家和欧洲的范围内都非常支持文化产业研究工作，不过对研究课题的选择要受开展研究的国家的控制。第二，关于研究领域，美国开展的许多研究工作关注的是艺术的经济效益；而欧洲文化政策关注的重点是艺术、文化和媒体行业的高等教育政策和公共管理项目。第三，在研究方法上，美国进行的主要还是定量研究，目的是支持其资金的划拨；而欧洲国家研究的中心任务是以更定性化的方式认识不同的价值观、做法以及构成文化多样性社会特质的诠释性框架。参见苑捷《当代西方文化产业理论研究概述》，《马克思主义与现实》2004年第1期。

④ 参见江蓝生、谢绳武主编《2001—2002年：中国文化产业发展报告》，社会科学文献出版社2002年版。

三 评述

中外学者对于文化产业的理论研究都首先着眼于"文化产业"这个概念的内涵与外延，以及文化产业对于经济发展、民族特性的促进作用。西方学者对于文化产业政策的研究主要是从市场经济的不同看法入手，试图用现有法律的解释与扩大适用来促进文化产业的发展。中国文化产业法律保护方面的文献非常多，但雷同现象较为普遍，特别是在文化产业立法方面。关于文化产业涉及的融资、知识产权保护等比较细致的问题也有研究，但是数量不多。对于民族特色文化的地域性很重视，但是往往忽视地方立法对于文化产业的促进作用。谈政策的多，讲法律的少，这倒是与当下我国民族特色文化产业的发展模式相一致。但是笔者认为，民族文化产业发展的最终目的是要走向世界，温室里面长大的特色文化产业将缺乏市场竞争力，因此要注重法律的作用，特别是充分发挥地方立法在本地区文化产业发展中的积极性。只有在法治环境中，经过市场竞争的洗礼，按照法律思维、市场模式建立起来的文化产业才能真正具有影响力，走向世界。已有的研究成果对本书思维的开阔和观念的修正都起到了良好的奠基作用，本书是基于现有研究在这方面的缺陷而进行的。

第三节 概念界定

一 文化

从词源上来说，在中国，文化一般被认为是"文治教化"的简称。在中国人眼中，文化的含义是顺应天地、厚德博学、仁慈爱民。《谥法考》载："经纬天地曰文，道德博厚曰文，学勤好问曰文，慈惠爱民曰文。""文化"同样是中华民族凝聚力的体现。《论语·季氏》载："远人不服，则修文德以来之。"文化最初与人伦序列的整齐，人伦社会秩序的构建有关。西汉刘向在《说苑·指武》中说："圣人之治天下也，先文德而后武力。凡武之兴，为不服也；文化不改，然后加诛。"现代中国语境下的文化观念主要来源于西方。① 拉丁文中的"Cultura"为动词，含有耕种、居住、练习、敬神等意义，有通过人为努力摆脱自然状态的意味。十六七世纪英文中的"Culture"开始有心灵、知识、情操、风尚的意蕴。由此可以看出，西方的文化与中国的文明含义相近。

基于不同的视角，对文化的定义有几百种之多。② 进化论认为文化就是人类适应环境的方式，是一种从低级到高级的发展过程。传播论认为文化是从创造点散布到接收点的过程。历史地理学派不赞成文化的单线进化与中心扩散理论，强调不同地理环境的各个文化的独特历史过程，形成"区域文化观"。文化形态史观认为每一种文化都有生、长、盛、衰的过程，强调各类文化的横向比较。功能学派认为每种活文化，都与人生的需要有关，文化的特质功能就是满足这一社会成员的某种需要，因此，器物和习惯共同构成文化。结构学派通过对于人类心理的分析，着重研究人类文化的相似性。符号—文化学派认为人是"符号的动物"，利用符号创造文化，包括外显与内隐两种行为模式。这些定义都从微观出发，并不能涵盖文化的整体含义。

文化（Culture）在近代欧洲开始被作为多维概念研究，大致上有"时代性""民族性"的观察视角。因为文化被广泛使用，导致了其内涵和外延的不确定性。

英国文化学家泰勒（E. B. Tylor，1832—1917年）在《原始文化》中给文化下了一个经典定义：文化是一个复杂的总体，包括知识、信仰、艺术、道德、法律、风俗，以及人类在社会生活里所得的一切能力与习惯。③ 他强调了文化的精神属性，认为物质文化不是文化本身，只不过是文化行为的产物。

马克思主义认为，文化是人们在社会发展过程中所创造出来的物质财富和精神财富的综合，强调文化的能动性、社会性、创造性。因此文化可以分为物质文化与精神文化，文化产业视野中的文化是具有经济价值，符合社会一定时期的价值观，能够促进社会健康发展，并且能够形成自我繁殖（维系）的文化。社会主义关心强调根植于社会财富的创

---

① 周正兵：《文化产业导论》（第二版），经济科学出版社2014年版，第4页。
② 冯天瑜等：《中华文化史》（第三版），上海人民出版社2010年版，"导论"第5页。
③ ［英］爱德华·泰勒：《原始文化》，连树声译，上海文艺出版社1992年版，第1页。

造，实现精神文明与物质文明双丰收。

我国学者普遍认为，文化实质上就是"人化"或者"人类化"，是人类活动所产生的物质与精神产品的总和，这是一个非常宽泛的理解。这种认识强调文化是人类价值观念在社会实践过程中的对象化，是人类创造的文化价值，经由符号这一介质再传播的实现过程，而这种实现过程包括外在文化产品的创造与人自身心智的塑造。①

英国学者雷蒙·威廉斯认为一切社会实践是由意义和物质的要素组成的，因此文化具有两个重要特征：一是提供信息的精神，二是完整的社会秩序。② 商品的物质性与符号、意义的合一使得文化产业的产生成为可能。

按照广义的理解，所有的产业（经济活动）都是文化产业，因为这些都被认为是对于自然的改造而产生的。但是如果把文化定义为"社会秩序得以传播、再造、体验及探索的一个必要（虽然并非唯一）的表意系统的话"，文化产业就可以指为与社会意义的生产最直接相关的机构（主要指营利性公司，但是也包括国家组织和非营利组织）。③

二 文化产业

"文化产业"本身是一个发展的概念，随着经济社会的发展，其内涵与外延也会不断变化、扩大。文化产业最初是一个具有否定和批判意义的名词，20世纪40年代，德裔犹太学者马克斯·霍克海默、特奥多·威·阿多尔诺在《启蒙的辩证法》中提到了"文化产业"（Culture Industry），这一具有贬义的词汇是用以批判资本主义制度下大众文化的商品化及标准化违背了文化自身的发展规律。他们认为，文化与产业是对立的，文化是理想化的状态，等同于艺术，等同于认为创意独特、卓越的形态，文化具有批判性。但是如果文化商品化，任人买卖，它就会完全丧失扮演乌托邦式批判手段的能力。④

---

① 冯天瑜等：《中华文化史》（第三版），上海人民出版社2010年版，"导论"第12页。
② 转引自[英]尼克·史蒂文森《认识媒介文化——社会理论与大众传播》，王文斌译，商务印书馆2001年版，第31页。
③ [英]大卫·赫斯蒙德夫：《文化产业》（第三版），张菲娜译，中国人民大学出版社2016年版，第12页。
④ 转引自戴晶斌编《西藏特色文化产业理论与实践》，上海人民出版社2015年版，第4页。

到了 20 世纪 60 年代末，文化、社会和商品之间的相互交织比以前更紧密。跨国公司致力于发展电影、电视与唱片产业，在社会和政治层面上也更加凸显其重要性。"文化产业"逐渐褪去最初的否定色彩，成为描述现实社会中文化与经济相结合而产生的文化生产、传播和消费现象的名词。英国学者大卫·赫斯蒙德夫将文化产业分为核心文化产业和周边文化产业，这一理解大大拓宽了可归属于文化产业的范围。[①]

20 世纪 70 年代，西方一些经济学家开始热衷于跨学科研究，戴维·思罗斯比在《经济学与文化》中定义了文化商品与文化服务。他认为，文化产业是以创造思想为核心，在此基础上与其他各种投入相结合组成各类文化产品的经济集合。除此之外，思罗斯比还对经济与文化的关系作了比较分析，提出了基于现实意义上的文化产业范围。[②] 1998 年 4 月，150 个政府代表将文化纳入经济决策制定的范围；1999 年 10 月的意大利佛罗伦萨会议上，世界银行提出文化是经济发展的重要组成部分，也是提升世界经济运作方式与条件的重要因素。以此为标志，"文化产业"便开始进入国家经济发展规划的视野之中。[③] 当然，各国在文化产业的发展中偏重点存在差异，造成这种现象的原因在于各国对于文化产业的定义和理解存在差异。[④]

[①] 核心文化产业主要参与文本（包括节目、影片、唱片、书籍、卡通、影像、杂志、报纸等文化产业所生产的各种产品）的产业化生产与传播，主要有广播电视产业、电影产业、音乐产业、印刷与电子出版、视频与电脑游戏、广告市场营销公共关系、网络设计等。周边文化产业指基于半工业或非工业化的形式，主要指剧院、会展等。参见［英］大卫·赫斯蒙德夫《文化产业》（第三版），张菲娜译，中国人民大学出版社 2016 年版，第 12—14 页。

[②] ［澳］戴维·思罗斯比：《经济学与文化》，王志标、张峥嵘译，中国人民大学出版社 2015 年版，第 3—5 页。

[③] 傅守祥：《论全球化压力下的中国文化产业发展》，《内蒙古社会科学》2003 年第 3 期。

[④] 在英国，类似的产业被称作"创意产业"，它是指来源于个人的创造力、技巧和知识的活动，特别是通过知识产权的转化，这些活动可以发挥出巨大的潜力来创造财富和就业机会。1998 年和 2001 年，英国文化媒体体育部（DCMS）两次发布《创意产业图录报告》（*The Creative Industries Mapping Documents*）。加拿大的文化产业则包括与文化相关的出版、广播、电影、电视、图书、杂志、音像等在内的印刷、生产、制作、广告及发行行业。法国在《文化多样性保护国际公约》草案的讨论中也提出了文化产业领域的特殊性：文化具有二重性，不是一般商品；因此文化产品生产需要政府政策的保护和扶持。美国文化产业发达，却没有明确文化产业的官方界定。但就行业范围而言，美国的文化产业包括文化艺术业、影视业、图书业和音乐唱片业。美国一直用"版权产业"概念。版权领域的专家将这个概念引了进来，政府文件正式确认的是"文化产业"。日本政府则把电影、电视、影像、音响、音乐艺术都归入内容产业（中文译为"节目产业"）。转引自郭梅君《创意产业发展与中国经济转型的互动研究》，博士学位论文，上海社会科学院，2011 年。

联合国教科文组织在1987年蒙特利尔会议上把文化产业定义为:"文化产业就是按照工业标准生产、再生产、储存以及分配文化产品和服务的一系列活动。"[1] 联合国教科文组织将文化产业分为核心文化领域与相关文化领域:核心文化领域包括文化和自然遗产(包括物质文化遗产和非物质文化遗产)、演出和庆典、视觉艺术、工艺品和设计、图书和出版、声像艺术和数字媒体、传统和地方知识等;相关文化领域中纳入经济和社会指标包括文化产业增加值、文化就业、文化贸易、政府文化贸易、政府私人部门文化投资、家庭文化消费和文化参与七项。

2001年,文化产业联合调查组认为:文化产业是指从事文化产品生产和提供文化服务的经营性行为。初步认为文化产业主要包括文化艺术、文化出版、广播影视、文化旅游四个领域,具体行业的划分尚待进一步研究。[2]中国社会科学院文化研究中心在《2001—2002年:中国文化产业发展报告》中认为联合国关于文化产业的定义是就经济过程的性质而言的,而就所提供的产品属性而言,文化产业可以被理解为向消费者提供精神产品或服务的行业。[3] 这与2004年国家统计局对文化产业定义——为社会公众提供文化娱乐产品和服务的活动,以及与这些活动有关联的活动的集合基本一致。

党的十六大报告第一次把文化领域明确区分为"文化事业"和"文化产业";强调积极发展文化事业和文化产业、继续深化文化改革,发展各类文化事业和文化产业都要贯彻发展先进文化的改革,发展各类文化事业和文化产业始终把社会效益放在首位;并要求完善文化产业政策,支持文化产业发展,增长需求的重要途径,给"文化产业"明确定位,肯定其作用。此后,各省市也纷纷响应出台了文化产业发展规划。与文化产业相关的文化市场,是按价值规律进行文化艺术产品交换和提供有偿服务活动的场所,是文化艺术产品市场和消费

---

[1] 厉无畏:《创意产业导论》,学林出版社2006年版,第3页。
[2] 全国政协与文化部组成的文化产业联合调查组对我国二省一直辖市所属的九个市实地考察,在总结各省实践基础上,对文化产业作了该定义。
[3] 江蓝生、谢绳武主编:《2001—2002年:中国文化产业发展报告》,社会科学文献出版社2002年版,第5页。

的中介。在我国,文化市场可以划分为"娱乐市场、演出市场、艺术品市场、网络文化市场、电影市场、音像市场、书报刊市场、文物市场等多种类型"①。

表1-1 2018年文化及相关产业的产业类别划分

产业类别	小类名称	行业分类代码	小类名称	行业分类代码
文化制造业	雕塑工艺品制造	2431	专业音响设备制造	3934
	金属工艺品制造	2432	应用电视设备及其他广播电视设备制造	3939
	漆器工艺品制造	2433	电影机械制造	3471
	花画工艺品制造	2434	娱乐用智能无人飞行器制造	3963*
	天然植物纤维编织工艺品制造	2435	幻灯及投影设备制造	3472
	抽纱刺绣工艺品制造	2436	照相机及器材制造	3473
	地毯、挂毯制造	2437	舞台及场地用灯制造	3873
	珠宝首饰及有关物品制造	2438	音响设备制造	3952
	其他工艺美术及礼仪用品制造	2439	露天游乐场所游乐设备制造	2461
	陈设艺术陶瓷制造	3075	游艺用品及室内游艺器材制造	2462
	园艺陶瓷制造	3076	其他娱乐用品制造	2469
	文化用机制纸及纸板制造	2221*	中乐器制造	2421
	手工纸制造	2222	西乐器制造	2422
	油墨及类似产品制造	2642	电子乐器制造	2423
	工艺美术颜料制造	2644	其他乐器及零件制造	2429
	文化用信息化学品制造	2664	文具制造	2411
	书、报刊印刷	2311	笔的制造	2412
	本册印制	2312	墨水、墨汁制造	2414
	包装装潢及其他印刷	2319	玩具制造	2451—2456
	记录媒介复制	2330	焰火、鞭炮产品制造	2672
	印刷专用设备制造	3542	电视机制造	3951
	复印和胶印设备制造	3474	影视录放设备制造	3953

---

① 全国干部培训教材编审指导委员会编:《社会主义文化强国建设》,人民出版社2015年版,第105页。

续表

产业类别	小类名称	行业分类代码	小类名称	行业分类代码
文化制造业	广播电视节目制作及发射设备制造	3931	可穿戴智能文化设备制造	3961*
	广播电视接收设备制造	3932	其他智能文化消费设备制造	3969*
文化批发和零售业	图书批发	5143	广播影视设备批发	5178
	报刊批发	5144	照相器材零售	5248
	音像制品、电子和数字出版物批发	5145	舞台照明设备批发	5175*
	图书、报刊零售	5243	乐器批发	5147
	音像制品、电子和数字出版物零售	5244	乐器零售	5247
	首饰、工艺品及收藏品批发	5146	文具用品批发	5141
	珠宝首饰零售	5245	文具用品零售	5241
	工艺美术品及收藏品零售	5246	家用视听设备批发	5137
	艺术品、收藏品拍卖	5183	家用视听设备零售	5271
	艺术品代理	5184	其他文化用品批发	5149
	文化贸易代理服务	5181*	其他文化用品零售	5249
文化服务业	新闻业	8610	电影和广播电视节目发行	8750
	报纸出版	8622	电影放映	8760
	广播	8710	艺术表演场馆	8820
	电视	8720	互联网文化娱乐平台	6432*
	广播电视集成播控	8740	文化投资与资产管理	7212*
	互联网搜索服务	6421	文化企业总部管理	7211*
	互联网其他信息服务	6429	文化产业园区管理	7221*
	图书出版	8621	歌舞厅娱乐活动	9011
	期刊出版	8623	电子游艺厅娱乐活动	9012
	音像制品出版	8624	网吧活动	9013
	电子出版物出版	8625	其他室内娱乐活动	9019
	数字出版	8626	游乐园	9020
	其他出版业	8629	其他娱乐业	9090
	影视节目制作	8730	城市公园管理	7850
	录音制作	8770	名胜风景区管理	7861
	文艺创作与表演	8810	森林公园管理	7862
	群众文体活动	8870	其他游览景区管理	7869

续表

产业类别	小类名称	行业分类代码	小类名称	行业分类代码
文化服务业	其他文化艺术业	8890	自然遗迹保护管理	7712
	动漫、游戏数字内容服务	6572	动物园、水族馆管理服务	7715
	互联网游戏服务	6422	植物园管理服务	7716
	多媒体、游戏动漫和数字出版软件开发	6513*	休闲观光活动	9030
	增值电信文化服务	6319*	观光游览航空服务	5622
	其他文化数字内容服务	6579*	摄影扩印服务	8060
	图书馆	8831	版权和文化软件服务	7520*
	档案馆	8832	会议、展览及相关服务	7281—7284
	博物馆	8850	文化活动服务	9051
	烈士陵园、纪念馆	8860	文化娱乐经纪人	9053
	互联网广告服务	7251	其他文化艺术经纪代理	9059
	其他广告服务	7259	婚庆典礼服务	8070*
	建筑设计服务	7484*	票务代理服务	7298
	工业设计服务	7491	休闲娱乐用品设备出租	7121
	专业设计服务	7492	文化用品设备出租	7123
	图书出租	7124	社会人文科学研究	7350
	音像制品出租	7125	学术理论社会（文化）团体	9521*
	有线广播电视传输服务	6321	文化艺术培训	8393
	无线广播电视传输服务	6322	文化艺术辅导	8399*

注：行业分类代码后标有"*"的表示该行业类别仅有部分内容属于文化及相关产业。

与《文化及相关产业分类（2012）》相比，大类由10个修订为9个、中类由50个修订为43个，小类由120个修订为146个[其中新增12个，因执行《国民经济行业分类》（GB/T 4754—2017）增加15个，删除1个]。其中，带"*"的小类由23个修订为18个[其中新增9个，因执行《国民经济行业分类》（GB/T 4754—2017）减少13个，删除1个]。

文化产业具有以下几个特征。第一，高收益与高风险并存。由于受众对于文化商品的使用方式具有高度的不稳定性和不可预测性，一旦成功利润很高，但是面临的竞争和消费期待也就更高。第二，创意与商业的结合。创作者需要制作一些令人大开眼界、发人深省、有趣、可爱的作品来吸引消费，与乌托邦式的文化神秘化不同。第三，高成本和低复制成本。文本的制作需要耗费大量的时间、资金，但是文本一旦完成，复制的成本就极低，这是文化产业与传统产业的一个重要的区别。第四，文化商品是准公共用品，一个人对文化产品的消费行为不会减少其他人对它消费的可能性。第五，存在过量生产的现象。文化产业需要审查大量作品以弥补失败作品对畅销作品的冲击。

文化产业以创意为源头，以内容为核心，其产业链长、资源消耗低、环境污染少，是国民经济中具有先导性、战略性和支柱性的新兴朝阳产业，是最可持续发展的产业之一。发展文化产业是满足人民日益增长的美好生活需要的重要途径，在建设社会主义强国的过程中意义重大。

三 西部民族特色文化产业

从地域上来说，中国西部由云南省、贵州省、四川省、陕西省、甘肃省、青海省、西藏自治区、新疆维吾尔自治区、宁夏回族自治区、内蒙古自治区、广西壮族自治区、重庆市12个省、自治区、直辖市组成。按照西部大开发计划既定的以及国务院西部地区开发领导小组协调的范围，西部还包括湖北省的恩施土家族苗族自治州和湖南省的湘西土家族苗族自治州。本书所涉及的西部是指地理维度的12个省级区域。

民族特色文化产业是指依托各民族在一定区域所形成的具有独特性的文化资源，通过市场产业化运作，提供具有鲜明特征的文化产品和服务的产业形态。[①] 中华民族作为拥有悠久历史、融合了多民族共性的民族，在世界上有着鲜明的个性与文化。作为中华民族文化的组成部分的各民族特色文化，是整体与个体的关系：民族特色文化既具有中华民族文化的基本特征，又具有自己独特的个性。这种个性经过长时间的发展，经受住了时间的考验，运用现代产业理念予以传承与创新，必然会使其具有鲜明的活力。

西部是自然资源最为富集的地区，也是民族文化最为富集的地区。西部地区经济相对落后，民族文化资源的保护相对比较完整。在工业化大发展的时代，西部各具特色的文化正成为现代市场经济发展的重要动

---

① 李炎、侯丽萍：《内容与形态——民族文化产业的理论预设》，载顾江主编《文化产业研究》，南京大学出版社2011年版。

力。因此，西部民族特色文化产业可以被定义为：参照工业标准和后工业时代体验经济的特征，生产、再生产、储存以及分配西部独特民族文化产品和服务的一系列活动；是西部文化资源、市场需求、技术进步和制度机制等因素共同作用的结果。

由于现代文化传播渠道的多样化与迅速性，西方文化利用先进的经济运行模式得以快速传播。在新时代中国特色社会主义背景下，西部民族特色文化产业的发展不仅要着眼于经济增长与市场开发，还要对优秀文化进行传承与发展。如果没有民族传统文化，实现中华民族伟大复兴的建设就失去了根基。

四　法律保障

作为维护社会秩序的三种手段之一（其他两种是道德和宗教），法律无疑起着极其重要的作用。我国已经建立了全面依法治国的基本方略，在文化产业的促进及发展过程中，要充分发挥法律的作用，将文化产业纳入法治的轨道中。如前所述，文化产业所存在的高成本创作与低成本复制、文化产品的准公共用品等特征，使得文化产业对于法律保障的需要更加迫切。

对于文化产业的保障，可以从以下几个方面进行：一是文化产业的激励措施，通过竞争主体资格的准入、公平竞争的保证、市场的运行等方面提供文化产业发展的可预测性，使得文化产业的投资有信心、有规划；二是对于侵权的惩罚，保障被侵权人的合法权益；三是在社会主义条件下，注意文化产业的社会主义价值观方向的把握问题。

民族特色文化产业由于具有"特色"，且这种特色具有地方性，不宜于通过全国性的法律予以保护，法律概括性的保障有时候并不能完全涵盖民族特色文化内容，需要充分发挥地方立法的优势。

本书以法律保障为题，但是无法绕开党的重要会议决议和重大决策、重要的文化产业发展规划、民族特色产业的相关政策。其原因是政策往往是法律的实验室，成熟的政策一般会制定为法律，另外法律需要政策协助进行落实。

民族特色文化产业的发展在我国不是一个简单的逐利的商业行为，而是要在符合社会主义核心价值观、西部大开发战略、国家整体发展规划的范围之内进行。宪法明确规定中国共产党领导是中国特色社会主义最本质的特征。因此,法律研究离不开对于党的重大决策的理解。

本书在探讨法律保障问题时,关注到以下一些问题:法律在文化产业发展中到底能够起到多大的作用?我们现有的文化产业立法足够吗?需要更多的立法吗?现有立法是否发挥着作用(具体作用而不是口号性的纲领性的作用)?民族特色文化产业通过何种方式予以保护?用法律(或者是将"红头文件"上升为法律)的必要性到底是什么?在促进民族特色文化产业方面,政策还是法律起着主要的推动作用?法律是否只是作为事后惩治、纠正措施而存在?民族特色文化产业如何适用国家关于文化产业的一般法律?这些问题将贯穿于论证西部民族特色文化产业法律保障的始终。

五 法律与政策

《现代汉语词典》对于"政策"的定义是:国家或政党为实现一定历史时期的路线而制定的行为准则。[1] 政策的使用范围非常广泛,因此政策的定义始终不够明确和清晰。如果从公共政策的角度理解政策,是公权力主体制定和执行的用以确定和调整广泛社会关系的行为规范。那么法律、法规、战略、规划、计划、条例、规章、政令、声明、指示、管理办法、实施细则等都属于政策。[2]

英国学者 H. K. 科尔巴奇认为政策由秩序、权威和专门知识三个核心要素组成。[3] 秩序指的是政策受制于现有的被普遍接受的规则,同时也表明政策有义务维护这种惯性秩序的稳定性。权威是政策得以实施的力量,权威可能来源于法律的授权,也可能来源于人民习惯的服从。专门知识与政策专家、决策咨询者、政策建议者密切相关。谁掌握了专业知识就会对政策产生专业的影响,也就有了提供政策建议或政策指导的可能。从这样的角度理解,政策与法律之间存在明显的

---

[1] 中国社会科学院语言研究所词典编辑室编:《现代汉语词典》(第五版),商务印书馆 2005 年版,第 1741 页。

[2] 张国庆:《公共政策分析》,复旦大学出版社 2007 年版,第 2—4 页。

[3] [英] H. K. 科尔巴奇:《政策》,张毅、韩志明译,吉林人民出版社 2005 年版,第 13—14 页。

差别。

如前所述，特色文化产业的促进政策与法律交织在一起，讨论政策时，可以把法律作为一种政策手段；讨论法律时，在我国现有体制下，离不开国家宏观政策的指导和微观政策的落实。当然，本书是从法学角度进行的论证，必然会强调政策与法律之间的区别以及法律所特有的稳定性，不因人事变革而发生变更的可预测性有助于文化产业的持久稳定。因此，本书从法律思维出发，以法律制度为起点，同时也离不开对于政策的分析与评价。

第四节 研究框架

一 研究思路

首先，着眼于"西部"，对于西部民族特色文化产业的发展现状和问题进行总结分析，从而使后面的法律保障研究"有的放矢"。

其次，对于西部民族特色文化产业的立法现状进行梳理。先从国家立法的角度看我国民族文化产业的立法状况，然后对西部各省份的地方立法进行分析，发现其中所存在的问题，提出问题，为分析问题、解决问题做好准备。

再次，民族文化均因有特色而自立，任何国家的文化都是其民族的特色文化，因此对于西部民族特色文化产业的研究还应具有国际视野，可以了解文化产业发达国家对于文化产业法律保障的观点与实际做法，以求"他山之石，可以攻玉"。为此，本书还重点选择了具备文化产业强国以及文化产业法律制度特色两个条件的国家进行考察，并与我国的民族特色文化产业进行比较。

最后，对西部民族特色文化产业的法律保障提出相应的建议。此部分是本书的重点，从两个层面进行分析：一是从整体性视角，对文化产业管理体制以及地方立法的作用进行了分析；二是个案分析，选择了几个具有代表性的地区，找到其文化产业的特色与面临的特殊法律问题，进而个别分析并解决问题。之所以进行整体与个体的区分，原因还是在于民族文化产业的地域特殊性、问题特殊性。

二 研究体系

本书主要分为五章。

第一章是绪论。对现有国内外的相关研究进行归纳与综述,对课题研究的意义和思路方法进行说明,对本书涉及的主要概念进行界定和阐释。

第二章是西部民族特色文化产业的现状与特点。分为四个部分:西部民族特色文化产业的现状、西部民族特色文化产业的特点、西部民族特色文化产业的模式以及西部民族特色文化产业的问题。

第三章为西部民族特色文化产业法律制度。首先说明国家层面的法律制度,其次归纳西部地区民族特色文化产业的法律现状,进而发现其中存在的问题。

第四章为西部民族特色文化产业的法律保障。首先从法律适用的角度研究政府管理模式;然后讨论地方立法对于西部民族特色文化产业的促进作用;最后就莎车、庆阳、甘南三地的特色文化产业发展,中国非物质文化遗产保护法律问题,知识产权保护法律问题,少数民族特色文化产业组织与经营的具体法律问题分别进行了论述。

第五章是国外特色文化产业的法律规制,选取美国、英国、法国、日本、韩国进行研究,对其文化产业法律、政策进行总结,提供借鉴。

第五节 研究方法与研究特色

一 研究方法

本书的研究方法主要包括文献调查法、观察法、思辨法、行为研究法、历史研究法、概念分析法、比较研究法等。

第一,历史研究法。文化是历史的积淀与传承,文化产业法律制度的构建是一个复杂的过程,我国的立法与国家基本方略关系密切,国家关于扩大立法主体、确立基本文化政策甚至知识产权保护、旅游政策等进程都与西部民族特色文化产业法律保障制度密切相关,因此需要从政策、立法的历史变化角度进行研究。

第二，概念分析法。按照现代语义分析哲学的理解，概念的确定性是研究问题的基本前提。文化产业法律保障涉及的相关概念的使用并非都是确定的，而是在不同的范围有不同的含义，需要论证确定概念在本书中的含义，避免"各说各话"。

第三，比较研究法。西方文化产业极为发达，也通过文化产业的发展促进了本民族特色文化在世界的传播；同时西方国家的文化产业立法基于不同的理念，采取不同的方式。我国特色文化产业法律制度的构建既要体现我们的实际国情，又要借鉴国外的先进经验。其根本原因在于市场经济是文化产业发展的根基，无论是何种市场经济，都存在普遍的规律，各国文化产业的法律保障也会存在共同之处。

第四，实证分析法。本书是以"西部"为范围，因此需要对西部民族特色文化产业保障的特殊问题进行分析研究。本书采取典型案例、实例分析研究方法，着眼于现实的问题，使得研究理论的运用与结论的合理性能够经得起实践的考验。

二 研究特色

本书的研究特色主要有以下几个方面。

一是"特色"文化产业的"地方保障"制度的构建。中华民族文化具有普遍性与大众化特征，各地区、各民族的文化同时具有多样性，这种"文化个性"带来了丰富的文化产业资源，是我国文化产业发展的基础。本书认为，在民族文化产业的法律保障中，目前的地方立法仍然有很大的空间可以去努力，因为这是国家全局立法无法做到的事情。

二是整体与个例的综合分析。西部地区的民族特色文化产业具有共同的问题，与经济较为落后、文化现代化程度较低等相关，本书从整体的角度分析了问题并提供了解决方案。另外，西部地区自身的差异非常大，所面临的法律问题也各不相同，本书选取莎车、庆阳、甘南三地进行个案研究，分析它们遇到的主要法律问题。通过整体与个案的结合，能够更加全面地阐释本书的主题。

三是调研与理论的结合。项目负责人与参与人五次赴新疆莎车、三次赴甘肃甘南和庆阳调研，获得大量访谈与数据等一手资料，立足于人们观念、日常话语中的现实问题,而不是书本、文章中的问题,进行实证研究。同时在分析的过程中,结合法理学、法律政策学、社会法学等方法和理论,对于现象进行归纳总结,得出的结论比较合理。

第二章 西部民族特色文化产业的现状与特点

一切法律制度是建立在地域、民族等历史传统和社会发展现状上的。① 要评述西部民族特色文化产业法律制度，首先要了解西部民族特色文化产业发展的状况。

正如前文所述，文化是同各民族的精神本性和历史传统紧密相连的。西部地域广阔、文化多样，这里的民族特色文化涵盖物质文化与非物质文化。无论是西部多样的物质文化还是璀璨的非物质文化，都是发展文化产业的富矿。

第一节 西部民族特色文化产业的现状

西部地区物质文化客体的文化表述，涉及人类行为背后的文化认知与实践。而非物质文化总是携带着往昔历史的情感被感知而共享——包括各民族的思想、文字、思维方式、伦理道德、风俗习惯、心理素质、生活文化、建筑设计文化、人生礼仪文化、服饰文化、口头传承文化、工艺美术文化等。所以说，西部民族特色文化产业首先要与西部悠久的历史相关联，文化产业的发展必须要以区域的传统文化为基础，挖掘物质文化、非物质文化背后的历史因素。

内蒙古的那达慕大会、新疆的楼兰遗址和特色民族歌舞、青海的原生态文化旅游区、甘肃的敦煌文化及伏羲文化、陕西的黄土文化、宁夏的西夏文化与回族文化、西藏的唐卡艺术以及藏传佛教文化、四川的三

---

① ［德］弗里德里希·卡尔·冯·萨维尼：《论立法与法学的当代使命》，许章润译，中国法制出版社2001年版，第26页。

星堆古蜀遗址与乐山大佛文化、云南的民族歌舞、贵州的民族民间手工艺和巫文化等，都是具有明显地域特色和民族风情的传统文化产业。

文化产业的发展增强了民族的自主意识和自我认同，民族文化是经济发展的资源也是经济发展的环境。文化产业包括技术开发、产品生产、商业流通、资源利用、信息服务等相关产业。[①] 项目组通过实地调查，认为西部省份民族特色文化产业主要集中在文化旅游、节庆会展、民族手工业开发、民族特色演艺业等方面。文化生产和服务的经济活动以多样性的民族文化为基础，包括服务业与加工制造业，以及符合民族文化多样性保护原则的其他经济活动。

从实体结构上看，西部地区的文化产业包括了文化产业各个部门群、文化产业的交叉产业链、文化产业的延伸行业。在组织结构上，与东部文化产业系统一致，由行业管理系统、文化生产系统、商品推销系统、技术支持系统等组成。[②] 但是从其运行效率上来说，除了行业管理系统比较完善（当然这种"完善"也有过分管理的嫌疑）外，其他三个方面与东部有明显的差距。[③]

民族文化产业将民族文化多样性保护与民族地区经济发展相结合，西部各民族特色文化产业本土市场是具有相同的文化背景和认同相似的区域，已超越了行政区划的界限，以民族特色资源为依托的集群发展使得本书以文化产业相似性作为考察依据来研究政策和法律保障。

一 西部大开发与西部文化产业发展

（一）开发西部需要发展文化产业

开发西部、促进西部经济增长、缩小与东部的差距、实现国家整体发展与和谐发展是西部大开发战略的出发点。从党的十五届五中全会提

---

① 熊晓辉：《民族地区文化产业发展趋势研究》，《大众文艺》2009年第6期。
② 行业管理系统由政府部门、行业协会、管理咨询机构组成；文化生产系统由记者、作家、艺术家、编辑计算机技术人员、节目制作机构、印刷拷贝机构组成；商品推销系统由发行机构、推销业、专业商店、文化经纪人、广告公司、代理机构为主组成；技术支持系统由相关设备制造机构、技术咨询机构、通用研究开发机构、舆论研究机构、数据统计机构、学术研究机构为主组成。
③ 李建柱：《论区域特色文化产业发展的困境与对策——以吉林省为例》，《延边大学学报》（社会科学版）2013年第5期。

出西部大开发战略到现在已有20年,① 西部地区在这一战略的指引下在经济、文化、教育等多方面都取得了长足的进步。

但由于经济发展的不平衡,东、西部经济发展差距一再增大。西部经济的落后不仅仅拉低了全国的平均指数,而且使得东部的进一步发展受到了牵制。人类历史一再证明,没有整体的发展,个别地域的繁荣也会逐渐暗淡,难以持久。所以说,西部开发不单是西部经济发展的问题,也是东部经济进一步发展的前提;换一句话讲,东部对于西部的援助,是在帮助西部发展,也是在帮助自己发展。西部的发展中受制因素很多,这里不再一一分析,但是毫无疑问,民族特色文化产业是西部经济的新引擎这一点已经达成共识。

西部地区依托民族文化资源与丰富的劳动力资源,以文化旅游、品牌运作为核心,开发具有民族特色的衍生产品和特色产业群,实现文化脱贫,开辟了新的市场,推动了社会整体的和谐进步。特色文化产业中小企业、个人工作室、家庭作坊居多。以青海热贡文化产业为例,黄南藏族自治州的热贡唐卡、雕塑、堆绣、石雕和木雕等,2015年销售收入达5.37亿元,对于促进当地的脱贫作用很大。②

与普通的工业产业相比,文化产业具有"低消耗、无污染"特点,是实现经济快速增长的重要途径。西部地区打造自己的民族文化品牌,产业化发展初显规模。如,民族传统文化、民俗等被众多旅游企业作为营销热点,民族医药被大规模开发,苗族、彝族、傣族、藏族、维吾尔族、蒙古族6个民族开发医药产品461种。当然,要发展民族特色文化产业,不仅应了解和尊重传统文化,还应加强对民族特色文化的传承式保护,为文化产业的发展提供基础性条件;同时,以传承为主线,还可通过创新赋予民族特色文化以新的产权特征,形成自主知识产权,从而提高文化产业的市场竞争力,为做大做强文化产业提供法律保障。既保护传统文化的本源内涵,又可在循序渐进的开发利用中实现民族地区和

---

① 2000年10月,党的十五届五中全会通过的《中共中央关于制定国民经济和社会发展第十个五年计划的建议》,把实施西部大开发、促进地区协调发展作为一项战略任务,强调:实施西部大开发战略、加快中西部地区发展,关系经济发展、民族团结、社会稳定,关系地区协调发展和最终实现共同富裕,是实现第三步战略目标的重大举措。

② 刘鹏:《热贡艺术:金色谷地上的希望》,《光明日报》2016年10月3日第1版。

传统社区的持续性发展。

西部民族特色文化产业的主要问题，是其长期停留于低层次的文化旅游以及"中低端"加工制造。当代文化产业已经超越了法兰克福学派所批判的文化工业阶段，其上端渗入了民族民间文化资源的整理和开发，末端到达个人日常消费生活的每个角落，西部地区尚缺乏基于同一民族、同一亚文化群的整体发展规划，往往各自经营，文化产品低端且重复，缺乏市场竞争力。

西部大开发所取得的成果主要是依赖于基础建设，西电东送、西气东输、青藏铁路等项目已经于2010年基本完成。近年来，中央政府确定关系西部开发全局的五大主要战略为：加快基础设施建设；加强生态环境保护和建设；调整产业结构；发展科学教育事业；加大改革开放力度。可以看出，传统产业的发展已经进入了瓶颈期，西部的发展要遵循"美丽中国"建设的方略，积极开发丰富而原始的文化资源，发展文化产业，推动经济社会文化的全面进步。进入新时代后，习近平总书记非常重视西部地区的扶贫工作，一再强调要将精准扶贫与产业结合，要求要把握好供需关系，让市场说话，实现互利双赢共同发展。要把东西部产业合作、优势互补作为深化供给侧结构性改革的新课题，大胆探索新路子。①

将民族传统文化传之于后代，是当前和未来文化丰富与和谐发展的源泉。② 我国56个民族有着各自不同的特色，民族特色文化产业体现着本民族的特色。在充分运用国家政策的基础上，在东部地区的资金支持下，西部民族特色文化产业的发展前景必然很光明。

(二)"一带一路"给西部文化产业发展带来的机遇

2013年9月，习近平总书记在哈萨克斯坦纳扎尔巴耶夫大学作演讲时提出"一带一路"的经济合作概念，为西部的经济发展提供了历史性的机遇。特别是西北地区，通过国家确立的这种理念和发展规划，

---

① 参见《习近平在银川召开的东西部扶贫协作座谈会上的讲话》，新华网（http://www.xinhuanet.com）。

② 1955年，联合国教科文组织在印度、缅甸、印度尼西亚和巴基斯坦等南亚及东南亚诸国针对社会变化与传统文化的内容和传承问题进行了调查，通过了《世界文化和自然遗产保护公约》，指出：任何一项民族文化的毁灭或消失，都将造成世界各民族遗产之有害匮乏。

加强与"丝绸之路经济带"沿线国家的联系,积极发展文化产业,开拓国际市场。比如新疆与中亚地区在文化方面有一些共通之处,通过文化产业的对外贸易,可以部分抵消新疆地处内陆交通不便的劣势,找到经济发展新的增长点。党的十九大报告指出,要以"一带一路"建设为重点,坚持引进来和走出去并重,加强创新能力开放合作,形成陆海内外联动、东西双向互济的开放格局。并提出,要坚持中国特色社会主义文化发展道路,激发全民族文化创新创造活力,建设社会主义文化强国。

文化产业资源是经过产业化整合的文化资源,是文化产品生产的一系列要素,包括资金、设施、技术、人才和文化等资源。目前,制约西部民族特色文化产业发展的一个因素就是文化产业资源支撑不足。表现为西部省份的文化投资不足,文化产业基础设施建设较为滞后,文化交流不畅通,以及文化产品科技含量较低。"一带一路"倡议可以促使西部与文化产业相关的多重资源得到科学、全面、高效的配置,进而完善文化产业链,扩大产业规模,为文化产业的发展扫清诸多障碍,带来无限潜能。[①]

面临"一带一路"倡议的历史机遇,西部"丝绸之路经济带"上的节点城市的地理区位、历史文化、资源能源和产业基础等独特优势,可以全力助推交通、经贸等文化旅游产业交流合作,实现设置通道窗口、商贸物流枢纽、特色产业的目标定位。西部文化市场国内外交流融合,需要地方性法规、规章和相关的政策来指引、刺激、规范市场,营造良好的竞争环境,确认文化产业主体的独立地位、规范经营;通过市场经济契约关系,保障文化产业竞争有序高效,对文化产业发展进行宏观调控,弥补其不足和短板,从而促进产业的快速崛起。

(三) 西部民族特色文化产业中政策法律的作用

西部具有自己的具体情形,无论是经济积累、交通,还是人才等方面,与东部相比都存在明显的劣势。西部的发展不能完全模仿东部,而

[①] 李凤亮、宇文曼倩:《"一带一路"对文化产业发展的影响及对策》,《同济大学学报》(社会科学版) 2016年第5期。

要根据自身情况确定自己的发展方向——多彩的文化资源就是可资利用的经济发展素材。

面对经济发展新常态，民族特色文化产业对经济增长的直接推动和社会发展产生了深刻的影响。法律制度及相关政策是个人、团体或国家在生产、生活中的行动指南和准则，有效的管控制度及相关法律政策是刺激和规范民族特色文化产业发展与经济新增长的必然要求。针对民族特色文化产业客体的保护、开发和利用，决定了需要健全的法律机制来规范和引导市场。[①] 例如，甘肃省酒泉市境内现有不可移动文物点1393处，其中，有莫高窟、境内长城、锁阳城遗址、悬泉置遗址、玉门关遗址5处世界文化遗产（全省有世界文化遗产7处），但目前，锁阳城遗址、悬泉置遗址、玉门关遗址3处世界文化遗产，没有制定颁布保护条例。[②] 需要积极开展地方立法工作和政策性开发激励机制，可以在国家法律层面予以细化，增强指导性和可操作性，围绕特色自然人文资源制定具体的地方实施条例，不断增强对自然人文遗产的保护和开发利用价值。

1. 有助于促进特色文化产业结构升级

无论是激励社会资源向文化产业流动，还是促进传统产业的结构调整和优化，无一不需要健全的法律制度和配套政策来规范：一方面，将诸如产业发展过程中规划与建设、违法用地、市容环境整治、旅游资源开发与保护等相关问题，通过地方性法规加以规范和引导；另一方面，将长期工作中形成的优秀经验和做法上升为政策性规定，确保具体事务不再过分依赖"红头文件"，让行政相对人或行政主管部门有法可依、有据可循，从而对产业发展进行制度和政策上的规范和激励，达到"筑巢引凤"的效果。

2. 有助于西部文化产业集群化的发展

如前文所述，西部地区的"各自为政"并不利于增强西部民族特色文化产业的竞争力。经济落后与资源分散，以及市场的不成熟造成西部难以形成具有比较优势的特色文化产业群。各地政策不一且多变，投资

[①] 袁明旭：《民族地区文化产业政策选择的理论分析》，《经济问题探索》2008年第2期。

[②] 该数据信息截至2017年6月2日。

者心存疑虑，不敢规模化发展，如果有比较完善的法律制度保障，① 发展具有共同民族、地域、文化体系的文化产业就会免去后顾之忧，有助于形成文化产业集群，增强西部民族特色文化产业的竞争力。②

3. 有助于西部丰富的非遗在民间活态传承

西部地区民族特色文化在产业化的过程中，屡屡出现过度商业化而使得文化生态被严重破坏的现象，文化产业赖以发展的基础受到严重削弱。其根本原因在于文化保护观念淡薄、配套法律法规空白等，文化产业立法进程远远落后于实践需要。③

物质文化遗产和非物质文化遗产是人类在各个历史时期，与农耕、游牧和渔猎等生产和生活方式直接或密切相关的产物。生产和生活方式的根本性改变使非物质文化遗产面临流失。当相关民族、部落的生产和生活方式被根本改变后，作为其文化传统的非物质文化遗产就会失去其最为重要的文化生态环境。传承后继乏人也使非物质文化遗产面临"人亡艺绝"的濒危局面。

全球化和社会变革对人类文明的多样性造成威胁。经济、科技强势的发达国家输出文化对发展中的民族文化发展形成巨大冲击，尤其是土著群体的地位和作用得不到承认和保护，严重威胁到世界文化多样性。以非物质文化遗产为基础的传统文化面临不同程度的破坏。

为保障非物质文化遗产、抵御环境改变及外来威胁获得可持续发展，除了保护资金投入措施的采取和落实，还需要民族特色文化产业化去实现非物质文化遗产在民间活态传承，而产业化需要法律的支持。

1994 年，《云南省丽江历史文化名城保护管理条例》出台，开立法保护古城的先河。其保护范围涉及丽江纳西族自治县具有历史、艺术、科学价值的大研古城、古建筑、古文化遗产遗址和风景名胜园林。

依前文所述，民族特色文化产业具有创新性高、时效持续长、研发

---

① 这里所说的"法律制度保障"，包括国家性立法，也包括西部地区联合出台的规范性文件。
② 李俊霞：《西部特色文化产业集群发展战略研究》，《兰州大学学报》（社会科学版）2012 年第 5 期。
③ 齐勇锋、吴莉：《特色文化产业发展研究》，《中国特色社会主义研究》2013 年第 5 期。

成本高、复制成本低等特点，针对这些特点完善配套发展，带来的不仅是经济效益，在增加就业、增强文化软实力、弘扬优秀文化传统和社会主义精神文明建设、满足人民群众文化需求、提高国民素质和身心健康、增强人民群众幸福感等方面也具有重要的推动作用。当前，发展民族特色文化产业已上升到国家战略的层面，填补文化产业领域法律制度的空白和漏洞就显得尤为迫切。

（四）"十三五"规划中的西部文化产业发展

2017年年初，国家发改委印发、经国务院批复同意的《西部大开发"十三五"规划》中，存在很多关于西部文化产业发展的内容，具体如下。

加快民族地区和人口较少民族发展，确保对民族地区转移支付比重继续增加，支持人口较少民族整村整族脱贫，传承发展民族传统文化，提升各族人民福祉。积极推动西藏、四省藏区、南疆四地州等地区加快发展。

充分发挥中国—东盟博览会、中国—亚欧博览会、欧亚经济论坛、中国—南亚博览会、中国—阿拉伯国家博览会、中国西部国际博览会、中国东西部合作与投资贸易洽谈会暨丝绸之路国际博览会、生态文明贵阳国际论坛、中国（重庆）国际投资暨全球采购会、中蒙博览会、中国西藏旅游文化国际博览会、中国兰州投资贸易洽谈会等现有国家级论坛和展会作用，优化现有论坛展会结构，形成各具特色的论坛和展会品牌。支持甘肃办好丝绸之路（敦煌）国际文化博览会、广西办好中国—中南半岛经济走廊发展论坛，在"一带一路"建设重点合作领域打造一批有影响力的专业论坛展会。务实推进论坛实体化进程，支持欧亚经济综合园区核心区、中国—阿曼（杜库姆）产业园、中国—沙特吉赞产业集聚区等建设。支持开展丝绸之路国际艺术节等对外文化品牌活动，扩大精品节目品牌影响力，推动西部地区特色文化产品与服务"走出去"。提升西部民族地区展会层次和水平。支持西部地区探索智库联盟合作。

总而言之，西部的发展不能简单依靠东部的输血，也不能简单模仿东部，而是要因地制宜地找到自己的发展方向，经得住市场的竞争与考验。各地丰富的文化产业作为"独有的资源"是西部地区个性经济发展的重要动力。因此，文化产业的发展是西部得以迅速发展的根本因素所在。当然，文化产业的发展需要一整套现代化的市场运作模式，在这一方面，西部应该认真学习、引进东部的成功经验，通过地方立法的促进以及相应政策的推动，将西部文化推向市场、得以产业化发展。

二 西部民族特色文化产业与扶贫

如果说西部有什么普遍性的特征的话，"贫穷"似乎是最好的概括。国家一直着力于西部摆脱贫困，提高国家整体实力，近些年来西部虽然也得到了长足的发展，但是发展速度仍然比东部慢，东西部的差距没有显著缩小，某些西部省份与东部差距还拉大了。

（一）我国的扶贫政策

2017年，文化在脱贫攻坚工作中的作用越来越突出，国家对边远贫困地区、少数民族地区的文化发展更加重视。党的十九大报告中，习近平总书记再次把扶贫提高到新的战略高度，并提出了扶贫攻坚新思想、新目标和新征程。而文化扶贫正是扶贫攻坚的一种良好方式。2016年12月，国务院印发《"十三五"促进民族地区和人口较少民族发展规划》，对"十三五"时期国家支持少数民族地区发展做出全面部署；《西部大开发"十三五"规划》获批，使得西部地区文化产业发展再迎政策契机。2017年5月，《"十三五"时期文化扶贫工作实施方案》提出，到2020年，贫困地区文化发展总体水平要接近或达到全国平均水平。

（二）文化产业在扶贫中的作用

西部各地纷纷出台文化产业发展规划，许多地区提出将文化产业培育成国民经济支柱产业的发展规划，许多市县短期内快速规划并审批了一批文化产业示范基地和园区。

> 事例1：丽江的发展模式就是一个成功的例子。由于远离中原、远离现代文明的独特地理环境，丽江被认为是未开化的蛮人聚居地，然而，正是这种"落后"使其完整保留了本民族的东巴文化，甚至保留着人类早期的文化形态。随着旅游业的发展，丽江抓住市

场发展的良好契机，以习象形文字、跳东巴舞、习洞经音乐等方式，推进东巴文化演艺产业的发展，以东巴象形文字和东巴画为主要内容的工艺美术品摆满大街小巷，体验式民居客栈火爆。民族特色文化独特品牌实现了经济社会的跨越式发展。

事例2：庆阳市庆城县药王洞养生小镇项目由陕西兴平黄山宫民俗文化休闲观光有限公司开发建设，计划总投资8.46亿元，分三期建设，占地1270亩。项目建设内容主要包括小吃街、动物园、万佛崖、创客文化区、婚庆基地、知青点和儿童乐园七大片区，投资4.7亿元。项目一期工程于2016年5月启动，2017年元旦投入试运营。试运营至今累计接待游客超过130万人次以上。国家4A级旅游景区周祖陵升级改造，提供就业岗位2000多个，提供精准扶贫就业岗位100余个。

庆城县是岐伯的故里，是《黄帝内经》发祥地。修建岐黄中医药文化博物馆项目正是依托了当地这一特色文化，总投资1.2亿元（其中市财政支持5000万元），于2012年6月开工建设，2013年9月投入使用，该项目位于庆阳农耕文化产业园，占地75亩，建筑面积1.26万平方米。自开馆以来，共接待参观人员6.3万人（次），从北京等地聘请名医让游客体验传统中医把脉、开方、治疗的特色。

这些西部文化项目培育了一批骨干民营文化企业，提供了就业机会，将扶贫和产业结合起来。民族特色文化产业是缩小区域发展差距的重要举措。西部地区缺乏文化产业资本运作经验，但拥有独特的自然地理风貌和民族文化资源，在发展特色旅游、表演艺术等方面具有优势。

事例3：碌曲以优美的自然风光而著名。碌曲县在2017年8月6—9日组织了房车展、开发了房车营地。对于噶秀村的旅游发展，当地政府主要采取了如下措施：首先是税收上给予优惠，同时设立专项基金，鼓励乡村旅游的发展。对经济条件达不到开发旅游标准的农户提供帮助，改善农村和农户硬件基础环境。其次是政府对经营乡村旅游的商户进行规范化引导。对家庭旅馆实行等级评定制度，提高接待质量，为政府在宏观上分析村镇旅游发展提供了依据。噶秀村在文化旅游开发计划制订和实施中还开展广泛的公众参与，着力改善当地形象，重塑当地旅游业。在项目开发开始就注重对当地人的意愿进行调查和收集。规划小组把当地人分为几部分：永久的居住者、季节性的居住者和参与旅游经营的商户，逐一对这些人进行采访、问卷调查，听取他们对旅游开发的意见。在整体上采集了这些意见之后，通过公开展示信息的方式与民众进行交流，让他们熟知开发的过程和细节，听取这些人的意见、反馈信息，再对项目开发加以改进。介于政府和民众之间的第三方——旅游规划小组处于旅游开发的各个利益体之外，由于公众的参与有助于使规划和项目更符合当地居民的需要、价值观以及各方面的标准，发挥政府宏观调控的指导作用。通过政府才能集中人力、物力和财力做好统筹工作。同时，政府可以通过税收等方式从整体上对村镇旅游业进行规划，调整发展方向，促进村镇整体上健康发展；并使他们在参与各种开发项目具体的运营过程中获得实惠。①

在发达国家，旅游开发活动的直接负责人或是类似 NGO（非政府组织）的机构对开发项目进行充分论证，项目只有通过他们的许可，符合当地人的发展愿望才可以开发。我国也可以尝试依据自己的国情，组建这样的机构，避免盲目开发。而同时，这样的组织还可以发挥在村镇旅游开发中指导、建议以及质量评比等职能。但是还需要建立健全相关法律法规，规范村镇的旅游开发。首先，需以法律形式明确相关部门职能，并在实际中加以贯彻。其次，对于旅游基层民众利益的保护也应有相关法规规定，监督旅游开发的基层组织的合法地位以及具体职能也需要明确。人的互动参与活动积极作用于旅游过程，不能忽视创造并再生产这些文化的人。主体性的缺失是目前我国旅游开发中最显著的问题。"长官意志"和一味追求商业化都不可取。民族特色文化的合理开发、民族特色文化产业持续发展意义重大，其经济效益和社会效益能促进对

---

① 根据 2017 年 8 月 6 日笔者对碌曲县文化局工作人员的访谈整理。

民族文化的深度发掘以及文化市场的繁荣。

三 西部民族特色文化产业的发展数据

表 2-1　西部地区民族特色文化产业实现的产值及占 GDP 的比重

地区	项目	2012 年	2013 年	2014 年	2015 年	2016 年
陕西	文化产业增加值（亿元）	500.7	597.2	646.11	711.93	802.52
	占 GDP 的比重（%）	3.47	4	3.65	3.95	4.14
内蒙古	文化产业增加值（亿元）	31	—	—	432	525.5
	占 GDP 的比重（%）	0.19	1.72	1.69	2.42	2.82
甘肃	文化产业增加值（亿元）	78.19	108	—	157.09	181.17
	占 GDP 的比重（%）	1.38	1.71	1.94	2.31	2.8
新疆	文化产业增加值（亿元）	27.5	—	112.68	—	—
	占 GDP 的比重（%）	—	—	1.21	—	—
宁夏	文化产业增加值（亿元）	51.7	60	67	64.94	75
	占 GDP 的比重（%）	2.21	2.3	2.44	2.23	2.35
青海	文化产业增加值（亿元）	35.01	43.53	46.67	54.76	—
	占 GDP 的比重（%）	1.86	2.07	2.03	2.27	—
云南	文化产业增加值（亿元）	380.27	>600	—	425.05	—
	占 GDP 的比重（%）	3.7	6	—	3.12	—
贵州	文化产业增加值（亿元）	152.03	209.72	296.85	344	398
	占 GDP 的比重（%）	2.22	2.62	3.2	3.28	3.39
四川	文化产业增加值（亿元）	936.44	—	1059.4	>1200	1323.78
	占 GDP 的比重（%）	3.92	—	3.71	4	4.02
重庆	文化产业增加值（亿元）	365	425	490	540.48	615
	占 GDP 的比重（%）	—	—	3.3	3.44	—
西藏	文化产业增加值（亿元）	—	—	27	—	34.5
	占 GDP 的比重（%）	—	—	5	—	3.01
广西	文化产业增加值（亿元）	357	396.78	381.39	424	—
	占 GDP 的比重（%）	2.7	2.74	2.4	2.52	—

资料来源：2017 年全国各地文化产业数据，中国经济网（http://www.ce.cn）。

通过表 2-1 可以看出如下几点。第一，文化产业增加值增幅不小，很多省都达到了两位数，但是占 GDP 的比重并没有明显的变化（甚至有些省份还在下降）。也就是说，文化产业并没有起到西部经济发展新引擎的作用，西部地区的经济增长依旧是主要靠着国家基础建设的投资而增长。从中央到地方的政策激励并没有转换为实际的发展数据，民族特色文化产业发展潜力没有挖掘出来。第二，与东部地区差距明显。2017年北京、广东、浙江的文化产业增加值分别为3570亿元、4256亿元、3200亿元；占GDP的比重分别为14.3%、5.26%、5.8%。西部各省除四川外，都在百亿元的层次，占GDP比重大多在3%左右。近年东西部文化产业发展的基本趋势是差距增大。第三，西部各省、直辖市、自治区之间的发展差距比较大。这其中尤为醒目的是内蒙古——在五年时间文化产业增加值从31亿元增至525.5亿元。这五年内蒙古相继出台多件文化产业相关文件，涉及知识产权、戏剧振兴、文旅融合、文艺创作、非遗保护、文物保护、"互联网+"草原文明等，加快促进文化产业事业繁荣发展。2016年、2017年两届鄂尔多斯文化产业博览交易会的成功举办，也使之成为引领边疆少数民族地区文化产业发展、催生文化产业新业态、促进产业融合的重要引擎。立足北疆、面向俄蒙，内蒙古文化"走出去"的美好前景似乎才刚刚开始。但是云南、宁夏等省、自治区文化产业产值非但没有增加，反而在减少。

总之，西部地区并不漂亮的"数字"与"轰轰烈烈"的政策激励并不相称，当然这与文化产业属于"长线"发展的产业、激励措施并不能立竿见影地发挥作用有关，但是我们也应该思考，西部地区缺少的也许并不仅仅是国家的优惠扶持政策，更重要的是"内部"的激励模式与激励效率。"主观能动"方面的问题可能会涉及以下几个方面：政府观念、行政效率、行政能力、地方立法，本书将在第四章中进行探讨。

第二节 西部民族特色文化产业的特点

一 少数民族聚居与文化多样化

西部地区为少数民族聚居区，各民族文化纷繁多彩，文化产业资源丰富，有些省份已经依托民族文化做出了成就。[1] 民族特色文化是文

---

[1] 李炎、林艺：《差异性竞争：西部地区文化产业发展的模式研究》，《民族艺术研究》2004年第5期。

的重要组成部分,是在特定区域范围内,人们在长期的生产、生活实践中所形成的共同价值观,得以存在繁衍和发展的内在根基和精神动力。其中非物质文化遗产具有相对的活态性。民俗活动、表演艺术、传统知识、生命记忆和活态基因库,是确定每一个少数民族的文化特性。苗族民间口传古歌、蒙古族的长调民歌等,必须通过表演者来传承,甚至加以合理的改编和再创作。[①]

透过文化模式所表现出的各民族思维方式、价值观念上或多或少的差别,正是各民族认同本民族区别于其他民族的决定因素。尽管各民族的文化意义系统有一定的稳定性和完整性,但又因文化本身的相通性,所以西部发展文化产业同民族文化多样性的保护之间并非一种简单的冲突关系,而是一种并置较量、相互吸引、相互促进的关系。西部实施区域性发展战略时,应对文化的多样性给予充分的尊重与肯定,激发各民族自我发展的积极性和主动性,解决少数民族社会经济发展相对落后的问题。缩小西部少数民族地区与东部发展差距的西部大开发战略,对民族关系的和谐、构建和谐社会有着积极意义。

文化是表达价值观念的符号体系,文化多样性现象是各民族历史发展过程中形成的价值观念的差别所致。尊重和保护民族文化多样性,也就是尊重和界定了各民族的文化价值和发展本民族文化的权利,这也是对各民族基本人权的确认,是构建和谐社会的基本前提。

二 发展速度较快与产业化程度低

西部地区蕴藏着数量巨大、各具民族与地域特色的文化资源,随着西部大开发战略的实施,民族特色文化产业已成为西部地区具有巨大发展潜力的新兴产业。西部地区近年来的文化产业产值增速多在两位数,发展速度超过了 GDP 的增长速度,但是西部文化产业的发展不稳定、不持久。主要原因有以下几个方面。

第一,经营方式落后,大多仍是家庭作坊的经营形式;第二,从业人员素质有待提升,真正懂经营、善管理、创意水平高的人少之又少;第三,小、散、弱的情况普遍,投融资渠道有待拓展;第四,缺乏传统

[①] 王文章主编:《非物质文化遗产概论》,教育科学出版社 2008 年版,第 51 页。

民族文化与现代时尚消费相结合的特色文化产品,产品的实用性较差,消费者的新鲜感并不足以支撑市场销路。

  事例4:酒泉市特色文化产业发展势头良好。"十二五"后期,全市实现文化产业增加值17.3亿元,占GDP的比重达到3.18%,较"十一五"后期提高了2.16个百分点,对第三产业的贡献率达到6.55%,文化产业在国民经济中的比重有了较大提升。但产业发展还存在产业基础薄弱、区域发展落差大、集约化程度不高、竞争乏力和创新不够等问题。

"十二五"时期,酒泉市签约实质性文化产业项目160个,签约金额770亿元,实际到位资金225.4亿元,资金到位率达29.3%。开工建设亿元以上文化产业项目89个,计划总投资512.7亿元,实际完成投资51.5亿元;全市文化产业法人单位达到830家,从业人数达到12706人,资产总额达到51.52亿元,分别比2012年增长106%、82%和158%。仅2015年,酒泉市开工建设旅游、文化、体育产业项目167个,新增"历史再现"博物馆15个。但是,酒泉辖区内自然历史文化遗产、非物质文化遗产的知识产权保护、开发利用和学术研究总体上起步晚、水平低,产业发育较晚,缺乏高创意型、高科技型文化产业项目和市场主体,缺乏精神性、体验性、参与性的产品和全产业链布局。①

甘肃酒泉的特色文化产业的发展状况能够代表西部地区的普遍情况。市场经济有其自身的发展规律与规则,我们经常说市场是"残酷"的,因为市场的"理性"构建在实力的基础之上。西部地区在享受国家优惠政策和东部对口帮扶的基础上,要充分增强自身管理能力和市场观念,打造具有符合现代经济发展的文化产业项目,不能总是按照"老一套"方式一成不变地"被动"发展文化产业。

三 促进了民族文化的传承与社会和谐

文化多样性是人类的共同遗产,尊重各民族文化差异,通过文化交

---

① 数据来源:甘肃省酒泉市政府办,2017年6月2日。

流能实现群体与群体、个人和群体的和睦与共处。维护和保护文化多样性的理由是：文化多样性作为人类精神创造性的一种表达，它本身就具有价值，呈现一种不同文化的思想，文化多样性可以储存这方面的知识和经验。1998年联合国教科文组织发布的《世界文化报告》指出：文化多样性增加了每个人的选择机会，是发展的重要源泉，每一个文化群体都有权保留并且发展自己特有的文化。非物质文化遗产与物质文化遗产共同承载保护文化多样性。濒临灭绝的非物质文化遗产的影像记录仅仅是一种静态异体资料，缺乏鲜活的生命力；文化遗产的动态传承、适度的产业化开发无疑是恰当的选择。

事例5：民族文化资源的开发首先表现为一种经济活动，文化产品的再生产、从文化资源向文化产品的转化靠最大限度地占领和扩大市场来实现可观的经济效益。《云南映象》先后在十几个国家和地区商业化演出2000余场。2007年11月，《云南映象》文化传播有限公司荣获"国家文化出口重点企业"称号。

事例6：青海热贡唐卡技能分级的行政管理推动产业发展。

文化产业是青海省黄南藏族自治州的重要支柱性产业，形成了以唐卡、堆绣、泥塑等非物质文化产品为主的文化产业体系；挖掘了传统节庆资源藏乡"六月会"和古城群等文化资源；根据同仁县文化局提供的数据，2016年唐卡产值2.91亿元，从事制作从业人员3875人。兴建热贡艺术馆、成立热贡艺术协会、完善传承人保障制度、聘请工艺美术大师及传承人讲课等方式，可以鼓励民间艺人多带徒弟传授技艺，将唐卡和堆绣等传统技能纳入专项职业能力技能鉴定等级考核范围，解决了热贡艺术品参差不齐、以次充好的问题。青海省还发布了"热贡唐卡"首个地方标准，不仅明确了唐卡的原材料、画布处理、绘制工艺、颜料及配制等技术参数，还对唐卡分类、分级、文化内涵、外观质量等方面的技术要求做出了详细规定。世界性文化艺术产品市场机制也初步建立起来。

云南和青海的案例都反映了西部地区地方政府根据文化市场体系建设的具体需要有选择地发挥解放市场、推动市场、模拟市场以及替代市场四种作用。西部地区民族特色文化产业的发展对提高民族凝聚力、加强民族团结和边疆稳定、促进西部地区可持续和谐发展,实现中华民族多元一体格局等都具有重要的作用。

第三节 西部民族特色文化产业模式

一 西藏特色文化产业模式

西藏人文历史悠久,布达拉宫、大昭寺、罗布林卡都已被列入世界文化遗产。各类非物质文化遗产项目1000余项,涉及民间文学、传统音乐、传统医药、民俗等10个种类,涵盖了非物质文化遗产包含的所有资源种类。西藏有音乐、舞蹈、藏戏、民歌、绘画等,被誉为"东方荷马史诗"的《格萨尔王传》至今已经有1000多年历史。

2010年中央第五次西藏工作座谈会明确提出了要把西藏建设成为"重要的中华民族特色文化资源保护地"的奋斗目标。2011年财务部印发了《文化产业发展专项资金管理暂行办法》规定,专项资金规模到2015年要达到5000万元以上。2012年,在《中共西藏自治区委员会贯彻落实〈中共中央关于深化文化体制改革推动社会主义文化大发展大繁荣若干重大问题的决定〉的实施意见》中,西藏指出要合理着力推进文化体制改革,对做大做强西藏文化产业进行了部署。西藏提出实施文化兴区、文化强区、文化富区、文化稳区战略。西藏有文化产业各类市场主体6739家,从业人员3.3万余人,涵盖文化产业八大行业、50多个类别。2015年西藏文化产业专项资金规模达到5000万元以上。[①]

西藏模式的主要特点是利用政策扶持和各种资金支持,积极发展民族特色文化产业,属于外部推进式(输血式)结合主观能动性的模式。

(一)充分利用政策发展传统文化

1. 特色演艺业

西藏建成了自治区藏戏艺术研究中心、拉萨市民族文化艺术宫、山南地区大剧院等一批标志性城市基础文化设施,成立了区级文化产业示

---

① 戴晶斌编:《西藏特色文化产业理论与实践》,上海人民出版社2015年版,第16页。

范民俗风情园、唐古拉风演艺中心等一批文化企业；推出了大型原生态歌舞《幸福在路上》和民族歌舞《五彩西藏》《雅鲁藏布》。民族演艺业已经建成比较成熟的产业模式。与此相关联的带有显著地域特色的新兴文化产品也开始市场繁荣。西藏政府非遗工作的形式主要是发"红头文件"、审批项目、挂牌、开会、展演、办班和拨款，此外办法不多。现代社会是开放社会，要通过必要的思维转型来保护文化空间。从政府文化工作改革的方面说，文化空间保护要兼顾保护多地区与多民族文化的权利。政府财政保护西藏多种世界级和国家级非遗，但这种政府投入是框架式的，不是地方权威性的，要具体落实就要依靠地方权威起作用。

西藏歌舞晚会《魅力西藏》、话剧《扎西岗》等，具有民族风格和时代气息，每年为基层群众演出 400 余场。乡镇文化层文化设施平均每年组织文艺演出等各类文化活动 800 余次，平均每年组织 200 万人次观演。藏戏、《格萨尔王传》入选联合国非物质文化遗产名录，350 名传承人入选自治区区级名录。文化遗产是民族特色文化产业的素材和灵感，与现代舞台的声光电技术完美融合，打造出了一台台民族特色艺术表演。

在艺术团体体制改革后，政府鼓励社会资本投资非物质文化遗产旅游演艺产品。2014 年 8 月出台《关于促进合作打造特色鲜明艺术水准高的专场剧目》，鼓励发展特色文化产业，着重强调支持各地推出一批高品位的主题公园和旅游演艺节目。

2. 藏医药

国务院西部开发办《关于西部大开发若干政策措施实施意见的通知》和《关于西部大开发若干政策措施的实施意见》促进了藏医药的发展。之后又有《国家中医药管理局关于支持西藏自治区藏医药事业发展的意见》出台，指出藏医药服务体系等 9 项发展藏医药重点任务，在政策的激励下藏医药发展势头猛烈，并与文化旅游结合，形成完整产业链。

(二) 扶持小微文化企业

西藏积极扶持小微文化企业，培育"农牧民演艺协会""农村文化产业合作社"等市场主体，加快培养各类非物质文化遗产传承人，引导和鼓励手工业作坊和企业借鉴现代化生产、管理和经营的方法，改变落后的生产方式，走市场化道路。对于发展前景较好的手工业作坊，引导其成立合作社，探索"合作社+农户""合作社+手工艺作坊"等市场模式；对于发展上规模的合作社，引导其转型为文化企业，推行"公司+合作社+农户""公司+基地+农户"等运行机制。同时，培育本地特色文化骨干企业，大力引进外地企业到西藏投资发展特色文化产业，鼓励其他行业企业和民间资本通过多种形式进入特色文化产业领域，鼓励各类合作社、小微企业在整合资源、搭建平台等方面发挥积极作用；制定文化产业标准化体系，借助于标准化手段，规范市场秩序，培育有序竞争环境；建立多层次文化产品和要素市场，实施文化产业市场秩序综合评价制度，发布西藏各地（市）文化市场秩序综合水平指数。

（三）西藏特色文化产业模式的问题

首先，虽然西藏建立了文化发展中期有目标、近期有计划、年度有方案的工作格局，确保了政策性的导向与长远的发展规划、民族特色产业的战略目标有可行性的执行方法；但西藏特色文化产业发展重点仍不清晰，缺乏全面系统的特色文化产业发展思路与政策体系。政府职责不清，兼有行业管理、事业发展和产业促进三重职能，政资、政事、政企不分。针对这一问题西藏文化产业正在探索建立"政府主导型"的行业协会，协调企业行为，统一行业管理，提升对文化企业的服务质量。

正确处理政府引导与市场培育的关系。培育企业永远是产业发展的根本，而缺乏真正意义上的企业是西藏特色文化产业发展的最大瓶颈。有相当一部分国营旅游企业还没有与各级主管部门脱钩，政企不分，阻碍了企业建立自主经营、自负盈亏、自我发展的良性经营机制，使企业不能规范运作，经营效益很差。西藏一些地方和部门，在狭隘、保守观念的影响下，不愿打破景区（点）原有的经营管理模式、不进行体制创新、不参与广泛的招商合作影响了开发的经济效益。

其次，西藏文化产业管理整体上仍然延续着计划经济的管理模式，政府还没有完全从"办文化"的管理模式中脱离出来，主要还是按行政区划、行政隶属关系、意识形态进行管理控制，以行政手段、直接管理为主，缺乏长远的战略规划与科学的管理方法。文化企事业单位市场意识淡薄，"等、靠、要"，忽视成本核算，缺乏效益观念，缺乏市场和产业意识，缺乏自主权和生存发展能力，缺乏按市场规则进行管理和运作的经验、手段单一。由于特殊的意识形态属性，文化体制改革滞后于经济体制改革。现行的文化产业管理手段与管理体制严重束缚了文化生产力发展。由于长期受计划经济体制的影响，市场乏力。现有的文化产业主体普遍创新能力不足，创新激励机制没有形成，缺乏统一开放、竞争有序的市场体系。信息、项目等文化资源配置没有起到基础性作用，造成文化资源的大量闲置和浪费。微观管理削弱宏观调控能力，造成文化企业小而散、量多质次、布局分散。资金分散与资金使用效益低下同在，部门利益与地方保护影响了西藏文化产业发展。

再次，西藏目前还没有一个从区情实际出发而制定的旅游业管理条例以及与之相配套的规范性文件体系。旅游执法力量薄弱，全区各级旅游管理部门都没有设置专门的旅游行政执法机构和执法队伍，全区上下为数不多的旅游执法人员都是兼职。对旅游市场上反映的突出问题不能及时处理，特别是难以有效清除和处理市场上存在的"黑野导"、强买强卖、随意宰客等违法违规行为，亟待建立旅游开发与环境和文化保护互动机制。例如，西藏地区在政府支持下发展出自己的"民族乐"，其优点是投资很少，让游客有真实感，能自然地与当地居民交流。目前已经发展为集加工生产、产品销售、传承文化（包括民族歌舞文化、藏族的藏历年节日文化等内容）于一体的民族特色文化产业。

因为文化产业是一个系统工程，涉及宣传、文化、旅游、发改、财政、工信、农牧、商业、民宗、外事及地（市）、县、乡等众多单位。民营企业按照市场机制运作，政府为企业提供服务指导，但是税务、财政、融资方面逐渐出现一些问题，对小微文化产业项目的资金支持、"牵线搭桥式"中介服务机构、风险投资机构显然不足。

最后，西藏扶持民族特色产业的创新性模式特别是制度设计不足，整合民族地区区域环境特殊性、市场经济发展复杂性的制度机制不足。重视常规行业而忽略其特色业态，使得西藏文化产业与相关产业融合不够。

二 云南特色文化产业模式

云南文化产业起步较早，早在20世纪90年代，云南就提出了建设民族文化大省的战略目标,到了 2008 年又提出了推动云南民族文化大省向民族文化强省迈进的战略,积极落实国家《文化产业振兴发展规划》,通过参股控股盘活国有资本的融资渠道,为特色文化产业重新整合、配置资源。比如丽江一站式服务的招商引资政策,通过协调、服务、管理、监督机制,制定《丽江关于进一步扩大开放、加快发展若干优惠政策》等文件,通过土地、税收、基础设施、外来投融资人员社会保障等优惠政策来吸引投融资企业来丽江投资。云南文化产业发展成功而被业界称为"云南现象"。①

(一) 建成民族特色文化产业集群

云南有 8 个民族自治州、29 个民族自治县、197 个民族乡,建成了具有结构性特色的文化产业集群。

第一,云南旅游节庆业——彝族的"火把节"、傣族的"泼水节"等。思茅、德宏等地将节庆活动建设成集综合自然风景观光、人文风情体验、会展经贸为一体节庆活动,实现了民俗体验与传统产业之间的联动。

第二,民族民间工艺业中的珠宝玉石产业集群。带动珠宝玉石雕刻、收藏、品鉴与拍卖的发展,打造云南珠宝玉石的世界品牌;另有茶具制作、茶产品包装等民族文化手工业;少数民族工艺美术也实现了集群化发展。例如,彝族等民族中普遍流行的刺绣、挑花、织锦,苗族、瑶族、布依族、仡佬族等民族的刹绣,苗族、瑶族、壮族、侗族、傣族等民族的银饰都闻名全国。云南 25 个少数民族的特色文化产品品种繁多,有剑川木雕、周城扎染、丽江摩梭披肩、楚雄彝族刺绣、迪庆木制器皿、西双版纳傣族织锦、傣族制陶、德宏葫芦笙、建水紫砂陶等,经民间工艺大师传承保护。如大理白族自治州鹤庆县新华村通过注入民营资本开发少数民族银饰产品,并连续实施以保护传承民族文化为主要内容的"土风计划"。

第三,民族演艺产业。云南非物质文化遗产中有若干项少数民族传统戏剧。这些戏剧是民族生活的缩影,有彝剧、藏戏、白族的"吹吹

---

① 丁雪:《文化产业发展的"云南模式"分析——以丽江为例》,《思想战线》2010 年人文社会科学专辑。

腔"、壮戏、布依族和土家族的"花灯剧"、侗戏、傣戏、苗戏、毛南戏等，产业化发展良好。

2012年，云南省人民政府出台《关于建设民族团结进步边疆繁荣稳定示范区的意见》，对民族语言文字、文字古籍、口传文化、音乐、民族特色村寨建设、少数民族传统文化传承示范点建设及少数民族文物古籍抢救征集保护。在对非物质文化遗存形态进行产业开发的过程中，注重传承形态多样的民族民间艺术、民族建筑、手工技艺、少数民族传统宗教、节庆婚丧、祭祀等民间文化，并且积极融合现代数字产业技术。2008年《动漫企业认定管理办法（试行）》出台后，经云南省政府同意联合省财政厅、省国税局、省地税局成立了动漫企业认定领导小组及办公室，制定了《云南动漫企业认定规程》，对培育少数民族文化产业产生了积极深远的影响，走在全国数字化传承少数民族文化事业的前列。

基于云南少数民族文化所具备的独特文化价值，各级政府一直致力于提升云南保护非物质文化遗产和保护生态环境的自觉意识，例如对丽江纳西族东巴文化、楚雄彝族文化资源的合理开发，国家和省级财政部门给予了大力的支持，建立了研究保护和传承少数民族文化的专门机构——东巴文化研究院。同时，全省各地不断加强少数民族地区公共文化服务体系建设，云南省商务厅与云南省文化厅签订的《支持文化产品及服务"走出去"战略合作协议》开拓了全国市场。在先进的市场化理念不断刺激下，经过20年的发展，虽然云南乡土文化产品开发项目有一部分仍属于家庭作坊式经营管理，但是"公司""管委会"多方面、多层次的现代管理成为大趋势。云南的旅游业、民族文化、珠宝玉石产业从政策上突破了旅游和文化产业主管部门不同而导致的困境。

（二）通过融资发展文化产业

丽江市意识到文化的商品属性，遵循市场经济的基本规律，培育和发展文化产业，形成了政府与企业合作的大型项目投融资渠道。云南各级政府在购买民营文化企业的公共服务时，尽可能减少并最终消除了在具体政策、办事程序、税费、要素使用及价格等方面存在的一些体制性的歧视现象。云南省政府在融资等方面为培育文化资源政策环境、转化少数民族文化资源优势提供了不少便利。2015年文化资源开发招商，中天文化产业发展股份有限公司、福保文化城有限公司等一批民营骨干文化企业涌现出来。丽江市按照分类指导，吸引多元投融资体制，国有资本、外来资本、民间资本成立独资或国有控股企业。

> 事例7：政府通过招商引资，成立了丽水金沙演艺有限责任公司，投资约800万元创作剧目《丽水金沙》，将8个少数民族最具代表性的文化意象以舞蹈诗画的形式展现，使丽江独特的民族文化创新和市场营销文化产品最终获利。《丽水金沙》自2002年5月投入商业演出以来，截至2017年累计演出8500多场，接待观众超过240万人次。《丽水金沙》和古城、雪山并称为丽江三大标志。其开展的"一戏一公司"模式，就是单位重新组合优化为一个新的文化产业实体，推行演员签约制、定期岗薪一体的绩效管理机制。《丽水金沙》与"世界名牌"——丽江捆绑销售，与携程旅行网、丽江之窗网、中国丽江网等媒体合作。金沙演艺公司立足品牌优势，实施一体化、连锁化发展战略，延伸产业链做大文化产业。2006年，公司创办了丽水金沙艺术培训中心，通过举办各种艺术培训班，并在昆明投资2亿元，打造了一个集会展、演艺、休闲、高尔夫球为一体的大型文化产业项目。《丽水金沙》及其演艺公司立足品牌优势，积极延伸产业链，实施一体化、连锁化发展战略。

又如昆明鼎业集团投资建成束河茶马古镇影视基地，邀请张艺谋等著名导演合作开发了大型实景演出剧。在广电系统国有资本控股的前提下，经批准国有资本和民间资本共同融资终端设备建设与改造。非公有资本可以建设和经营有线电视接入网，参与有线电视接收端数字化改造，控股51%以上（如丽江市电影有限责任公司），皆为成功案例。

> 事例8：2003年，杨丽萍编导了大型原生态民族歌舞剧《云南映象》。她由创作者变为投资者，凭借个人的影响力领衔主演的

《云南映象》① 大获成功，并成立由几个股东出资、由其担任董事长的云南映象文化产业发展有限公司。2009年年末，应多数股东的意愿，云南映象文化产业发展有限公司解散，但杨丽萍表示《云南映象》将继续演出下去。云南映象文化产业发展有限公司最多时拥有3个演出团队，演职人员达300余人。除《云南映象》这个招牌产品外，云南映象公司还探索出"驻场式+巡演式"的演出模式。《云南映象》在国内演出2200多场，收入超2.2亿元，巡回演出1540余个城市，是纯商业化演出的演艺精品，打造出了"云南映象"品牌。为传承和发扬云南少数民族文化，云南映象公司收集和整理云南少数民族的风俗、宗教、语言、历史、人文资源等并出版发行，出版物包括书籍、CD、DVD等；同时承办国内外各类型的艺术演出；还成立了云南映象茶业有限公司、云南映象生态饮品有限公司，在全国及国外市场进行营销。《云南映象》的成功在某种意义上来自公司市场化的运作模式和企业化的管理机制。

丽水金沙公司和云南印象公司的发展是2002年《营业性演出管理条例实施细则》修订后取消所有演出限制的文化体制改革的成功。两家演艺公司在法人治理结构稳定性方面的差异反映了法律治理的重要性。

昆明市于2011年设立了文化产业发展专项资金，每年由市财政滚动结余、统筹安排3000万元，对竞争力强、投资强度大、示范带动作用明显的文化产业重大建设项目进行扶持。但由于资金总量较小，对一些小微演艺企业覆盖不到。2015年，文化部印发《2015年扶持成长型小微文化企业工作方案》，提出要重点扶持成长型小微演艺团体。在政府的资助与社会资本的支持下，小微演艺企业得到了一定发展，如云南的《云南映象》大规模演出，广受好评。2015年，云南演出场所多元共存，小剧场、专业剧场地位不断突出，"演艺集聚区"和"驻节演出模式"均得到发展。

（三）注重地方立法

云南旅游业相关规范性文件有：《云南省丽江历史文化名城保护管

---

① 该歌舞剧将最原生的原创乡土歌舞精髓和民族舞经典与新锐的艺术构思全新整合重构，表现了云南9个少数民族的原生态特色。

理条例》《云南省丽江纳西族自治县玉龙雪山管理条例》《宁蒗彝族自治县泸沽湖风景区管理条例》《云南省玉龙纳西族自治县拉市海高原湿地保护管理条例》《丽江市旅游管理暂行办法》[①]《丽江市导游人员积分量化考核细则办法（试行）》。丽江市认真贯彻执行2004年的《云南省旅游主管部门实施行政许可责任追究暂行规定》等一系列配套制度，在开发与保护好自然旅游资源的同时，注意搞好民族文化的开发与保护，按照《丽江世界遗产保护规划》对丽江古城进行了开发与保护的成功经验，为"丽江模式"赢得了世界赞誉。

云南各地都注重地方规范文件的制定，例如，大理白族自治州的《大理白族自治州导游人员管理办法》《大理白族自治州旅行社分支机构管理暂行办法》《大理白族自治州星级饭店管理暂行办法》《大理白族自治州旅店管理暂行办法》《大理白族自治州旅游车辆定点管理》《大理白族自治州旅游休闲度假山庄质量等级评定管理暂行办法》。另外还有《大理白族自治州旅游行政执法业市场营销管理实施办法》《大理白族自治州旅游行政监督管理办法》《大理白族自治州三道茶演出管理暂行办法》《质量等级评分细则》《大理白族自治州洱海保护管理条例》《大理白族自治州苍山保护管理条例》《大理白族自治州珠宝玉石管理暂行办法》等。

（四）云南模式的成效

首先，云南自然生态环境和旅游集散地、旅游景区环境污染的治理良好，突出民族特色，文化事业与文化产业互动，探索出了一条适合本省文化产业发展、原生态与现代精品对接的特色文化旅游线路，以追求内容、文化、感受、体验于一体的文化旅游业。[②]

其次，大力推行名牌战略。一是品牌性标准——"云南省文化多样性生产经济体"，要求其产品价格中民族文化价值所占的比重应超过50%。二是达标性标准——"云南省文化多样性保护达标企业"，要对云南省的重要企业进行达标检查，给经过认证的民族文化产品或商标颁发证书。

---

① 2016年出台的《丽江市旅游管理办法》替代了暂行办法。
② 王克岭：《微观视角的西部地区少数民族文化产业可持续发展研究》，光明日报出版社2011年版，第165页。

最后，政府搭台、企业唱戏。云南省政府在发展当地文化产业的过程中经过考察，给予那些有市场前景的企业以较大发展空间，以企业为基石，运用内资与外资投资融资机制，吸引社会资本投资于文化产业。

云南是一个多民族聚居的边疆省份，拥有众多风光秀丽的自然资源，在发展本地区文化产业的过程中立足当地实际，以特色资源实现文化产业的可持续发展。

三 新疆特色文化产业模式

新疆模式是充分利用少数民族特色文化、与周边国家文化的相近性拓展文化产业的国际市场。

（一）充分利用少数民族因素发展文化产业

2001年，新疆发布《新疆维吾尔自治区关于改善投资软环境的若干规定的实施意见》，从放宽市场准入、完善准入机制方面来支持民族文化产业的研究开发。2017年出台的《新疆维吾尔自治区艺术创作和文化艺术活动管理办法》进一步优化了产业发展的政策环境。

新疆通过各种政策鼓励和支持非公有制经济企业、个体工商户等多种经济形式进入文化产业领域，大大调动了民族文化行业的积极性，形成了多种所有制共同发展的产业格局。新疆的少数民族风情对于内地居民具有很大的吸引力，利用这个优势，当地大力发展以维吾尔族为主的少数民族的文化产业，取得了很好的效果。当然，这种发展也存在一些问题，最主要的就是直接生产文化产品的部门组织很多，而市场流通中介服务组织却很少。文化经营大多是文化艺术单位小农经济式的自产自销，只重视文化艺术生产环节中的营销环节，忽视市场中介实现艺术价值的创造性劳动的投入。

（二）以旅游为文化产业发展的媒介

2014年，国务院印发《关于促进旅游业改革发展的若干意见》，2015年，国务院常务会议通过《关于进一步促进旅游投资和消费的若干意见》，提出实施旅游投资促进计划。2015年11月25日，国土资源部联合住房和城乡建设部、国家旅游局联合印发了《关于支持旅游业发展用地政策的意见》，明确旅游新业态用地政策，加强旅游业用地服务监管。2015年11月30日，农业部办公厅印发《进一步做好休闲农业与乡村旅游宣传推介工作的通知》，2016年根据季节宣传推介农业乡村旅游工作。新疆以"丝绸之路+冰雪旅游+民族风情"为主题的冬季旅游组合吸引了大批游客，使演艺产品成为文化旅游的重要组成部分，改变了传统遗产保护"圈地不干预"的单一方式。同时，用建设遗址公园的方式，将城市文化景观与物质文化遗产保护的利用结合了起来。

（三）利用地域优势，加强对中亚的文化产业贸易

"一带一路"倡议与上海合作组织为新疆与中亚的文化贸易提供了广阔的市场，由于新疆与中亚存在宗教信仰和文化的相近性，文化产业的贸易占了一定的份额。在这一方面，新疆还需要发挥自身优势，打造一批有品牌、有实力参与国际文化市场竞争的文化企业。

新疆特色民族文化的代表"十二木卡姆"，往往作为传统文化进行接待展示，并没有通过演艺市场进行产业化，这些文化在中亚有着广泛的基础，需要通过政策的鼓励、法律的保障以及自身的创新与市场化有力地实施"走出去"战略。①

四 四川特色文化产业模式

（一）环境友好型的文化产业

2016年四川省对旅游发展再定位，提出旅游是经济新常态性区域发展的新引擎，落实五大发展理念的综合载体。在"国家全域旅游示范区"名单上，31个省（自治区、直辖市）和新疆生产建设兵团中，西部各地旅游示范区情况如下：四川28个、新疆25个、贵州18个、陕西17个、甘肃14个、云南12个、西藏4个。

四川阿坝藏族羌族自治州（以下简称"阿坝"）是第二大藏族聚居区和我国羌族的主要聚居区，文化风格独特。现有2个国家5A级景区、8个国家4A级景区、4个省级自然保护区，九寨沟、黄龙风景名胜区被联合国教科文组织列为世界遗产。2008年"5·12"汶川特大地震，给阿坝独特、悠久的藏羌民族文化造成了严重损失，但也带

---

① 周丽：《新疆特色文化产业的发展》，《新疆社会科学》2009年第6期。

来了文化产业发展的契机。经过三年高质量的灾后重建、文旅相融互动的循环链接、产业与民俗文化项目相结合,当地成功打造了102个精品旅游村寨,汶川水磨、三江、映秀以及茂县牟托村、坪头村等成功创建国家4A景区,民俗文化游、乡村游等迅猛发展,阿坝文化产业得到实质性恢复和提升。文化旅游增长推动了文化遗产抢救性和生产性保护。阿坝抓住灾后文化重建的契机,提出"藏羌元素、国际表达"和"国际化标准、本土化优势"的理念,着力打好"大九寨、大熊猫、大草原、大冰川、大石海"五张特色生态旅游名片和"文明母地、遗产廊道、生态家园、雪山草地、藏羌走廊"特色文化旅游名片,以文化创意为驱动力,推动文化资源的创造性转化。映秀镇是藏羌文化走廊的起点,也是藏羌回汉等多元文化的融合之地,是去九寨沟、黄龙等著名旅游景点必经之地。以民俗文化为重点挖掘唐卡、堆绣、羌绣、藏羌民俗歌舞等一批特色文化品牌艺术品交易、文化演艺等项目,成为"创意+文化=财富"的转换之地,实现了由震中纪念地向世界温情小镇的转变。

阿坝的文化产业尽管抓住灾后重建契机实现了再生性跨越,但是仍然存在"散、小、弱、乱"和产品同构的特征。长期以来对于文化产业的特殊属性、发展规律认识不深刻,文化产业与旅游产业融合不够,忽略其特色业态,文化资源开发的封闭性、经营的粗放性仍很明显。政府主管部门职责不清,兼有行业管理、事业发展和产业促进职能,政资、政事、政企不分,缺乏全面系统的特色文化产业发展思路与政策体系、机构失调。演艺、民族手工业、文化旅游、节庆会展等特色文化产业中资金分散与资金使用效益低下同在,部门利益与地方保护还不同程度地存在,缺乏市场和产业意识,缺乏按市场规则进行管理和运作的经验。政府还没有完全从"办文化"的管理模式中脱离出来,以行政手段直接管理为主束缚了文化生产力发展。重视对"过去"文化的保护,而忽视对现在的"活"文化的保护。

(二)文化创意和科技创新

近年来,四川省以文化创意和科技创新为手段,大力推动动漫游戏、音乐产业、数字影视等新业态快速发展。目前全省网络游戏及相关企业共有近500家,培育出一批特色鲜明、创新能力强的文化科技企业。在文化产业的"十三五"规划中,加快发展信息产业、传媒产业、会展产业、创意设计产业等优势文化产业。科技、体育、金融、制造等融入"文化+"的形式呈现出不少文化产业新业态,重塑了文化产业的格局,也在更加深入地融入生活并改变着生活方式。

五 其他地区的经验

广西民族文化资源虽然丰富,但是整合利用程度不高,许多颇具开发价值的文化资源尚未充分转化为产业资源。此外,广西文化产业地域发展不平衡,经营思想、融资方式、生产手段、管理模式、营销策略等环节上明显具有分散的、低效的小生产特点,难以形成文化产业链,更不能形成规模和品牌优势。

陕西鼓励文化产业跨地区、跨行业经营,尽快建设出具有国际竞争力的文化企业集群模式,如"文化+旅游+城市发展"的曲江模式,通过大资本运作、集群模式、大项目带动、大集团运营、大产业聚集等方式,文化产业向规模化、集约化、专业化转变的同时,也彰显了民间资本不可估量的实力。文化创意产业园区是一体化的多功能文化产业规模集聚特定地理区域,园区内形成了一个包括生产—发行—消费的产供销一体的文化产业链。以传统民族特色文化社区为依托的各类文化创意产业园,也是比较成功的案例。

昆明的"中国—南亚博览会"、南宁的"中国—东盟博览会"、贵阳的"中国·贵阳避暑季"等会展旅游的游客在城市的消费是普通游客的3倍,逗留时间是后者的2倍,会展旅游的平均利润为20%—30%。会展旅游为展地带来了巨大的经济利益,会展活动集聚了大量来自异地的会展主办者和参与者,这给旅游业带来了广泛的客源,带动了住宿、交通、餐饮、娱乐文化产业发展。

第四节 西部民族特色文化产业的问题

一 管理职权分散及法律协同不足

地区文化产业缺乏统一的机构进行集中规划和管理,使文化资源不能有效整合，民族文化资源未能充分挖掘其深厚的文化内涵而形成特色文化产品。虽然制定有《出版管理条例》《电影管理条例》《广播电视管理条例》等一系列文化产业法律法规，但政府部门缺乏必要的法律依据促进和有效管理文化产业。①

政策号召文化式立法和行政措施管理文化产业，行政管理部门努力将文化市场监管纳入法制化的轨道，但零散分布的法规没有形成较为完整的相互支持的法律体系，没能获得足够有效的法制支持和保障。西部地区仍未建立一套行之有效的文化产业管理体制，影视、广电、旅游、出版等不同部门各自为政、管理混乱，文化市场各管各的、多头执法。由于国有企业改革仍不到位，体制仍不健全，市场的主体地位不明确，从而缺乏活力。

从我国相关的文化产业法规的名称来看，普遍性地被冠以类似于"管理条例"的名称，②这些规定贯穿始终的精神就是以管理为核心。《电影管理条例》开篇第1条即立法宗旨：为了加强对电影行业的管理，发展和繁荣电影事业，满足人民群众文化生活需要，促进社会主义物质文明和精神文明建设，制定本条例。其他一些管理条例也均如此规定了立法宗旨。③毫无疑问，这些法规的内容主要是有关许可、审批、审查、备案、禁止性内容、处罚等规定。这种文化产业立法思想有一定的必要性和合理性，但相对于文化产业发展市场经济规律的要求而言，明显是落后的。

基于我国产业政策法律规范存在的上述问题，现有部委规章等产业安全规范将相关的产业安全法规则体系化、规范化，提升效力层级。由于职责划分和视域有限，部委规章通常只解决问题的某一个方面，通常也是从本部门的角度考虑问题及可执行性，细化相关法律的程序性规

---

① 据统计，截至2013年，在64部文化领域的行政法规中，有48部属于文化行政方面的"管理条例""管理办法"，有7部属于文化遗产方面的"保护条例"，只有8部属于保障文化权益、促进文化发展方面的立法。参见章可《我国文化立法的路径探究》，《学习与实践》2013年第8期。

② 例如《电影管理条例》《音像制品管理条例》《营业性演出管理条例》《中外合作摄制电影片管理规定》《美术品经营管理办法》《互联网文化管理暂行规定》《出版物市场管理规定》等。

③ 例如《互联网文化管理暂行规定》第1条也是开宗明义地强调是为了加强对互联网文化的管理。

则。完善的程序规则不仅可以提高法律的可操作性、权威性，而且还能最大限度实现公平正义。

西部地区民族特色文化产业行业中民族文化创意、出版发行、演艺娱乐、文化会展等产业发展较快，应以资本为纽带推进文化企业兼并重组跨地区、跨行业经营。例如：西部民族特色文化产业会展发展较快，但是会展场馆和举办数量的限制不足；同时，过于频繁地举办会展与盲目建设会展展馆一样，会使得会展无法实现既定经济目标。尽管有知识产权法律的保护，而涉及新创意、新设计和新款式时，会展行业规则的稳定性和权威性则不足。例如价格歧视，它是指会展主办方在提供会展服务时，对不同的客户实行与成本无关的价格上的差别待遇，这种价格歧视会使得提供、接受相同产品或者服务的买卖方在交易成本上形成差距，其后果是直接导致市场公平机制的人为扭曲，不利于中小企业的发展，使其无法获得公平竞争机会。需要行业管理法律和必要的行政手段调控市场，引导企业的生产经营活动。

二　市场准入限制条件过多

（一）市场调节自身的缺陷

市场调节具有暂时性。其一，市场在竞争和价格的作用下形成的供求关系是不稳定的、波动的，市场调节具有盲目性；其二，市场具有趋利性，利大大干，利小小干，无利不干，造成产品供应不足，生态环境恶化；其三，市场具有分化性，在激烈的市场竞争中优胜劣汰，容易造成两极分化。因此，在市场经济的条件下，法律手段是不可缺少的。特别在文化领域，它既具有物质生产领域的共性，又有意识形态领域的特殊性。

在产业发展初期及成长过程中，需要注意两个问题。

1. 市场"进""退"的无序

运用法律、规章、地方性法规设置一定门槛，对市场准入进行一定限制，对竞争规则施加一定的干预是非常必要的。市场准入机制方面，文化行业管制严，进退存在较大障碍。市场的自由竞争是当今市场经济条件下产业发展的重要保证。然而，我国文化产业的进入壁垒仍然非常明显，包括结构性壁垒和制度性壁垒两种。结构性壁垒主要表现为必要资本量的障碍。制度性壁垒问题更加严重，主要表现在政府制定的政策上，我国对文化经营单位设立实行严格的审批制。

近些年来随着文化市场准入的扩大，文化市场化程度不断提高，与物质生产领域一样，市场的趋利性致使文化产业在结构上出现了不平衡，文化的法律手段调节作用显得越来越重要。例如，在同样的文化领域，娱乐服务业的收益要比展览业的收益来得容易，在税收上可采取不同的税种和税率，并以法律法规的形式确定下来；再比如，要协调好文化领域精神产品生产与物质领域物质产品生产的基本平衡，协调好文化领域各文化产品生产和服务之间的平衡，也可通过法律法规提高或降低税收，做出相关"许可"或"不许可"的规定，来实现社会物质产品生产和文化产品生产的基本平衡，以及文化领域各文化产品生产和服务之间的平衡。

文化贸易的保护政策，新疆博州在贯彻落实《新疆维吾尔自治区关于改善投资软环境的若干规定》（2001年）的实施意见中，从放宽市场准入、完善准入机制方面来支持民族文化产业的研究开发。坚持以公有制为主体，鼓励和支持非公有制经济企业、个体工商户等以多种形式进入文化产业领域，鼓励直接生产文化产品的小农经济式的自产自销。在文化产业营销环节，鼓励创造性劳动的投入，例如演出经纪机构、艺术品经纪机构、影视经纪机构、文物经纪机构、模特经纪机构、文化旅游经纪机构的文化再包装和营销策略。

2. 产业内的恶性竞争和过度竞争

市场环境和竞争秩序是一个产业健康发展的前提，各国都通过制定反不正当竞争法和反垄断法，以保证竞争的公平性，实现有效竞争，维护市场活力。西部很多地区在文化产业发展的蓬勃期，往往会出现行政性垄断和过度竞争并存的现象。行政性垄断和地区垄断妨碍了文化产业的健康发展，无序竞争造成文化产业不能形成规模化发展。只有通过规范化手段，避免上述现象，才能为产业发展创造必要的竞争秩序和竞争环境。

（二）文化行政管理规范化

文化行政管理转变职能，依法行政，逐步实现文化产业管理的法制化、规范化。2016年，国务院发布有关简政放权的法规和文件共28

件。2016年2月，国务院印发《关于第二批取消152项中央指定地方实施行政审批事项的决定》和《关于第二批清理规范192项国务院部门行政审批中介服务事项的决定》；同年6月和12月，国务院下发文件分三批共取消了222项职业资格许可和认定事项，其中涉及演艺、美术和摄影等文化艺术领域。①

各级政府，例如甘肃甘南碌曲县推进简政放权的改革政策，尽可能地减少行政审批环节，提高办事效率，所有许可事项办事的承诺时限提速均不低于80%。2017年碌曲文体广电局行政审批事项由原来的21项经过减少、合并和承接，变为19个许可项目。②

(三) 非公文化企业准入

民族地区文化市场提供的能力较弱，主要表现在文化市场主体缺失、文化市场体制僵化、文化消费水平低等。民族地区文化产业管理中各自为政的管理体制，已成为民族地区文化产业发展的障碍，造成文化资源配置不合理。根据西方经济学家提出的"非均衡理论"，建议在文化产品较为丰富的民族地区设立"文化特区"，政府给出政策，优先予以扶持。

由于现有的关于民族文化产业投资、税收、管理优惠措施保障的法律法规不明确或者缺乏此方面的规定，使得投资渠道不畅通、投资方式不合理，民间资本和外来资本所关注的法律地位、权益保护、退出机制等核心问题都还没有得到很好的解决。虽然国家整体上对文化产业实行了优惠税率，但是由于民族文化产业比较脆弱，现有的税负依然比较重，高税负严重阻碍了投资者对民族文化行业投资的积极性。此外，民族文化产业的各种管理关系尚未制度化和规范化。

2004年10月18日，文化部下发了《关于鼓励、支持和引导非公有制经济发展文化产业的意见》，放宽市场准入，允许非公有制经济进入法律法规未禁止进入的文化产业领域，支持非公有制经济参与国有文化单位的重组改造，营造非公有制经济发展文化产业的良好政策环境和市场环境。如"文化+旅游+城市发展"的曲江模式，通过民间大资本

---

① 《数字解读2016·深化改革：改革攻坚 我们有突破》，2016年12月，中国共产党新闻网（http://cpc.people.com.cn/n1/2016/1226/c64387-28976451.html）。
② 资料来源：笔者对碌曲文广局工作人员的访谈，2017年10月。

运作集群模式，不仅在西部乃至在全国都具有影响力。

民营文化企业资本所有权、文化企业法人大发展。对于民营文化企业文化产品的生产和经营，政府为其核发长期（亦称甲种）《电视剧制作许可证》；国家新闻出版广电总局颁布了《出版物市场管理规定》，2016年的新规定与2011年的旧规定相比降低了出版物批发单位门槛。对目前已有的民营文化企业的行政许可内容进行梳理、调整或再扩大。在发达国家，文化艺术包括电影电视，都是作为商品来生产的。只要制片人拿着他与发行商签的合同就能到银行贷款。美国电影大部分是用银行的钱拍成的。在这方面我国需要给予政策法规上的支持，特别是进行相关法规的健全和完善。

2005年4月，国务院发布《关于非公有资本进入文化产业的若干决定》（以下简称《若干决定》），进一步规定了非公有资本和外资进入文化领域的范围和原则。在有关政策的支持下，2006年民营出版物总发行企业达14家，连锁经营企业8家，出版物发行的民营影视公司达140余家，社会资本参与拍摄的影片数量占总数的75%。[1] 同时设立了专项资金，许多企业获得了扶持和项目。

以新疆为例，民营文化逐渐成为就业增长主渠道。民间资本包括民营企业的流动资产和家庭的金融资产，投资者直接投资文化企业。为打破国家文化事业单位以及国有文化企业长期占据的垄断地位，国务院《若干决定》明确了文化企业的具体领域和类型，例如新疆文化产业领域包括：文化表演团体、演出场所、博物馆和展览馆、互联网上网服务营业场所、艺术教育与培训、文化艺术中心、旅游文化服务、文化娱乐、艺术品经营、动漫和网络游戏、广告、电影电视剧制作发行、广播影视放映、书报刊分销、音像参与文艺表演团体、演出场所等国有文化单位的公司制改建，允许非公有资本控股。

三 法律调控不足

西部每个民族各有着自己独特的民族语言、服饰和节日。产业结构

---

[1] 参见张晓明等主编《2006年：中国文化产业发展报告》，社会科学文献出版社2006年版。

政策和产业发展政策应该实现对区域产业的引导，补偿市场机制缺陷；而不是过分强调民族文化产业的意识形态属性，有的甚至把文化产业与意识形态混为一谈。

宏观调控产业政策涉及财政税收、货币金融，具有内容上的抽象性和规范幅度过大的特征。国家机关在具体行使宏观调控职权的过程中，在其具体的专业调控领域和调控技术的运用上，享有相当大的自由裁量权。政策支持具体应该涵盖产业技术结构的选择和开发领域投入的政策等，督促或引导相关利益主体从事或选择某一市场行为。宏观调控行政手段介入方式包括计划、税收、金融调控、产业结构政策等，促使产业结构合理化和产业结构高级化。

产业政策在有些国家干脆被称为"产业结构政策"，以促进资源和要素的整合。产业政策具有信号性作用，积极引导民族地区特色产业发展；而且具有目标导向作用，使得资源人才集聚。从调整对象看，与其他法律相比，产业政策法具有较强变动性，因时因地制宜地不断进行调整。在经济发展的不同时期，产业政策法自然也应进行相应调整，促进产业结构整体效应的提高，平衡同业内企业之间的关系，确保产业组织的协调发展。我国部分法律、法规条文的表述不清晰或缺乏排他性，操作起来有很大的不确定性；有些定义界定不明确，过于笼统。由于文化产业是新兴产业，文化部门的经营实践是超前于制度建设的，或者说法律有一定的滞后性。我国应在文化国有资产产权界定、资产评估、资产划转等方式上，在对文化资产经营单位计划审核、经营业绩考核等手段上，通过制定实施政策措施、法律法规对文化产品生产特别是舆论导向进行引导。

四 文化产业结构优化的问题

西部地区按照中央的文化产业政策部署，制定了不少地方政策，这些政策大多数是对中央政策的重申与细化，对一些文化产业门类的发展起到了积极的作用。但还是存在着政策制定主体分散、政策权威性不强、政策实施有效性较差、政策支持产业发展力度不够等问题。

（一）会展业发展的不平衡

会展业是文化产业中的重要组成部分，集商品展示、信息交流、文化传播等多项功能于一身。近年来会展业创造的经济利益以年均15%—

20%的速度递增,发展势头很猛。西部会展产业集群主要分布在重庆、西安、成都、昆明、西宁、乌鲁木齐、兰州、敦煌、南宁、呼和浩特等地。

会展业被视作一个独立的产业,还是近 10 年的事。会展业不仅直接服务于客户(参展商与客户),同时也间接影响着诸多相关产业,形成了商贸、交通运输、餐饮住宿、购物娱乐、旅游观光等为一体的经营消费链。2007 年,呼和浩特举办了首届中国民族商品交易会,签订国内外投资项目合同 70 项,合同金额达 510 亿元,签订投资协议、意向 118 项,极大促进了内蒙古经济的发展。2016 年,总计超过 120 万平方米的展览馆投入建设或列入规划,我国会展业进入蓬勃发展的时期。但是西部会展节庆的异军突起也存在可持续性不强的问题,以成都为例,出现了会展场馆建设产能过剩的经营状况,2015 年仍有多达约一半的展览馆全年展览会面积在 20 万平方米以下,44% 的展览馆租馆率低于 10%。[①]

会展法是一个新兴的法律分支。国际上的会展规则主要有《国际博览会联盟章程》和《德国展览协会章程》,以及我国在 1993 年加入的《国际展览会公约》等。目前,我国还没有制定或者出台一部全国性的会展法,相关的法律法规也不健全,立法相对比较滞后。我国应加快和完善会展业相关立法,将实践中行之有效的展会八原则通过法律固定下来保障会展业健康发展。[②] 目前我国会展法体系主要由一些部门规章和地方性法规构成,主要包括国务院各部委颁布的行政法规和其他一些规范性文件,如《中国加入世界贸易组织(WTO)服务贸易谈判中关于展示和展览服务中的承诺和减让》、国家工商行政管理总局发布的《商贸易谈判中关于展示和展览服务展销会管理办法》《展览会的章程与境外文化艺术表演及展览管理规定》《文化艺术品出国和来华展览管理规定》、商务部发布的《关于出国(境)举办招商和办展等经贸活动的管理办法》等。1997 年,继大连出台《大连市展览会管理暂行办法》之

---

① 袁帅:《回顾 2015 展望 2016,中国展览业将会如何发展?》,2016 年 2 月,搜狐网(https://www.sohu.com/a/59384742_243993)。

② 这八原则分别是:保护名牌展会、扶持专业展会、鼓励境外来展、优先全国展会、促进新型项目、有利贸易成交、注重办展能力、参考申办程序。

后,深圳颁布了《深圳会议展览业行规》,2006年上海市也出台了《上海市展览业管理办法》。广州、西安、石家庄、南宁、余姚、宁波、义乌等城市也都结合各自的实际情况出台了相关规定。[①]

在我国,与会展类似的还有商品展销会,国家工商总局于1997年颁布实施了《商品展销会管理办法》,规定商品展销会主办单位应具有与展销规模相适应的资金、场地和设施;相应的管理机构、人员、措施和制度;承办单位应有企业法人资格或营业资格;展销经营范围或业务范围明确;资金一般不低于50万元。举办对外经济技术展览会,之前由原对外贸易经济合作部负责协调和管理;2003年之后,则由商务部负责协调和管理。

在国外,几乎所有的发达国家都设有单一的全国性展览管理机构。有的使用会议局的名称;有的同旅游局并在一起,如法国巴黎的展览管理机构名称就是"会议与旅游局"。这些部门一般不介入行业的直接管理,而是利用法律、行政法规指导会展活动。这些部门的重要职能之一就是指导交易会、洽谈会等贸易促进活动促进体系的建设。因此,它承担的会展管理职责是指导境内、出国对外经贸交易洽谈会等贸易促进活动,拟定相关管理办法,管理赴境外非商业性办展活动并监督实施。我国的很多省市都设置了专门的会展管理机构,没有设置专门机构的也责成有关部门负责会展管理工作、负责国内会展组织者资质审批管理以及国内商品展销会主办单位资格审查。

文化园区也是一种类似于会展的文化产业模式,近年来文化园区的发展并不尽如人意。例如,甘肃园区文化产业研发活力不强,如果不靠政府在地租、房租、贷款等方面的特殊政策,很难持续发展。更有企业以文化建设为名,搞房地产开发。文化产业园大多以文化建设项目为名,为争取文化扶持政策,将文化事业变相成为房地产商的开发项目,或者进行所谓的"文化地产"开发,其实质也就是景观地产。文物古迹发掘而建设的产业园,往往与文物保护相冲突:将遗址布局功能变成市场产业,在文化遗址周围胡乱开发,对文化遗产造成了难以弥补的破

[①] 羿克、梁强:《我国文化产业发展与保护相关法律问题研究》,《今传媒》2011年第2期。

坏。园区（基地）局限于地理空间意义上的集聚，而非产业集聚，与园区外部及其他行业的互动性较差。不少开发商主导型的文化产业园区放宽园区的进入门槛，允许一些非文化类企业进驻，文化生态环境被破坏。甘肃省文化产业特色化园区、基地、企业"单兵作战"，没有清晰的产业上下游关联性，甘肃省大多数成长型文化产业园区（基地）相对偏远，而且面临土地紧缺的问题。笔者在项目组的调研中发现，兰州创意文化产业园、甘南羚城藏族文化产业园、天水汉唐艺术苑、金城珠宝古玩城等企业的发展在用地等方面受到限制。

（二）政府职能的转变

政府部门作为文化产业治理主体，要将重点放在优化产业环境、规范市场竞争机制、通过合理的扶植和激励措施促进文化产业的发展方面。[①] 西部地区政府存在角色定位不明确、高层次文化产业发展不足等问题。特色文化产业应依托当地的地理条件与自然资源发展壮大，体现出生活在不同地区民众的审美偏好和鲜明的区域性特征。[②]

例如，西部各级政府对处在"一带一路"倡议地理范围内的省市优先安排旅游外交、宣传推广重点活动，将之纳入国家旅游宣传推广重点支持范围。敦煌市入选国家首批全域旅游示范区创建名单。素有"塞上江南"之称的宁夏，全域旅游建设被重点关注，旨在打造特色鲜明的国际旅游目的地。在《旅游法》的刺激下，敦煌推出《敦煌盛典》旅游演艺创新项目，不仅激发了当地的旅游经济，还促进了文化传播。

演艺企业两极分化问题愈发突出，国有文艺院团和大中型演艺企业的快速发展，使得民营小微演艺企业面对资金支持、市场准入、财税扶持、演出审批等多方面的外部压力，存在演出场次少、观众上座率不足等问题，应定期为小微演艺企业提供管理指导、技能培训、市场开拓等服务并提炼地域民族特色。特色文化产业中传统民族工艺仅停留在简单

---

① 2003年12月，国务院办公厅发布了《文化体制改革试点中支持文化产业发展和经营性文化事业单位转制为企业的两个规定的通知》；2005年4月，又发布了《国务院关于非公有资本进入文化产业的若干决定》；2005年7月，又发布了《关于文化领域引进外资的若干意见》，开展公有文化企业的去行政化和股份制改造工作，为文化产业营造公平竞争和宽松的市场氛围。

② 王克岭：《西部民族地区文化产业发展中的政府作用——基于微观视角的解读》，《企业经济》2011年第10期。

翻版、复制上，民族特色不够鲜明；民族文化资源开发与现代科技结合不够，应借助新媒体、现代传播方式，开发具有科技附加值的特色文化产品；区域性国际文化交流与合作尚停留在政府外交层面，应推向纵深发展。

第三章 西部民族特色文化产业的法律制度

第一节 国家层面的法律制度

一 全国性的法律法规

截至2018年4月,我国文化领域有全国人大及其常委会和国务院颁布的法律、行政法规共45部。

（一）全国人大常委会通过的法律

表3-1　　　　部分全国人大常委会通过的文化类法律

法律名称	通过时间	生效时间
全国人民代表大会常务委员会关于维护互联网安全的决定	2000.12.28	2000.12.28
著作权法	1990.9.7通过 2001.10.27、2010.2.26修正	1991.6.1
非物质文化遗产法	2011.2.25	2011.6.1
全国人大常委会关于加强网络信息保护的决定	2012.12.28	2012.12.28
广告法	1994.10.27通过； 2015.4.24修正	1995.2.1
公共文化服务保障法	2016.12.25	2017.3.1
电影产业促进法	2016.11.7	2017.3.1
档案法	1987.9.5通过； 1996.7.5修正	1988.1.1
文物保护法	1982.11.19通过；1991.6.29、 2002.10.28、 2007.12.29、2013.6.29、 2017.11.4修正	1982.11.19

续表

法律名称	通过时间	生效时间
公共图书馆法	2017.11.4	2018.1.1

注：以上统计截至 2018 年 4 月。

全国人大常委会的立法属于普通法律，① 侧重于与国家主权和社会稳定相关的方面。这些法律是文化产业发展最基本的保障（当然，这些法律的作用不仅限于文化领域），文化产业的具体保护措施还需要国务院的行政法规以及国务院各部门规章、地方性法规、地方政府规章等立法。比较遗憾的是，我国到目前还没有一部规范文化产业整体的法律，文化产业促进法几经讨论，并没有出现在全国人大 2018 年的立法规划中，文化产业基本法立法的出台还需要一段时间。

（二）国务院的行政法规

表 3-2　　　　　　部分国务院通过的文化类行政法规

行政法规名称	通过时间	生效时间
互联网站从事登载新闻业务管理暂行规定	2000.11.6	2000.11.6
电影管理条例	2001.12.12	2002.2.1
公共文化体育设施条例	2003.6.26	2003.8.1
水下文物保护管理条例	1989.10.20 通过；2011.1.8 修订	1989.10.20
风景名胜区条例	2006.9.19 通过；2016.2.6 修订	2006.12.1
知识产权海关保护条例	2003.12.2 通过；2010.3.24 修订	2004.3.1
博物馆条例	2015.1.14	2015.3.20
音像制品管理条例	2001.12.25 通过；2011.3.19、2013.12.7、2016.2.6 修订	2002.2.1
出版管理条例	2001.12.25 通过；2011.3.19、2013.7.18 修订	2002.2.1
信息网络传播权保护条例	2006.5.18 通过；2013.1.30 修订	2006.7.1
互联网上网服务营业场所管理条例	2002.9.29 通过；2011.1.8、2016.2.6 修订	2002.11.15

① 这里所说的"普通"，是相比全国人大制定的"基本"法律而言。

续表

行政法规名称	通过时间	生效时间
广播电视管理条例	1997.8.1通过；2013.12.7、2017.3.1修订	1997.9.1
印刷业管理条例	2001.8.2通过；2016.2.6、2017.3.1修订	2001.8.2

注：以上统计截至2018年4月。

国务院制定的文化类的行政法规大致有以下几类：一是对于国家法律的细化；二是对于法律尚未规定的试点；三是文化行政方面的规定。与数目较少、涉及范围较窄的法律相比较，行政法规规定的范围更加宽泛也更加细致，具有比较强的可操作性，在国家文化产业的发展中起到了重要的作用。

图3-1为我国改革开放后至2018年2月相关法律和行政法规的制定和修订统计。

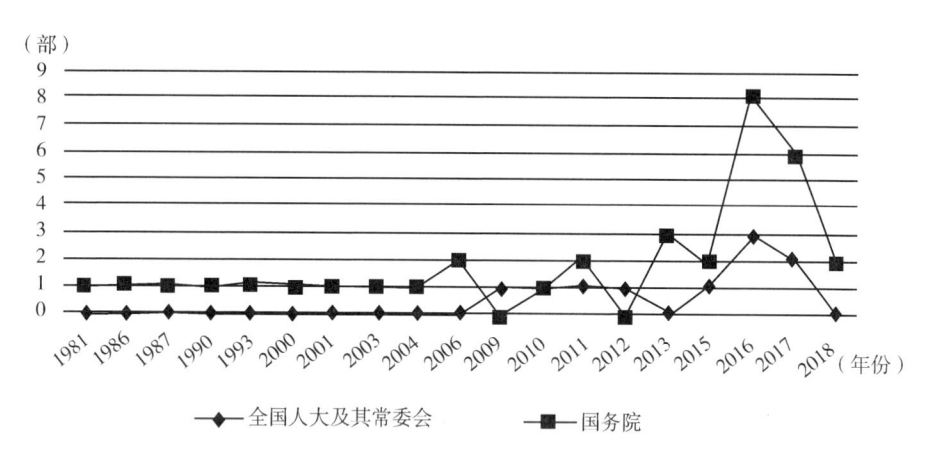

图3-1 我国国家层面现行有效文化法律法规历年制定和修正数量

数据来源：中国经济网文化产业频道（http://www.ce.cn/culture）。

从以上统计可以看出，2016年之前，国家层面文化领域的法律法规通过数量每年基本都维持在三部以下，间隔时间也较长。在2016年，全国人大及其常委会和国务院制定和修正的文化领域相关法律法规数量都大幅提升、达到峰值。从整体发展来看，自党的十八大以后，文化领域相关法律法规出台的频率在不断加快，党的十八届四中全会明确提出了制定文化产业促进法，相信随着这部法律的出台，配套法规和规章也将密集跟进，从而使我国文化产业立法进入新的高峰期。

(三) 部门规章

表 3-3　　　　　　　　我国关于文化产业的管理部门

产业分类 管理部门	影视制作	数字内容	动漫	广告	演艺娱乐	出版发行	印刷复制	文化会展	旅游业	体育产业	文化创业
部门1	国家发展与改革委员会（统筹全国各行业的发展，包括文化产业）											
部门2	中宣部（侧重主导基本的社会意识形态）											
部门3	文化部（侧重具体的政策制定和实施）											
部门4	广电总局										
部门5	工业和信息化部										
部门6						新闻出版总署（版权局)					
部门7						国家民族事务委员会（管理民族部分）					
部门8						宗教局（管理宗教部分）					
部门9						文物局（管理历史文物部分）					
部门10									旅游局		
部门11										体育总局	

注：截至 2018 年 2 月。

这些职能部门出台了大量的部门规章，对于文化产业的发展进行了全方位的规范。比如《文化科技成果转化推广管理暂行办法》（文化部 1997 年）、《文化市场行政执法管理办法》（文化部 2006 年）、《美术品经营管理办法》（文化部 2004 年）、《艺术档案管理办法》（国家档案局 2002 年）、《文化部创新奖奖励办法》（文化部 2006 年）、《中外合作音像制品分销企业管理办法》（商务部 2002 年）、《音像制品批发、零售、出租管理办法》（文化部 2006 年）、《营业性演出管理条例实施细则》（文化部 2009 年）、《互联网文化管理暂行规定》（文化部 2011 年）、《艺术品经营管理办法》（文化部 2016）、《音像制品进口管理办法》（新闻出版总署和海关总署 2011 年）。

部门规章属于具体法规，主要是为执行上位法而制定的操作规范及准则，具有时效性短的特点。文化领域规章的制定主体主要有文化、广播电视、出版版权和信息产业等各主管部门。

总而言之，文化法律体系的组成大致分为三类：第一类为公共文化事务法，这类法律主要是确定国家在发展公共文化事业方面的责任，并为社会提供文化参与的事务法，如《公共文化服务保障法》《公共图书馆法》《博物馆条例》《公共文化体育设施条例》等。第二类为文化管理法，是对于从事文化行业的监管规范，如文化行业的登记、审查、处罚等行为规范。我国现有的文化法规以此类居多，比如《文化市场行政执法管理办法》。第三类为文化行为法，其目的是确定文化生产和消费的基本经济关系，为社会提供公平竞争环境。

二 文化产业促进法的起草与审议

2004年以来，文化产业的增速一直保持在15%以上，约等于GDP增速的两倍。而在2018年的"两会"政府工作报告中，更是指出保持文化产业的增速在13%以上。在房地产无法带动中国经济发展时，文化产业的高速发展刚好弥补了房地产的空缺，成为未来中国经济发展的"新引擎"。文化产业促进法不仅可以规范市场秩序，还可以为各部委、各地政府提供管理依据，确保文化产业的良性发展。

文化产业促进法早在2006年就被列入《国家"十一五"时期文化发展规划纲要》，属于"加强文化立法""抓紧研究制定"的法律。[①] 但在当时，对于文化产业发展的方式，是选择政策推动还是法律促进，是立足于现行法律的修改完善还是制定新法，是制定单一性的文化产业促进法还是分门类的部门产业法等方面都存在不同的认识。此外在文化产业概念的界定，包括行业门类的确定方面的问题也阻碍了立法的实现。关于文化产业领域整体的文化产业促进法的立法动议早在2010年就已被提出，但是已经过去近十年了，迟迟没有立法。在其起草、审议的8年时间中，《公共文化服务保障法》《电影产业促进法》《公共图书馆法》等文化产业细分领域法规却相继出台。2014年党的十八届四中全

---

① 如《国家"十一五"时期文化发展规划纲要》第（四十七）条为加强文化立法。立足我国国情，借鉴国外有益经验，加快文化立法步伐，抓紧研究制定非物质文化遗产保护法、图书馆法、广播电视传输保障法、文化产业促进法、电影促进法和长城保护条例。

会指出，制定文化产业促进法，把行之有效的文化经济政策法定化，健全促进社会效益和经济效益有机统一的制度规范。2015年9月6日，文化部牵头在北京召开文化产业促进法起草工作会，正式启动文化产业促进法起草工作。为落实党的十九大精神，《十二届全国人大常委会立法规划》明确提出文化产业促进法的立法规划。

2018年3月11日，十三届全国人大一次会议将文化产业促进法列入未来五年的立法规划中。但在2018年的全国人大的立法计划中，没有文化产业促进法的内容。①

未来立法面临的问题主要在于三个方面：文化产业促进法的法律性质、文化产业促进法要解决的核心问题和重要问题、文化产业促进法与其他相关法律的关系。目前我国文化立法主要集中在法规和规章层面，因此，加大法律层面的立法进程极其重要，应当争取尽快出台有关的文化法律，完善和平衡三个层级的文化立法，构建一个由文化产业基本法、文化产业市场主体法、文化产业市场主体行为法、文化市场管理法等为统率，文化行政法规和部门规章为主体的文化产业立法体系；坚持文化产业立法过程中的系统性原则；在具体进行文化产业立法的过程中，必须十分重视并采取切实可行的措施避免和减少法律冲突和重复性立法。

未来立法应注意：主要靠政策推动还是法律促进的方式选择上的不同认识；立足于现行法律的修改完善还是制定新法这一思路选择上的不同认识；单一性的文化产业促进法还是分门类的部门产业促进法的立法体系选择上的不同认识。

在文化立法中，要高度重视地方文化立法，因为，有的地方文化立法是极具代表性的，起着示范的作用。民族传统文化和民间特色文化产业立法要求在未来的文化立法中，制定文化产业宏观法律，完善三个层级的文化立法，构建我国文化产业立法体系，坚持立法过程中的系统性原则，关注国际文化产业立法。21世纪以来，我国文化产业发展进入快轨，十年间保持了年均20%左右的增长速度，至2012年年末文化产

---

① 《全国人大常委会2018年立法工作计划公布》，中国新闻网（http://www.chinanews.com/gn/2018-04-27/8501864.shtml）。

业增加值已达 1.6 万亿元。

三 国家的文化产业政策

如前文所述,"政策"从广义上讲指的是公共政策,包含着法律法规,是公权力主体制定和执行的用以确定和调整广泛社会关系的行为规范。具体来讲,包括"法律、法规、战略、规划、计划、条例、规章、政令、声明、指示、管理办法、实施细则等"[①]。一般意义上使用的政策与法律既相联系又有区别。两者的联系在于都是权威机构制定、协调文化产业相关主体的社会经济关系。但二者的制定主体、制定程序不同,同时二者也有各自不同的组成,在不同范围、不同领域对文化产业发挥着不同的效力。[②]

党的十八大以后,党和国家在以往依法治国实践的基础上,丰富和发展了这一基本治国方略,其中最主要的变化就是形成了"大法治"的概念。新时代社会主义特色法治与中国古代的法家"法治"不同,与西方资本主义社会的"法治"也不同。我国宪法明确规定:中国共产党领导是中国特色社会主义最本质的特征,这是中国共产党对于国家全面领导的法理依据。在这样的一种现状下,党所制定的一些基本政策与策略实质上也是"依法治国"中"法"的重要内容,忽略这一点就不能正确认识依法治国。为此,中国共产党加强党内法规建设,强调党的领导的法治思维,在政策制定的过程中充分考虑现有的法律制度,这些充分表明,我国法治程度已有大幅提高。

就文化产业而言,我们在研究法律制度的时候,不能忽略党制定的关于文化产业发展的基本规划与方针策略,这些规划与策略对于国家立法以及我国文化产业发展起到了重要的作用。在一些方面尚没有完善法律制度的时候,政策往往起着最主要的规范作用。

根据党的方针策略,国务院及其所属机构制定了大量关于文化产业发展的规划与规范性文件。近年来,随着文化产业发展,国家出台的文

---

① 张国庆:《公共政策分析》,复旦大学出版社 2007 年版,第 2—4 页。
② 张庆盈:《中国文化产业法制建设问题研究》,博士学位论文,山东大学,2011 年。

化产业方面的政策文件非常多,据不完全统计,2017年国务院及其部委共出台规范性政策共100多件,[①] 涉及文化产业总体发展及各个类别发展的方方面面。国家政策对于文化产业主要是具体的规范,往往具有极强的可操作性,也是文化产业司法的一个重要根据。

总而言之,党在文化产业方面的政策偏重于整体上的规范,目的是指导思想的统一与前进方向的正确。国家的规范性政策是对于党的方针的细化与落实,具有较强的可操作性。它们对于我国文化产业制度的构建都产生了积极的作用。

四 国家层面立法存在的问题

(一)立法体系问题

1. 现有文化产业较为分散,效力层次低

我国现有的体例主要由七个法律部门和三个不同层级的法律规范构成,[②] 目前,我国规范文化产业的条文散见于上述七个法律部门中,文化产业相关立法主要集中在行政法规中。在法律层面,只能说有与文化产业相关的法律存在,直接规范文化产业的法律还在起草当中,并未颁布施行。

关于文化产业整体发展的地方性法规只有《深圳市文化产业促进条例》(2008年)和《太原市促进文化产业发展条例》(2009年)两部。

2. 法规内容之间存在重复与冲突的现象

现有的与文化产业相关的部门规章与地方性法规之间存在冲突,地方人大及政府对于文化产业的管理意识大于服务意识,担心文化产业的发展与意识形态相冲突,因此出台了一些过于严格的管理规定,这些规定实际上与国家法律和行政法规相冲突。此外,地方立法与法律、行政法规内容重复是一个普遍现象,浪费了立法资源,并未做到因地制宜地发展地方特色文化产业。

---

① 数据参见范周主编《2018中国文化产业年度报告》,知识产权出版社2018年版,第52页。

② 七个法律部门是:宪法及宪法相关法、民法商法、行政法、经济法、社会法、刑法、诉讼与非诉讼程序法。三个不同层级的法律规范是:法律;行政法规;地方性法规、自治条例和单行条例。

3. 文化立法失衡

虽然我国当前已经有了一定数量的文化方面的法律法规，但是我国国家层面文化领域相关现行有效的法律法规主要集中在文化产业发展和公共文化服务保障方面。① 宪法中确定的公民的文化权利、义务缺少具体化的法律规范加以保障和规制。因此，目前我国的文化法律体系，准确地说应为"文化管理法律体系"。

从文化管理法律体系的构成看，我国文化管理法律体系包括文化活动和管理的宪法性文件、文化管理领域一般法以及文化管理领域部门法。这是以宪法为核心、以横向的文化管理领域一般法为基础，以纵向的各文化管理部门法为主体构成的文化法律体系。由此，文化产业管理法律体系可以界定为：以宪法为核心、以横向的文化产业管理一般法为基础，以纵向的文化产业各行业门类管理法为主体的法律体系。如《文物保护法》及其保护条例和实施细则、《非物质文化遗产法》及其保护条例和实施细则、《水下文物保护管理条例》、《历史文化名城名镇名村保护条例》、《文化市场行政执法管理办法》等。文化产业各行业门类管理法主要是适用于某一文化行业门类的法律法规，如适用于出版发行业的法律法规、适用于影视业的法律法规、适用于演艺业的法律法规、适用于文物和艺术品业的法律法规、适用于网络文化业的法律法规、适用于文化中介服务业的法律法规。考察数量众多的已有文化法律法规可发现，虽然我国文化法律数量多，但是真正有效的文化法律体系还是不完备的；已出台的"法"的层级低，现有文化法规偏重于管理、规范、义务和处罚等内容；立法过程缺乏相关利害关系的行业代表、公众的参与等，结果造成法规内容的重复或冲突现象。因此，应提升现有文化法律法规的立法目标，加强文化法理论研究，尽快解决文化领域中政策与法律法规的界限问题。②

4. 文化立法的盲点

一些领域的立法盲点依旧存在。文化公益服务设施的法律制度尚多

---

① 在45部现行有效法律法规中，有5部是与公共文化相关的，约占11%；其余40部都是与文化产业相关的，约占89%。

② 祁述裕、王列生、傅才武主编：《中国文化政策研究报告》，社会科学文献出版社2011年版，第14—17页。

疏漏，针对新兴媒体、网络空间的网络监管立法还存在不足。针对文化社团、文化人才、文化市场、文化改革、文化交流等方面的立法很少甚至仍是空白。

即使是文化领域法规中占到89%比重的文化产业法律法规，其内部仍存在很多立法盲区。根据国家统计局最新印发的《文化及相关产业分类（2018）》通知，文化产业被分为文化核心领域和文化相关领域两大类，下设九小类，详见图3-2。由图3-2可以看出，现行有效的40部文化产业相关法律法规主要集中在内容创作生产、文化传播渠道、新闻信息服务、文化娱乐休闲服务、文化辅助生产和中介服务、创意设计服务方面，而在文化投资运营、文化装备生产和文化消费终端生产方面，立法仍缺乏及时回应。

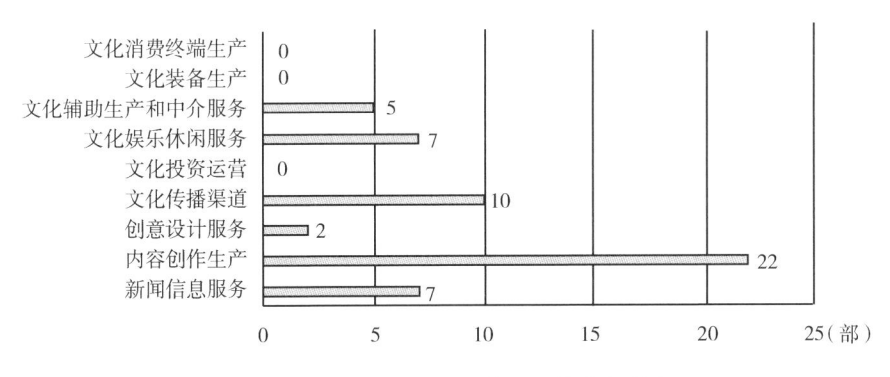

类别	数量（部）
文化消费终端生产	0
文化装备生产	0
文化辅助生产和中介服务	5
文化娱乐休闲服务	7
文化投资运营	0
文化传播渠道	10
创意设计服务	2
内容创作生产	22
新闻信息服务	7

图3-2 不同文化及相关产业法律法规制定

注：在新闻信息服务、内容创作生产、文化传播渠道、文化娱乐休闲服务这四类中有部分法律法规会有重复统计。

（二）国家层面立法的完善

完善我国国家层面文化法律法规体系，亟须补齐"短板"。

首先，加快文化立法工作进度，实现文化建设各领域"有法可依"。

积极探索符合我国实际情况，保障实现公民的基本文化权利，科学合理、层次分明的中国特色社会主义文化立法体系。针对文化立法不完善、不健全、进展较为缓慢甚至出现停滞的领域，应该努力加快推进文化立法工作，统筹相关部门，做好文化立法的规划工作。不断完善文化社团、文化人才、文化市场、文化改革、文化交流、文化投资运营、文化装备生产和文化消费终端生产等领域的立法，以及更加细分互联网文化、版权和文化软件服务、专业设计服务、工艺美术品制造和销售、创作表演服务、文化经纪代理服务等文化业态的立法工作。

同时，为加快文化立法工作进度，在制定文化法律法规过程中，应该针对文化立法盲区，加强研究其存在的难点和问题，以立法的难度和敏感度为标准，分阶段制定相应的法律法规。如优先制定那些立法条件已完全成熟的文化领域法规，然后再制定那些立法条件已基本具备的文化领域法律法规。

其次，强化补充实施细则，深入推进文化立法的有效性。

文化立法很难解决的问题是它的调整对象包含的内容很多，且在不断变化。从传统出版印刷到现代互联网、物联网、新媒体、人工智能、虚拟现实、大数据、3D 打印等新兴技术的应用，文化产品既有有形的也有无形的，文化立法的范围在不断变化，立法的调整方式和原则、制裁手段等都存在较大差异。因此，需要对已有法律法规的相关条文进行及时补充、调整和修订，并根据主体的不同特征和实际执行过程中遭遇的问题和困难情况，进一步有针对性地制定实施细则，细化具体的分类、奖惩等级、责任主体、执行主体、审定机制、认定机制、管理机制等，避免法律法规在实施过程中"悬置"现象的出现，加强可操作性和执行力。

第二节　地方层面的法律制度

地方立法的目的有两方面，一是执行法律、行政法规的规定，需要根据本行政区域的实际情况作具体规定的事项；二是地方性事务需要专门制定地方性法规的事项。前文已述，文化与民族与地域的关联极为密切，西部民族特色文化产业的两个最基本的特点就是少数民族性和地域多样性。因此，西部在促进本地区的文化产业发展时，一方面要严格适用国家层面的法律法规，另一方面要结合本地区文化产业发展的现状，制定地方性法规和地方规章制度。

2015 年 3 月《立法法》作出重大修改，将地方立法权扩至所有设区的市。设区的市人民代表大会及其常务委员可以针对城乡建设与管理、环境保护、历史文化保护等方面的事项制定地方性法规,这三方面的内容实际上都涉及文化产业方面。立法主要有甘肃的《庆阳市禁牧条例》(2017年)、内蒙古的《包头市长城保护条例》(2017年)等。①

一 地方立法的现状

从总体上来看,西部文化产业的地方立法主要集中在以下几个方面。

(一) 地方文化产业立法的分类

1. 关于法律和行政法规的细化

首要的是对于国家层面的文化产业立法制定实施细则。在国家法律所确定的原则和基本规定的基础上,根据本区域的实际情况,对于法律在本地区的适用进行具有可操作性的规定,以期法律适用的实现。西部这方面并不比东部差,甚至在时间上要快于东部省份,但是存在过多的重复现象,基本上2/3的法条都是重复的,另外的1/3大都只是词语的转换,并没有很好地实现地方立法细化国家法律的功能。

2. 关于少数民族的立法

西部很多地区具有少数民族的独特性,所以关于少数民族文化产业的促进也是立法的一个重要方面。关于少数民族文化领域的立法有:《黔东南苗族侗族自治州民族文化村寨保护条例》(2008年)、《云南省少数民族语言文字工作条例》(2013年)、《宁夏回族自治区人民政府关于尊重少数民族风俗习惯的规定》(1988年通过,2002年废止)等。

3. 旅游及历史遗产的规制

各地省一级均有规范旅游、促进旅游收益的旅游条例:《内蒙古自治区旅游条例》(2017年修订)、《宁夏回族自治区旅游条例》(2017年修订)、《西藏自治区旅游条例》(2016年修订)、《青海省旅游条例》(2016年修订)、《重庆市旅游条例》(2016年修订)、《广西壮族自治区旅游条例》(2016年修订)、《内蒙古自治区旅游条例》(2016年修正)、《贵州省旅游条例》(2016年修正)、《陕西省旅游条例》(2015

---

① 关于文化产业整体发展的地方性法规只有《深圳市文化产业促进条例》(2008年)和《太原市促进文化产业发展条例》(2009年)两部。

年修订)、《云南省旅游条例》(2014年修订)、《四川省旅游条例》(2012年修正)、《新疆维吾尔自治区旅游条例》(2012年修正)、《甘肃省旅游条例》(2011的修正)。此外有一些市州也制定了旅游条例,比如:《甘肃省临夏回族自治州旅游条例》《昌吉回族自治州旅游条例》《包头市旅游条例》《甘孜藏族自治州实施〈四川省旅游条例〉的变通规定》等。

历史遗产的特殊地域性也是西部地方立法的一个重点,西部所有的省、直辖市和自治区都通过了非物质文化遗产保护的地方立法(除青海省为地方政府规章外,其他都是地方性法规),详见表3-4。

表3-4　　　　西部地区非物质文化遗产保护的地方立法

法规、规章名称	通过时间	生效时间	章节和条目
宁夏回族自治区非物质文化遗产保护条例	2006.7.21	2006.9.1	6章46条
新疆维吾尔自治区非物质文化遗产保护条例	2008.1.5	2008.4.1	7章49条
贵州省非物质文化遗产保护条例	2012.3.30	2012.5.1	9章54条
云南省非物质文化遗产保护条例	2013.3.28	2013.6.1	7章46条
重庆市非物质文化遗产条例	2012.7.26	2012.12.1	5章41条
陕西省非物质文化遗产条例	2014.1.10	2014.5.1	7章45条
西藏自治区实施《中华人民共和国非物质文化遗产法》办法	2014.3.31	2014.6.1	6章49条
甘肃省非物质文化遗产条例	2015.3.27	2015.6.1	6章55条
广西壮族自治区非物质文化遗产保护条例	2016.11.30	2017.1.1	8章52条
内蒙古自治区非物质文化遗产保护条例	2017.5.26	2017.7.1	7章62条
四川省非物质文化遗产条例	2017.6.3	2017.9.1	7章63条
青海省非物质文化遗产保护办法	2017.12.5	2018.2.1	7章54条

此外,对于文化市场管理的地方立法也比较多。如《内蒙古自治区文化市场管理条例》(2016年修正)。

(二) 地方立法对于西部民族特色文化产业的促进

上述这些法规、规章表面上反映了少数民族传统文化法律保护的立法演进过程,实质上则体现出对少数民族传统文化内涵的理解。由于文化保护工作往往由多个部门插手分管,很多工作难以整合,社会力量的参与得不到协调管理,立法方面缺乏应有的规范性,导致立法名称、适用范围模糊,权属不明,立法体系不完备,可操作性不强,技术粗疏落后。而民族地区单行条例的立法程序繁杂、技术要求高、立法周期较长,法制建设不完备的情况很多。少数民族自治地方在地方文化保护相关法律条文中大量使用"鼓励""加强""支持"等抽象语言,过于笼统、原则、抽象,弹性过大,在实施中难以驾驭和把握,抄袭现象也越来越严重。很多法律文件在形式上简单地套用其他法律文件的章节结构,立法内容则重视行政手段、忽视私力救济,保护手段单一。现行的法律多是在公法方面对非物质文化遗产保护的原则性规定,而对于非物质文化遗产的私法保护却比较缺失。私法的缺失使非物质文化遗产这一特殊商品的法律关系的权利义务主体缺失,进而导致立法的效力范围有限。

二 地方立法的适用

(一) 立法层级与可操作性

随着《电影产业促进法》《公共图书馆法》等法律的出台,我国文化产业领域立法层次较低的现象得到改观。依照现有的立法计划,文化产业促进法短期内很难出台,文化产业方面的法律依据主要还是行政法规和部门规章。

立法层级高可以显示法律的权威性,但是高层级的法律必然会是原则性规范;为了实现法律的可操作性,需要低层级的法律对高层级的法律进行细化。我国文化产业立法的主要问题是缺乏可操作性,从解决问题的实效出发,依照高层次法律的一般性规定,结合文化产业的特殊性予以细化,正是部门规章及地方性法规的优势与任务。[1] 但这些法规是行政单位制定的,往往强调管理而轻视市场的作用。地方立法层级低,立法范围受限,在与上位法保持一致的基础上,实现地方立法结合本地实际、促进本地文化产业发展的目标是地方立法的一大难题。

2015年的《甘肃省甘南藏族自治州非物质文化遗产保护条例》出台,对甘南州非物质文件遗产保护方面的重点问题进行了明确表述和规定。甘肃省民委等召开甘肃省少数民族特色村镇保护与发展经验交流

---

[1] 李高协:《地方立法的可操作性问题探讨》,《人大研究》2007年第10期。

会，安排部署特色村寨建设保护与发展。甘肃省有藏戏"南木特""莲花山花儿会""天祝藏族民歌""裕固族民歌与服饰"等23个少数民族非物质文化遗产项目入选国家级保护名录；89个非物质文化遗产项目列入甘肃省级名录；104名民族地区非物质文化遗产项目传承人入选甘肃省级传承人名录。

地方文化产业立法，对于国家法律法规在当地的执行都起到了良好的作用，发挥了地方立法的优势。

(二) 与当地民族特色的结合

各地充分利用地方立法的优势，对于本地独有的文化因素进行保护，起到了很好的规范作用。

云南省于2000年对民族特色文化传承人、民族特色文化之乡、民族传统文化保护区作出了相应规定，并为其他地区的立法提供了范例。如《云南省历史文化名城名镇名村条例》（2007年11月）、《云南省维西傈僳族自治县民族特色文化保护条例》（2008年7月）等地方法规；《云南省民族民间文化传承人管理办法》《云南省民族艺术之乡管理办法》《云南省民族民间传统文化濒危项目管理办法》等政策法规。云南、贵州、广西、福建、新疆、甘肃、江苏、浙江、河北、湖南、山西、新疆、重庆等地颁布了《非物质文化遗产代表作申报评定暂行办法》。

事例9：宁夏西夏陵保护。

宁夏西夏陵博物馆是1998年建立的，是当时全国范围内同等规模中投入经费最少的一座博物馆，这座博物馆也是当时我国第一座以西夏皇陵为背景的专题博物馆，占地共计5300亩，文物671件。博物馆在建立之初，管理处在不破坏王陵整体文化内涵的基础上，修建了西夏史话艺术馆和西夏民俗风情园。

为使西夏陵文物、自然景观的保护和合理利用真正纳入法制管理，宁夏先后制定了《西夏陵区文物保护管理办法》（地方政府规章，1999年通过，2006年废止）、《银川西夏陵保护条例》（地方性法规，2001年通过，2016年修正）。《银川西夏陵保护条例》以《文物保护法》等有关法律法规为依据，将陵区基础建设和规划、文物保护以及内部管理、队伍建设、法律责任都以条文的形式确定下来。这样为依法管理、科学治陵提供了可供依据的法律文件，也使保护和开发西夏陵和西夏文化的工作向更加合理和完善的方向发展。自治区人民政府1991年公布的文件显示，陵区面积约为50平方公里。陵区荒芜地较多，不可能做到每一寸土地都充分保护。为规划解决这一现状，管理处提出了分区、分级的管理思路。将帝陵、陪葬墓制区分为三级，分别是：重点保护区，又叫绝对保护区，包括帝陵四周500米的范围，大中型陪葬陵为中心四周200米的范围；一般保护区，除重点保护区以外所公布的西夏陵保护范围；控制地带。由政府部门集中人力、物力、财力对重点保护区进行有效而集中管理。

2017年西夏陵游客接待量约40万人次，创造旅游收入约5000万元，促进了地方的经济建设和收入水平。[①]

(三) 地方立法的实效

从实际效果来看，由于规定这些权利义务的政策性文件缺乏法律规范所应有的约束力与实施的强制保障，因此，这些文件的贯彻效果在文化产业发展的实践中并不理想。原因有三：一是地方立法自身的问题，比如上位法的简单重复、没有结合地方实际、可操作性差等，这些"先天不足"造成地方立法的适用意义不大；二是对于地方立法的重视程度不够，很多文化产业方面的地方立法是为了完成工作而立，地方立法对于文化产业的促进作用认识不足，仍然相信政策是推动文化产业的真正有效手段；三是文化产业发展日新月异，地方立法的程序烦琐，可能出台不久便落后于社会的发展，地方立法的权威性不高，无论是管理者还是文化产品的生产者、经营者、消费者往往都会"忽略"地方立法的存在。

民族特色文化产业的法律保障作为一项理论与实践结合的研究论题，在国内外往往被归类为文化产业的法律激励机制和民族特色文化（民间文化）保护两个论题研究。一是与传统知识产权相比民族特色文

---

① 资料来源：宁夏旅游政务网（http：//www.nxta.gov.cn/lyzx/10086.jhtml）。

化具有的特殊性，正是其经济价值的体现，大多数发展中国家都把包括民族传统文化在内的文化遗产作为发展文化产业的宝贵资源加以保护，为区域文化产业的发展提供新的法律设计。二是通过法律手段探索促进西部地区文化产业规模化发展的创新机制。三是把区域产业经济与法学理论相结合，深化包括知识产权在内的文化产业法律保障研究。结合国内外有关民族特色文化保护的理论与实践，关于地区民族特色文化产业的法律保障，笔者不赞成对文化产业的"过度保护"。但就西部现有的现实条件和处于发展初期的情况，在一定阶段内通过立法和制定政策的手段对其进行一定程度的扶持和保护是必要的。当然，还要反对"地方保护主义"和"部门保护主义"，加快横向、纵向的市场沟通，防止对产业法律和政策保护功能的不恰当运用。

三 地方立法与地方政策

（一）地方立法与地方政策的定位

与国家层面上文化产业法律与政策双管齐下一样，地方民族特色文化产业的发展同样需要法律与政策的配合。由于地方法律和政策大多数都是中央法律与政策的细化，所以二者的定位也与国家层面相仿。

法律着力于文化产业主体资格、市场规范以及权利救济等方面，期望通过文化市场秩序的构建，形成公平的自由竞争。参与主体可以通过法律预测自己行为的后果，从而理性地做出自己的选择。地方文化产业立法应该秉承法律的这一特性，注重权利的保护，不为追求立法效率而将不成熟的社会关系予以法律化，从而影响地方立法的稳定性。地方立法要保持严肃性，避免政绩化。

政策具有灵活性和高效率性，可以根据文化产业市场的发展状况，及时进行引导、管理、激励。

（二）地方立法与地方政策的关系

地方立法与地方政策的定位不同，法律侧重市场秩序的构建和权利的保护，政策侧重管理和激励。但是二者的目标是一致的，地方立法与地方政策在文化产业的发展上就需要明确新时代社会主义文化事业发展的基本方向，坚持党对于文化事业的领导，坚持核心价值观在文化产业发展中的指导作用。

具体而言，首先，二者的一致性要求相互之间的分工和配合。对于一些原则性、基本性、稳定性的规则通过地方立法予以规定；而对于一些试点性、多变性的规则由地方政策予以规范，要注重发挥地方立法的作用，不能只出台政策不加强立法。其次，二者的规定不能矛盾，特别是地方立法具有法律的权威性，地方政策在制定的过程中一定要注意不违反地方立法。

(三) 地方立法与地方政策的运用

西部地区民族特色文化产业政策的数量远远大于地方立法的数量，这与国家层面上的政策与法律的数量比一致，属于正常现象。现代社会是多元社会，社会秩序的稳定与社会经济的发展要运用多种手段，社会的复杂性决定了不可能凭借单一的治理手段达到良好的效果。

在西部民族特色文化产业领域，要注重法律与政策的综合运用，立法往往只是对最关键的社会关系做出规范，但是也有一些文化领域应立法而只用政策予以规范的现象。西部地区大多数的地方立法与地方政策都是对于国家层面法律与政策的重复，由于过分畏惧与上位法、国家政策相冲突，自主性与地方性被降低到了最低点。因此，在对文化产业的促进方面，西部地区充分发挥地方能动性的空间还很大。

第三节　西部民族特色文化产业法律存在的问题

在全国领域众多的文化产业研究成果中，对文化产业发展的法律制度问题一直缺乏足够的关注与重视。一方面是由于研究者的学历背景，研究文化或经济学的学者往往偏向于单纯文化经济类研究；另一方面是文化产业这个领域在我国属于经济法调整的范围，而产业领域的研究更多停留在一般理论的状态。

我国文化产业方面缺少高位阶的法律支撑，法律规范的权利义务虚化，而政策由抽象转为实际的权利义务规定，立法的指导思想过于强调管理而忽视规范与促进。比如，甘肃省先后研究起草制定了《华夏文明传承创新区建设总体方案》《甘肃敦煌莫高窟保护条例》《甘肃省文物保护条例》《甘肃省旅游条例》《关于加强省级国有文化资产管理的意见》《甘肃省人民政府关于加快发展对外文化贸易的实施意见》等。虽然"条例"众多，但依然无法在立法层面进行根本性的突破，也无法适应各地（州、市）的自身条件。总而言之，当下文化产业发展面临着很大的法律和制度性瓶颈，也标志着法律制度和法律内生激励作用将对文化产业发展产生关键性影响时代的到来。

一 西部民族特色文化产业主体的法律问题

（一）文化主体的法律地位问题

2017年9月，为推动公共文化机构建立以理事会为主要形式的法人治理结构，中宣部、文化部等7部门印发《关于深入推进公共文化机构法人治理结构改革的实施方案》，计划到2020年年底，全国市（地）级以上规模较大、面向社会提供公益服务的公共图书馆、博物馆、文化馆、科技馆、美术馆等公共文化机构，基本建立以理事会为主要形式的法人治理结构，决策、执行和监督机制进一步健全，相关方权责更加明晰，运转更加顺畅，活力不断增强，人民群众对公共文化的获得感明显提升。实施联合理事会制度后，西部地区应紧紧围绕法人治理结构改革目标，充分考虑地方实际，完善理事会决策、执行、监督组织要素，增加决策、运行、监督落实措施，突出落实单位法人自主权，进一步提升公共文化机构管理水平和服务效能。[①]

就西部民族特色文化产业的发展而言，体制瓶颈的问题一直存在。20世纪末21世纪初国有经营性文化事业单位转企存在的问题没有得到根本解决，很多问题转换了一种方式继续存在。以新疆为例，已改制的国有经营性文化事业单位实际上仍保留着"双轨"运作的方式，实行"事业型企业化"运转模式。新疆企业和事业单位在工资、福利待遇方面存在着较大的差距，文化事业单位的人员普遍认为事业单位收入有保证，如果转制为企业，会使职工产生害怕企业破产的顾虑，因而普遍缺乏转企的动力。[②]

文化市场中介组织发展滞后，政府包揽过多是一个非常重要的原因。事业型的单位，比如图书馆、博物馆等，它们在经营方式上应是营

[①] 参见杨文辉、王纲《法人治理新探索：联合理事会制度——以西部遂宁市文化体制改革为例》，《四川图书馆学报》2018年第1期。

[②] 参见周丽《新疆特色文化产业的发展》，《新疆社会科学》2009年第6期。

利性和非营利性兼而有之,以非营利性的经营为主;对其管理应采取直接管理为主或直接管理和间接管理相结合的方式。对经营型的文化企业,①比如发行集团、文艺院团(除部分文艺产品,如高雅的和传统稀有文艺产品需要政府做单项补贴外)、文化娱乐品,政府应充分放手。对文化企业、文化产品生产的间接管理手段主要是通过市场,即通过法律的、经济的手段实现;用文化经济政策、法律法规及行政规定和办法,规范文化经营单位和经营人员的经营行为,保证文化企业的经营行为和经营方向。构筑平等竞争的平台,保障各类企业在相同条件下进行生产和经营,公平竞争。

近年来,艺术表演由国家统包统管的形式,逐渐向多种所有制形式和各种不同的经营管理模式转变,布局不合理和队伍偏大的状况总体上也有所改变。政府引导和推动产业集聚培育市场主体。2013年,虽然相关部门出台了扶持转制院团改革发展的文件,加强文化经济政策,增强艺术表演团体和其他文化企事业单位的活力,扶持民族文化精粹,对尚未改制到位的国有文艺院团继续提出规范转制国有文艺院团发展,但是,西部地区生产非公益性文化产品的单位进行改制的过程中,因为政府经费不足仍困难重重。例如2018年笔者在甘肃庆阳调查时了解到,因为政府不能承担改革成本,如养老保险的缴付、离退休职工的安置等,文化企业改革不能完成。

另外,西部地区在文化改制的时候不如东部省份灵活,事业改企业多采用一刀切的办法,造成非遗传承人社会地位和收入的下降,人才断层加剧。但是,甘肃庆阳改制调整了"一刀切",成立了陇剧研究所,仍然保障陇剧传承人和陇剧名角的工资待遇和事业编制的社会身份的成功做法值得借鉴。当然,这只是局部微小的改进。甘肃陇剧团除了个别名角可以唱堂会走穴挣钱外,大部分演员并没有这样的机会,长期处在半失业状态。依靠政府购买文化服务为生,等于换了一种形式,还是由政府供养。虽然文化事业单位转制为文化企业,土地等固定资产的占有使用和人员与政府之间事实上是半脱离状态。人财物都带有双重属性,

---

① 2001年年底,从中央到地方先后成立了广电集团14个、影视集团4个;成立了出版集团7个、发行集团5个、报业集团38个;有的地方还成立了演艺集团等。

市场化程度和文化产品开发能力都很低。

文化产业由中央政府和地方政府双重投资，民族文化产业从业者接受多头管理。文化机构权责不清、设置不合理，存在机构交叉设置、职能重叠、部门分割，低水平文化机构设置不合理的现象，西部地区很多企业是从事业单位转制过来的，经营机制多由政府主导。民族文化产业由于历史、区位、经济等多方原因，产业政策的执行上也缺乏应有的效力。政策执行者专业知识水平有限、思想认识不到位，造成了其对政策理解有偏差。

> 事例10："陇剧"是庆阳北部山区以环县为主，与陇东道情戏互为表里，小曲、民歌、说书融合发展而成，收费经济低廉（相对于大戏）的民间地方小戏，俗称"一驴耿""满窑吼"。因其乡土味醇厚、高亢、激越的原生态唱腔，1959年12月被中共甘肃省委、甘肃省人民政府命名。庆阳是陇剧的发源地，体现了庆阳深厚的文化底蕴和独特的艺术魅力。陇剧是国家级非物质文化遗产保护传承项目，也是全国18个重点传承剧种之一。全国陇剧剧团只有甘肃省陇剧院、庆阳市陇剧团（现改为庆阳市黄土塬演艺公司）、环县陇剧团三家。市陇剧艺术编导工作者创作出了《古月承花》《黑白人生》《周祖公刘江医祖岐伯》《香包情》等剧目，获得"五个一工程奖"、全国"人口文化奖"、白玉兰表演奖等奖项。庆阳市陇剧团有40多人（次）荣获全省红梅大奖。
>
> 但是，上演的剧目中绝大多数剧本主要来源于购买和约稿。创作难、修改难、成本高，新创剧目断档；原有创作人员年龄严重老化，作品质量下滑，成功率较低，难以接替；导演、作曲人才断档，主要依靠聘请省上和外地音乐主创团队打造新创剧目。庆阳市陇剧团原有乐队30多人，目前实有正式和聘用人员仅14人，而且还包含打击乐演奏员，日常陇剧排练和演出只能靠聘用社会人员来补充。自1985年地区陇剧团成立至今，骨干演员都是原省艺校戏剧专业毕业生。20世纪80年代后期，省艺校教学功能基本丧失，剧团所需人员只能从基层和社会人员中挖掘，人员素质、专业能力低下，等次不一，中青年陇剧演员调离陇剧团，造成目前团内生、

丑、净、旦后继乏人。陇剧这一独特非物质文化遗产保护后续不力，基层两个剧团并未能得到有效支持。陇剧的保护、传承、研发工作出现断代断层现象。需要将华夏文明创新区建设"1313"目标工程与陇剧保护、传承、研发，继承、挖掘、整理和衍生环县道情音乐、庆阳原生态道情文化资源结合起来。

事例11：甘肃的文化单位改制从2006年5月起正式开始，同年甘肃人民出版社转企改制为读者出版集团，成为甘肃省文化事业单位"转企"第一家。2006年9月，甘肃省杂技团被确定为省直文化单位改革试点。2009年8月，甘肃省杂技团又被文化部列为全国文化体制改革42家试点单位之一。2010年，甘肃省杂技团有限责任公司成为全省首家文艺院团转企单位，甘肃出版发行实现全行业转企改制。① 国有演出院团79家，中央批准7家保留事业体制，省上批准3家划转、6家撤销，其余63家全部转制为企业。2012年4月15日，企改制甘肃日报报业集团核定资产200万元。

文化产业民营企业，如临夏神韵砖雕有限公司和临夏能成古典建筑工程有限公司等民族传统砖雕企业，2017年销售收入2亿多元。临夏民族文化产业园有保安腰刀、彩陶复制、民族地毯、清真食品和民族特需用品等产业。

国有文化事业单位包揽文化产品和服务供给的主体已经开始分化。各部门根据可否产业化的标准，划分为不同的类型。涉及公众的文化形态部门，如博物馆、公共图书馆等事业单位完全由政府拨款；电视台等经过改制应该逐步市场化，一些基层电视台仍然需要政府财政拨款，原因就在于部分地区领导为了自身的目的，不顾市场规律，在极大浪费资源的同时，也成为地方财政沉重的负担。这不是产业化形成的弊端，而是部分政府沿用计划经济体制下的思维、违背文化产业经济发展规律的后果。

生存和发展层面，一些专业文艺单位，不靠演出获得收入，而靠国

---

① 甘肃人民出版社、甘肃文化出版社、兰州大学出版社、甘肃省音像出版社、甘肃省声像教材出版社、甘肃省新华书店按照中央的要求全部转企改制。

家财政支撑其生存。一方面，使得大批专业人员不能发挥自己的才能、取得社会效益；另一方面，也使这些专业人员的技能和素质下降。但这并不说明没有社会需求或社会品位不高，而是要反思国有文艺团体的现有体制。国有专业文艺团体会集了一流的专业演员和完备的舞台设备，但却陷入了"多演多赔，少演少赔"的怪圈。大量由市场决定生存的民间文艺团体却依靠自身的努力，顽强地生存下来。例如，2006年云南评选文化产业10强，入选的民间文艺团体人员管理机制灵活，以特色开拓市场，如丽江的大研古乐在市场中获得成功。而国家专业文艺团体"等、靠、要"，缺乏竞争机制。

公益性文化事业单位是指与经营性文化产业相对应，以非营利性为目的，为全社会提供非竞争性、非排他性的报刊、互联网、演出、文物产品的公益文化单位，这并不是完全消灭文化产业的经济性，改制后也需要其自主创收。切断文化产业的经济基础而空谈其公益品格是不科学的。文化单位中开展了文化体制改革，采取了文化资本运作方式的实验，逐步实现了区域内文化单位及各地方内部文化单位的多种联合形式。现代企业制度权责分明、管理科学、激励和约束，对已改制、重组后形成的"相对全资公司"可采取转移少量股份（10%左右）的方式，让文化企业经营者（群体）入股；对已改制、重组形成多元投资主体的文化企业，特别是一些竞争性强的文化企业，积极推进经营者（群体）持股和风险抵押经营分配捆绑机制；对具有高文化含量、高科技的公司，可采取折股等方式参与收入分配，要根据文化行业的特殊要求依据法律和政策采取相应的考核和处罚。

因此，应逐步落实经营者责权利相一致、与现代企业制度相适应的国有企业经营者收入分配制度。假如媒体事业单位性质不变，暂且考虑组建经济实体。从媒体目前的情况看，集团核心层的各单位要从现有的体制中解放，组建集团核心层各单位"相对独立、自负盈亏"的文化企事业实体，还权于文化企事业，使其尽快转化为具有生产经营自主权、实行自负盈亏、责权利全面统一的经济实体。组建经济实体时，要从税收情况、业务往来、便于核算和管理等方面进行全面考虑，以推进文化单位的内部体制完善。按区别性质、分类指导的原则，把文化单位分为公益性、部分公益性和竞争性、完全竞争性三种类型，实行保住一批、补助一批和推向市场一批三种做法。由事业型外来资金投资创办文化企业，退休人员由政府负责全部纳入社保，需分流人员由政府妥善安置。过去所形成的合理债务或政府同意的新的贷款项目，利息可由财政专项补贴，对文化企业尽可能地减免税费。

  事例 12：大理博物馆，1986 年正式的文物征集专项经费仅有 10 万元。为缓解资金压力、推动博物馆事业的发展，2009 年经上级部门批准，大理博物馆充分利用闲置的土地资源，建设大理博物馆主体建筑，但是在这一工程中大理博物馆结合事业性质和产业性质的思路性探索，需要法律支持。建议研究制定博物馆等区域公共文化服务体系的业务规范和服务质量标准、博物馆的绩效评估考核体系，由文化主管部门对博物馆进行管理，给予博物馆土地场馆等产业开发的支持和规范。推进文博行业改革创新，促进文博单位面向社会开展文物鉴定、委托代管、中介交易等有偿服务，繁荣文博收藏市场。另外，免费开放后，博物馆如何在自主支配资金相对有限的情况下，做好原有的人员激励也是一大挑战。

在政府提供了基本保障之后，西部民族地区博物馆应积极探索如何在市场经济条件下获得更大的生存与发展。在公益性文化场馆免费开放的形势下，西部民族地区博物馆的办馆理念应由"以藏品为中心"向"以观众为中心"转变，其核心表现就是博物馆要在发挥好传统的展示、收集、保护、研究等初级职能等之外再提升能力与发展格局。大理博物馆于 2002 年、2005 分别进行了两次组织机构改革，积极推动内设机构设置由行政科层向专业序列的转变；将内设机构由原来的"三部一室"制，调整为文物征集、鉴定、保管、研究部门；经营部、展览部两公司不再是博物馆的内设机构，而是具有独立法人资格的馆属企业；使博物馆由各级政府通过政策导向、政策优惠来引导，鼓励企业和个人捐赠支持公益性文化建设。西部民族地区博物馆的经营要面向市场，在政策允许、程序合法、条件许可的情况下，举办商业性巡回展览、将部分展品或藏品面向社会有偿出租、提供文物鉴定业务、开发对外书画装裱业务、开展文物复制或仿制。2009 年 7 月 5 日，《国务院关于进一步繁荣发展少数民族文化事业的若干意见和转型时期文化事业的若干意见》指出，我国还将长期处在发展和转型时期，在民族地区推动文化体制机制创新是复杂艰巨的。

笔者认为，文化馆、图书馆、博物馆、乡镇综合文化站"三馆一站"应免费开放。制度措施方面，公共图书馆、博物馆、文化馆等应组建理事会，建立多种形式的理事会制度及其规章制度，提高公共文化机构的管理水平和服务效能。

事例13：云南大理白族自治州将三塔公园、蝴蝶泉公园的人员转为企业员工。将大理州民族歌舞团和大理州白剧团进行精简整合，组建大理州民族歌舞剧院（加挂"大理白族自治州白剧团"的牌子）。剧院实行按岗定酬、企业化管理、市场化运作，先后策划、构思、编创了20多个新剧目，2014年创收比改革前两团创收总数增长10倍，职工月平均收入增加了300多元。大理州广电业改制中，国有资产一次性从企业退出，404名国有企业职工身份被终止。

现代企业法人制度确保文化集团在产业化进程中有法可依。《公司法》《股东会议事规则及程序》《董事会议事规则及程序》《监事会议事规则及程序》《总经理办公会议事规则及程序》等法律法规及相应的配套规定，可以说既保证了公司法人财产的完整性、日常经营活动的独立开展，又确保了公司的决策。文化企业主体在多种所有制经济模式下的经营机制、经营方式以及国家对其鼓励扶持的政策不尽相同，需要建立文化事业单位与民间文化企业（团体）"双轨"并行的机制。

（二）非公文化企业市场准入中的法律问题

文化的市场准入问题包括什么文化产品该进入市场、文化产品进入市场后如何管理、采取什么手段管理等，以及民族型文化产业的政府投入扶持做法、考核激励制度等。民营文化企业在投资西部民族特色文化产业时，政府可以按照一定比例配比投资。虽然《非国有资本文化产业发展的规定》和《文化体制改革试点中经营性文化事业单位文化产业发展的规定》减少了投资兴办文化企业的行政审批，国家广电总局下发了《关于促进广播影视产业发展的意见》对各类所有制机构进入除新闻宣传外的广播电视节目制作业开放,但是在许多方面对于非公文化企业的限制还很多。

对于民间文化团体和单位,文化产品结构的分布、数量的调整,除产业政策之外,从政治、法律、行政等方面对其加强宏观调控是必需的,具体包括发展战略规划基础上的财政、税收、信贷和价格杠杆,以及私营和个人投资税收优惠、技术援助、立法保护等方面。

二 西部民族特色文化产业管理中的法律问题

(一)文化管理制度

西部地区文化单位分类改革应注重优化分类配套政策体系,克服主体没有分类、分类政策不配套导致的越改越乱、无所适从、政策寻租、短期效应等不良现象,使各类主体明晰政策方向、渠道、路径和愿景。尤其要加强文化法制建设,把顶层设计类政策上升为法律法规,分类推进文化企业治理。"国有企业"治理思维可以实现国有文化企业改革"收""放"有度,国有文化企业可以激发市场运营活力、产品创新能力,在这一方面该"放"不该"收"。因此,有必要推进国有文化企业法的制定和出台,"公益性企业"的界定及其扶持手段;针对传统文化产业要素市场进行政策调适,保障传统文化传承发展;将文化事业单位改革及服务能力、文化企业公共品供给改革两端衔接;在公共文化服务创新发展中深化文化事业单位改革,积极鼓励各地公共文化单位创新机制、运营模式,逐步实现资金来源多元化、从业人员职业化、业务开展开放化。

根据国家的政策法规,可以从财政、税收、政府采购方面完善文化产业发展的用地政策。文化体制改革前单位使用的原划拨土地,改制后继续使用的,可以利用作价出资等方式办理有偿使用手续;采取多种方式实施县级国有文艺院团"一院一场"(一个国有文艺演出院团有一个排练演出场所)建设。

西部地区缺乏市场竞争和横向联合,各文化产业门类的技术、资金、人才被人为地条块划分,造成产业低关联度。在实际操作中,各部门的职能界定不明,要么政出多门,企业难以适从;要么推诿扯皮,降低工作效率；要么与其他文化产业管理部门缺乏沟通，企业联系被阻隔。2018年国务院机构改革，文化和旅游部成立，归并职能相关的部门；实现区域间文化事业和产业的互动和集聚，将西部区域内跨省市的文化景点作为文化旅游团体观光和游乐的内容，由中心地带向四周扩散。民族特色文化产业发展的政策调整后精神文化领域的需求将会被极大地激发出来。民族特色艺术等文化建设通过专项转移支付、地方政府公共财政投入、社会力量广泛参与公共文化服务等方式，多方筹措资金，将激励西部地区民族文化特色的塑造，少数民族文化的保护、传承和传播。

政府在文化产业发展中不应"选择性作为"，而应在文化事业发展中"积极性作为"——引导、培育、激励、服务等。西部民族地区文化产业的发展是一个系统工程，是产业升级、产业链的延伸。基于西部少数民族文化产业中的文化旅游业、演艺业、传媒业及文博业，应探索性地提出了一些西部民族地区文化产业国有控股企业的绩效管理思路。西部民族地区地方政府文化体制改革既会引起现有文化产业法规的变动，也会产生新的法规需求。改革成果经验用法规的形式确认，从以行政手段为主转向以法律手段为主的国家文化治理。文化企业可以以其全部的法人财产，依法自主经营、自负盈亏、照章纳税，对其占有使用的国家资产有保值增值的责任。其与非国有企业一样，都是市场竞争的主体。又据《公司法》规定：国家授权投资的机构或者国家授权的部门依照法律、行政法规的规定，对其国有资产实施监督管理；股东依法享有资产收益、重大决策和选择管理者等权利。政府对企业仍然有资产管理和监督权。各类文化市场商品流通的中介机构，即文化信息咨询机构、广告服务机构、文化产品评估检验机构、文化经济行业协会、文化经营资格审定机构、文化经纪机构、文化市场举报机构等沟通、公证和监督机构在西部尚不成熟。

建立和完善政府购买公共文化服务清单，将公益性文化产品创作传播、公益性文体活动组织承办、民间传统民俗活动项目的运营管理等内容纳入政府购买范围。采取政府购买、统一组织等方式，鼓励各类艺术表演团体开展公益性演出，支持经营性文化设施、传统民族特色文化活动场所等为群众提供优惠或免费的文化服务。

西部地区文化产业的发展，无论是民族文化的生产、文化的资本运作，还是文化的立法和执法，都要根据自身特点摆脱旧的体制性障碍。由于深层次的观念和体制问题，政府并不能从根本上实现职能转变。西部民族特色文化产业立法应区分产业型和公益型文化的界限，文化企业的市场定位、各文化产业门类应有其发展的相应法律法规，应完善资本流向文化经营的规范、投资规模的规范和经营权限的规范、投资方式和经营方式的规范等；制定与法规相配套的规章、实施细则。

(二) 产权界定

1. 产权不清

2003 年以前，在我国及各省市组建的文化集团中，文化单位的核心层大多是事业单位，无法形成"产权清晰、权责明确、政企分开、管理科学"的组织结构。[①] 由几十家或几百家文化企业组成的一个巨大的企业法人集团，难以以法律手段处理集团与文化企业之间、集团内部企业与企业之间、集团内文化企业与集团外文化企业之间的关系，特别在地方的电视集团和报业集团中，这些问题尤其突出：集团将各文化单位简单地捏合和捆绑在一起，形成直接插手下属文化单位的大企业；又将紧密联系不该拆开的文化单位排除在外。除集团的松散层（外围层）外，集团内部企业在生产、经营上都丧失了独立法人地位。在工商局注册的文化集团，性质功能及履行的职责、文化产品生产和经营超越了经营范围，成为政府的直接管理主体：一方面掌握了文化集团不该掌握的权力；另一方面又不能很好地利用协作和联合方式实现集团内部合理的资源流动和资源共享。

集团内部文化单位投资主体单一，大多为国家独资的文化事业单位。投资主体单一诱发三个问题：一是文化企业集团资金来源有限，使扩大文化企业集团规模，增加文化产业投入，迅速发展地方文化产业有一定困难；二是使企业利益、风险不能与经理人紧密捆绑在一起，不能实现"水涨船高"，很难诱发文化集团及其内部各文化单位的积极性和危机感；三是出资人与经理人没有法律意义上的权利与义务关系。

---

① 2003 年 10 月，党的十六届三中全会审议通过的《中共中央关于完善社会主义市场经济体制若干问题的决定》确定指出"九五"期间，以政府为第一推动力组建的各种形式和各种类型的文化产业集团，将进入新一轮重组和并购阶段。

集团组建的前提条件是有一定数量的子公司。换句话说，文化集团产权运营机构应主要建立在独立企业法人制度的基础上，独立法人用行政手段整合文化集团，就无法形成以资本和业务为纽带的联合体。行政权支配文化资源配置，文化集团内部财产所有权、支配权、使用权和收益分配权混淆的情况还在延续。

虽然文化产品具有不同于一般商品的精神属性，但它也具有物质产品的共性，这个共性就是它们都是商品、具有价值属性，文化单位实现法人治理结构的资本运作更符合市场规律。由于领导干部缺乏对税制和媒体业务的了解，认为按市场要求分别组成独立经济法人或实体，肯定要增缴所得税，对组建多个独立经济实体持有疑虑。因此，政府可以采取减免税收的办法，使文化企业降低文化产品生产成本，促使文化产品定价处在一个容易被消费者接受的水平，对资助文化企业发展的物质生产单位和个人给予税收优惠和荣誉鼓励。

具体而言，文化企业的资产，既包括房地产、设备、文化生产资料实物以及其他有型的文化产业类实物；也包括具有很高价值含量的无形资产，比如，文化产品商标、知识产权、文化品牌、文化技术专利、商誉等。因此，对于文化资产的价值评估，应采取账面与非账面结合资产估价方式，对文化企业的各种形态的资产经评估后进行价值测算。以价值形态存在的资产能够表现为均质的、可分的股票或股份的认购协议、出资证明书等法定产权凭证形式，可在资本市场转让和交易。在对文化企业实行资产资本化的过程中，应为股权或股票提供参考性的价值标准。文化资产评估要选择适当的、符合文化企业内在实际的方法和作价标准，文化企业在进行资产评估后，要结合其改制目标改制成国有文化独资公司、有限责任公司或股份有限公司等，价值化了的文化资产有助于文化企业在资本运作中更好地实现资本增殖和资本价值的最大化。

建立股份有限公司或责任有限公司，将国有资产授权于文化集团公司控股经营，通过企业法人制度规范收益权和处分权，从而实行资本和产权经营分离。可将闲置的、经营不善的文化资产，比如厂房、版权以股权买卖、出租、联营，建立国有资本投资机构纵向和横向的控制模式。结合文化集团和文化产业的特殊情况，在文化集团内各公司共同出资，从管理的角度看容易引起摩擦，而且容易形成管理混乱的后果。理顺文化集团与政府的关系及与集团内部各企业之间的关系,才可真正确立文化企业在市场经营中的主体地位。

2. 公司治理结构仍不健全

2009年,《文化部关于加快文化产业发展的指导意见》将院团改革作为文化部文化体制改革的重点内容。中宣部、文化部联合发布《关于深化国有文艺演出院团体制改革的若干意见》,提出了国有文艺演出院团体制改革路线图、时间表和任务书。十年来,大部分西部民族特色院团举步维艰。事业单位转制而来的文化企业因为事业体制惯性、国有企业"优越感"及其隐形福利待遇等原因,法人治理结构深改一直动力不强。

> 事例14:甘肃省庆阳市推动市县国有文化企业职工办理社会保险,党组织书记兼任董事长或总经理,把社会效益优先的理念融入公司章程。文化事业单位分类改革,按照采编与经营分开、事业与企业分开的原则,推进陇东报社、庆阳广播电视台深化改革,注册成立现代传媒公司,激发了内部活力,促进了传统媒体与新媒体有效融合。建立健全党委和政府监管有机结合、宣传部门有效主导的国有文化资产管理体制,国有文化企业负责人实现同宣传部门与组织部门共同提名考察管理,实现管人管事管资产相统一。文化企业均建立了党组织,整合了市、县(区)文化市场综合执法队伍。

文化企业的公司化改造已基本完成,但相当多的公司运作不够规范,存在"内部人事制",公司治理及其他利益(如员工、客户、社会公众等)的权益得不到保障。公司治理结构涉及法人治理结构和委托代理结构,涵盖公司控制权的配置,董事会、监事会、经理层之间的组织架构。法人治理结构协调运转原则和有效制衡原则并未得到尊重。企业由于过去长期实行全民事业体制,转企不充分,尤其是"一把手"体制依然存在,在某种程度上还有被强化的倾向。委托代理关系的扭曲而导致的"内部人控制"现象是一个重要的原因,"行政型委托人"并非真正意义上的市场主体。所有人实质性缺位的困境,使代理人成为真正的主体,委托人不能对代理人实施有效的激励和监督,造成国有文化企业经理层的控制权过大，普遍存在"过度职位消费""工资侵蚀利润"等国有资产的流失现象。所谓法人治理结构的效率释放不够充分。国有股本"一股独大"，产权要素无法便捷地进入市场流通，诸如传媒业开放政策，但仍坚持由国家绝对控股的方针。这与产权改革的总体目标相悖。

3. 监管不到位

2015年9月，中共中央办公厅、国务院办公厅下发了《关于推动国有文化企业把社会效益放在首位、实现社会效益和经济效益相统一的指导意见》，把国有文化企业的社会效益评价和监督工作"做实"。在企业内部组织结构上，坚持管人管事管资产导向相结合，探索党政联合监管方式。在资产运营机制上，建立党和政府监管国有文化资产的管理机构，坚持对重大事项的决策权。明确国有文化企业的社会效益指标考核权重应占50%。社会效益考核细化量化到政治导向、文化创作生产和服务内部制度、队伍建设等具体指标中，形成社会效益的量化；坚持出版单位、新闻网站等国有独资或国有文化企业转企改制，由国有资本绝对控股；在新闻出版传媒领域探索特殊管理股试点。

通过产权、公司治理结构、监管三个方面的分析可以看出，西部地区文化管理体制机制在国家顶层思维、管理理念和行动措施方面与全国其他地方大同小异。第一，从文化业务管理来看，承担主要文化行政职能的文化部门业务扩大，超出了既有文化行政系统的管理范围，要求整合公共文化服务体系建设、协调文化资源。第二，多头管理、交叉管理、职能重叠、各行其是的文化资源配置方式，在文化体制改革中不仅没有获得优化，反而因为各个部门都想借机强化本部门管理权限，从而加剧了资源垄断，导致稀缺性文化资源配置市场不均衡、市场链条不通畅、市场壁垒依然坚固。第三，与行政机构改革、事业单位改革的非同步性，为文化体制改革带来诸多难题和瓶颈。积极的改革措施往往因为配套政策无法全力跟进而搁浅，微观运行机制改革的探索往往受制于旧有体制机制的束缚和制约。

(三) 方案

1. 重组

即对市场主体用什么形式和在什么程度上占有财产等概念作出规

定，并通过资产重组，使产权结构和产权关系达到理想的状态。产权重组之前要对文化集团内部的各文化企事业单位按公益性和非公益性划分，按规模大小产权重组。

一是改造现代企业制度，解决文化单位的法人财产权问题。二是实行资本和产权经营，解决文化企业的产权关系。国家以国有资产代表者的身份，通过市场手段正当干预文化。兼并、收购、联营等按财政部《企业兼并有关财务问题的暂行规定》退减资本和置换资产。退减资本是将部分资本从注册资本中退出去；置换资产是由于某种目的调换出售资产。还可采用分立的模式实现重组。分立是指通过一个公司分为两个独立的公司，采取"清算"的剥离办法，将文化母公司在子公司中拥有的股份，按比例分配给现有文化母公司的股东，在组织上将子公司的经营从母公司中分离出去，形成与母公司有着相同股东的新的文化公司。在文化资本运作中，也少不了运用股票的回收和分割方式。文化企业的证券投资要在我国有关政策的指导下进行，降低投资的风险功能等，进行期货和期权交易、融资租赁等资本运作。特别是直接上市的股份公司，发行股要符合法律、法规及有关行政规章规定的条件。

2. 促进国有文化企业产权多元化

从2001年开始，出版集团和发行集团等文化单位体制机制改革的目标趋于明朗，出版集团经营部门可以以有限责任公司或股份有限公司的形式吸收国有资本、非国有资本和境外资本。同时提出要"按文化集团开展资本运作"，国家对各文化企业的股权比例，要按照各文化单位政治影响力、规模大小、经营难易程度等划分不同的控股比例。对需重点控制的文化单位，即各报纸、电台、电视文化单位的控股比例一般设定高一点为宜；对经营难度大、具挑战性的文化单位则可降低持股比例。各个文化集团控股模式要根据文化集团的具体情况和业务流程而有所区别。

在文化企事业改制改组中，涉及清产核资、产权界定、资产评估、股权设置、股权转让、股东权益、破产兼并、资产出售、资产划转、债务处理等一系列问题，配套政策和法律法规的出台可使文化企事业单位通过改制走向市场。

《公司法》规定：公司可通过《公司章程》《股东会议事规则及程

序》《董事会议事规则及程序》《监事会议事规则及程序》《总经理办公会议事规则及程序》等文件及相应的配套措施，以资本、人才、市场为纽带进一步剥离出新的企业实体。同时，西部地区文化企业通过投资或项目运作的方式，发展独具优势的民族特色文化产品，以实现经济效益。在区域内部各地区之间、区域与区域之间通过社会分工优势互补、资源共享和优势叠加，可以增加民族特色文化资源的利用率，实现区域的规模效益。

国有控股文化企业在相关行业准入政策允许的范围内，以出售部分股权或以增资扩股的方式引入战略投资者，实现股权多元化。例如，报刊业逐步放开融资政策，2002年开始可向行业外的国有大型企事业单位融资；2003年5月起，在中方控股51%以上或中方占有主导地位的条件下，零售业务对外资开放；2004年12月起，报刊批发业务向民营资本和外资开放。除新闻宣传类节目外，允许各类所有制机构作为经营主体进入。由电视台或广电集团控股经营的体育、娱乐等频道经批准可以上市融资。[①]

模式一：国有控股文化企业。

事例15：2009年12月30日，由四川发展（控股）有限公司持股50%，成都投资控股集团有限公司、西藏自治区国有资产经营公司、成都市科技风险开发事业中心、四川省生产力促进中心作为股东，注册资本5000万元，成立国有控股文化企业。西部民族地区国有控股文化企业的董事长、总经理、党委书记，不允许由一人兼任，并明确工作制度和议事规则，防止"一把手"意识和权力寻租。西部民族地区国有控股文化企业的多数董事和经理人员都不是通过市场机制竞争产生的，其中许多人都不具备以按市场原则经营管理的能力。西部民族地区政府应积极推动职业经理人制度。明确西部民族地区经营性的文化企业仍存在的体制机制障碍，明确国有资产的委托人、出资人、监管人、法人的权利义务。

[①] 2009年6月19日，国内首个上海文化产权交易所暨上海版权交易中心正式揭牌，出版总社等成为其旗下首批签约的10家会员。

事例 16：云南省文化产业发展态势较好。丽江市有线电视网络公司由经营性文化事业单位改制为国有控股文化企业。丽江广电局及四县广电局等政府职能部门持有股本 64.38%。

事例 17：大理旅游集团于 2002 年 8 月组建，是由大理省级度假区和国有资产经营公司共同出资、大理省级旅游度假区管理委员会负责组建的国有企业，是依照法人治理结构建立的产权明晰、权责分明、政企分开、管理科学的现代企业。2004 年集团组建成立了三塔公园、蝴蝶泉公园、南诏风情公园、洱海游船、天龙八部影视城等分公司，形成了以国有为主体、管理层参股的股权多元化的法人治理结构。

笔者认为，新一轮改制中，可以制定政策法规，扶持已转企的国有文艺院团；保留艺术创作生产的具体办法，制定事业体制文艺院团企业化管理改革方案的具体办法与工作方案；引入传媒企业经营管理模式，实行特殊管理股制度、国有控股上市文化企业股权激励以及国有文化企业职业经理人制度。

模式二：混合性文化单位。

混合性文化单位，即文化单位剥离出的部分实行了公司化运作、企业化管理的国有控股的经营性文化实体，例如，丽江日报社剥离出的丽江日报传媒有限责任公司是经营性文化单位。西部地区相关单位互相交叉、监管体制不顺、监督职责不清、越位与缺位同在等问题突出，可以搭建文化产业发展平台，创建文化产业示范园区，令西部地区围绕民族文化、宗教文化等资源构建以民族文化为特色的现代文化产业体系。另外，积极鼓励文化企业开发特色文化产品，引导推动多渠道筹资、多主体投入、多种所有制形式共谋发展。

事例 18：四川省国有广播电视企业依据《关于推动国有效益相统一的指导意见》改革，资源整合重组、转企改制。2015 年四川省新闻出版广播电视行业总资产 1166 亿元、总收入达 700 亿元、增加值 246 亿元。不断加强藏语影视作品的创作译制和推广传播工作，增加藏语节目播出时间。既取得了良好经营业绩，也解决了民族地区因覆盖不足、语言差异的收视问题，是第二轮改革的成功案例。

综上所述，国有文化单位改革还应该思考以下两个问题。

其一，建立国有资本投资机构。文化国有资本由谁来经营？经济界认为，根据目前物质生产部门国有资本经营体制形式，结合文化集团和文化产业的特殊情况，按能够实际控制的出资比例授权国有资产经营公司（投资公司）进行资本经营，资产自负盈亏；接受作为出资人的文化国资管理部门监督，必须对文化国有资产的保值和增值负责。

其二，建立文化国有资产监管体系。《公司法》要求检查公司财务，监事对董事、经理执行公司职务时违反法律法规或公司章程的行为进行监督等。监事由文化国资办决定；建立各级文化国有企业的统计评价体系和增值保值科学考核体系；建立国有资产增值保值奖励基金，每年从国有资产中按一定比例提取，由国有资产办公室专户储存，用于奖励贡献突出的企业法人代表。2015年3月3日，文化部文化体制改革工作领导小组审议通过《2015年文化系统体制改革工作要点》和《关于进一步加强和改善对文化部直属企事业单位管理的工作方案》，以加强文化部直属企事业单位管理。

三 西部民族特色文化产业融资中的法律问题

2016年，财政部文化司成立，[①] 当年下达44.2亿元文化产业发展专项资金。近年来，文化企业上市热潮高涨，截至2016年11月，全国共有1192家文化企业挂牌新三板。中关村、华强艺术品交易中心成交金额超20亿元；金陵文化产权交易中心上线当年累计交易额超600亿元。西部在文化产业融资方面与东部差距明显，必须迎头赶上，否则就会缺席文化产业规模发展的黄金时期。

---

① 财政部文化司将原来财政部教科文司的文化处与中央文化企业国有资产管理办公室职能进行合并，形成"大文化司"，主要职能是研究提出支持文化改革与发展相关财政政策；承担宣传、文化、体育、旅游等方面的部门预算和相关财政资金、资产管理工作，拟订相关行业事业单位财务管理制度，负责旅游发展基金预算管理；承担由财政部代表国务院履行出资人职责的中央文化企业资产、财务、国有资本经营预决算等工作；承担中央文化企业国有资产监督管理领导小组日常工作。

(一) 国家文化产业融资政策

2011年10月,《中共中央关于深化文化体制改革推动社会主义文化大发展大繁荣若干重大问题的决定》通过,《关于金融支持文化产业振兴和发展繁荣的指导意见》提出银行业要积极开发适合文化产业特点的信贷产品,加大有效的信贷投放,完善授信模式,加强和改进对文化产业的金融服务。推动多元化、多层次的信贷产品开发和创新。对于广播影视节目的制作、传输、集成和电影放映等相关企业,可发放融资租赁贷款。对于具有优质商标权、专利权、著作权的企业,可通过权利质押贷款等方式,逐步扩大收益权质押贷款的适用范围。积极开发文化消费信贷产品,为文化消费提供便利的支付结算服务。各金融机构积极培育文化产业消费信贷市场,通过消费信贷产品创新,不断满足文化产业多层次消费信贷需求。可通过开发分期付款等消费信贷品种,发展休闲娱乐、广播影视、新闻出版、旅游广告、艺术品交易等行业的刷卡消费,完善风险分担机制、利率定价机制,确定贷款期限和利率。各金融机构应在风险可控、商业可持续原则的基础上,根据不同文化企业的实际情况,根据项目周期的资金需求和现金流分布状况,科学合理地确定贷款期限。对于列入国家规划重点支持的文化产业项目或企业,金融机构在有效防范风险的基础上可重点支持。2012年7月正式成立了中国文化产业投资基金项目,基金目标总规模高达200亿元,仅首期就募集了60亿元。

因此,可以将民族特色文化产业纳入《文化产业投资指导目录》,建立多部门信息沟通机制,搭建文化产业投融资服务平台。建立文化企业投融资优质项目数据库,通过组织论坛、研讨会、洽谈会等形式,加强文化项目和金融产品政策评估,加强政策落实督促评估。人民银行各分支机构会同同级宣传、文化、财政、银监、证监、保监等部门,根据辖区实际情况开展具体业务。

通过贷款、债券、基金资本市场融资,培育一批文化领域战略投资者,实现低成本扩张,建立文化产业园,打造知名文化品牌,带动相关产业发展。国有经营性文化单位转企改制,有的决策者不愿意让非公有制资本介入文化产业,希望维持国有单位对民族特色文化产业的绝对垄断地位,并且对这些部门进行直接控制。受这种思想认识的支配,民族文化政策法规侧重于管制,缺乏鼓励发展民族特色文化产业的动力,缺乏服务意识，缺乏创新理念。如云南扶持农村文化产业发展政策——融资政策、市场准入政策、税费减免政策等仍然不足。民族地区农村文化市场和产业的培育缺乏统一规划，"小、散、乱、差"经营性的民办文化企业注重经济效益多于社会效益，规范的业务指导和管理不到位。极少数民族地区农村的文化产业在投资渠道上迈出了以社会、个人投资为主的业态形式，但没有形成较大的规模和市场竞争力。因此，应运用法律手段，调整财政投入结构和方式，安排一定数量的财政预算资金作为加快发展广电传媒产业的引导资金。民族特色文化产业发展必须经过市场经济的洗礼，通过产业化的方式来保存民族文化在现代经济中的合理之处，只有这样文化才能得到延续，否则民族文化很可能湮没在现代经济大潮中。民族文化的整理、发掘和商品化，为民族文化产业化发展提供了市场，要实现从原始文化资源到经济资源的转化，需要保证产业发展的资金、人才和有效的市场策划。

西部文化产业的资金来源以政府投入为主，民间资本和外资很难进入。《印象·刘三姐》《长恨歌》、镇北堡西部影城等所取得的巨大成功多依托众多中小企业。西部民间资本的文化产业投资集中于影视作品制作、音像制品的创作、图书出版策划等，有些文化产业还引进了外国的资金和技术，提升较快。民间文化产业的市场运作方法对国有文化事业单位冲击明显，从而也迫使国有文化单位改变机制，向市场靠拢，文化事业单位内部逐渐分离出文化产业化的实体。西部地区必须保存现有的民族特色文化才有竞争力。以陕西省建立文创银行为例，陕西省扩大西安银行文创支行网点建设，构建由专项资金出资担保、金融机构放贷、企业融资的融资模式；建立文化产业无形资产评估体系，拓宽高成长企业和领军企业的融资渠道。①

当然，发达国家的融资并不仅限于银行，还通过民间、企业和个人对文化的赞助、捐赠等方式发展文化事业；而在我国主要是依靠财政供给体制。这方面可以借鉴法国鼓励企业资助文化产业。如果企业决定资助文化事业，政府将和企业一起资助同一项活动；政府特别鼓励"新投

---

① 参见中共西安市委办公厅、西安市政府办公厅《关于补短板加快西安文化产业发展的若干政策》，2017年9月。

入",即当企业第一次资助时,政府将按1∶2的比例配套投入资金。

(二) 西部文化产业融资的类型与问题

按照国家政策的统一部署,西部地区纷纷出台关于文化产业融资的相关规范性文件。以甘肃省为例,2016年8月,甘肃省政府办公厅发布《甘肃省"十三五"文化产业发展规划》,提出优化文化产业改革发展专项资金使用方式,成立文化产业投资基金、产业发展基金,引导社会资本投资文化产业;建立贷款风险补偿保险机制,引导银行、保险等机构创新文化金融产品及服务方式;完善文化资源评估抵押办法,健全文化产权交易体系,加快文化资产证券化转化,切实推动文化资源价值转化;搭建"银政企"文化产业融资平台,建立文化企业投融资项目库,推动银企对接。鼓励文化企业开展互联网股权众筹融资,支持小微文化企业在全国中小企业股权转让系统和区域性股权交易市场中挂牌融资。

1. 证券融资

证券融资要求文化企业清晰产权,财务制度规范。对于借壳上市的文化传媒企业,规范管理是重点,产权、财务、管理等方面都要规范。文化领域的资产包括专利、专有技术、商标、商誉、土地使用权等方面。其中国有文化传媒单位的土地很多是划拨地或者是新闻用地,建筑物权证不完整,要办理相关的产权手续;财务规范上要按会计准则建立财务核算制度。例如文化传媒企业、新华书店系统、广播电视拥有较多尚未取得房产证的房产,房管部门可以出具产权证明文件。土地处置方案和估价报告要上报国土资源部或省国土资源厅,获得批准备案后方可申请设立股份公司。

股份公司传媒企业上市实践中,中小型文化企业的豁免审批可能会呈趋紧态势。[1] 给民营文化企业融资以咨询和帮助的单位,往往将民营企业的企业文化、经营理念和管理状况作为衡量企业信誉度和偿还能力的基本标准。民营文化企业大多产生于民间,对这些融资业务并不熟悉,文化经济管理部门要引导社会建立相应的咨询机构。

---

[1] 王颖:《文化创意产业资产证券化融资模式研究——以电影产业为例》,博士学位论文,北京理工大学,2014年。

2. 风险投资基金

风险投资基金（Venture Capital，VC）又称创业基金，风险投资主要针对处于成长期的企业投资，主要是高新技术和处于创业期的企业。文化产业具备风险投资对象的要素条件，文化产业的一个创意从简单的想法转化为现实生产力，人力密集程度更高、收益更难预测、经营风险大，因此文化产业投资本身具有较大风险。西部地区的文化生产单位，资本投入方式多数是在我国计划经济体制下由政府投资，改制后文化生产单位不再是完成国家的文化生产任务的事业单位，而是相对独立经营，这就为国有资本之外的其他资本形式进入提供了条件。涉及的资本形式包括风险投资、民营资本、其他社会资本以及外资，而资本运作方式包括合资或合作、独资等形式。

从具体政策内容来看，各地可以用中小企业创业、发展等投资基金支持民族特色文化产业风险投资，鼓励大型企业通过参股、持股等方式投资。民营资本是我国文化产业市场化中率先进入文化行业的非国有资本形式，2003年国务院提出"鼓励、支持、引导"社会资本，以股份制、民营等形式兴办影视制作、放映、演艺、娱乐、会展、中介服务等文化企业，并享受同国有文化企业同等待遇。

3. 新型融资模式

"3P型的文化产业"理念既是文化产业本质特性和内在规律的要求，也是中国文化产业发展现状的要求。[①] 2015年11月10日，中央财经领导小组第十一次会议上首次提出"供给侧改革"理念。同年12月，国务院总理李克强主持召开经济工作专家座谈会再次谈到"PPP与供给侧改革"要深化改革，尤其是投融资体制改革；充分运用公私合营（PPP）、特许经营等改革方式。[②]

在传统的经济驱动力不足的背景下，PPP模式成为拉动经济发展的引擎之一，是稳定增长的重要手段。西部地区民族特色文化产业要顺应国家"供给侧"改革的新思路，通过PPP模式创新融资方式，引导各

[①] 提升文化产业发展的创意力、影响力和文化资本转换力（即"Creative Power, Influencing Power, and Cultural Capital Transform Power"，简称3P）。

[②] 宿伟玲、郑岩：《乡村旅游扶贫中PPP模式的应用与探索》，《中国管理信息化》2018年第3期。

类资金进入。例如，政府开发必要的景区道路、游步道、停车场、道路标识标牌以及给排水、供电、环保、公共卫生、通信等设施；社会资本开发经营景区内交通、餐饮、商品销售等服务项目。门票收入和景区内服务项目的经营收入归社会投资者。回收周期长、融资渠道窄的文化项目应用PPP模式的协调机制，鼓励政府与旅游景区项目开发主体共同筹划，形成利益共享、风险共担的合作伙伴关系，全国大部分旅游资源开发都依靠国有企业，PPP模式下运营由企业主要负责。①

事例19：2007年西安大明宫国家遗址公园项目成为PPP模式在我国旅游业的发展中的经典案例，业内称其为"曲江—PPP模式"。大明宫国家遗址公园项目号称西安的"城市中央公园"，2007年西安曲江新区启动了大明宫国家遗址公园招标工作。曲江管委会充分利用"曲江模式"中的金融平台、独创"曲江—PPP模式"进行大明宫项目开发建设，有效地解决了大明宫国家遗址公园项目开发范围广、项目综合性强、所需资金数额较大等问题，财政支持与社会资本结合。

随着《国民旅游休闲纲要（2013—2020年）》等一系列政策的出台，国家鼓励旅游PPP模式的政策明显增多。② 2014年12月，国家发改委《关于开展政府和社会资本合作的指导意见》已将旅游纳入PPP项目适用范围，但是财政部和发改委第一轮公布的项目名单中，没有一个旅游项目。2015年12月国家发改委发布的第二批PPP推介项目中，涉及文化、体育、旅游及相关基础设施建设的项目共计146个，与第一批的52个文化项目相比，增长了33倍。③ 设立文化旅游发展基金，由基金公司、上市公司、某国有旅游龙头企业联合发起。旅游发展基金由该基金公司担任管理人，进行基金运营及管理；成立PPP项目公司进

---

① 关萍萍：《我国文化产业政策体系的3P评估》，《西南民族大学学报》（人文社会科学版）2012年第1期。
② 《关于政府和社会资本合作示范项目实施有关问题的通知》《关于印发政府和社会资本合作模式操作指南（试行）的通知》《社会投资项目的通知》，公布了80个首批基础设施等领域鼓励社会投资项目。
③ 张艳、王玎：《PPP落地旅游之惑》，《河北青年报》2016年1月19日。

行项目投资运营。

事例20：甘肃省庆阳市相继组建成立了庆阳市文化旅游投资集团有限公司和庆城、华池、环县、合水、镇原5个县级文旅投公司，为规范政府投资、盘活文旅资产、融资运营项目搭建了良好平台。引导金融机构支持文化企业发展，为庆阳凌云集团轩辕香包艺术公司、甘肃环江文化传媒公司等6户企业贷款4675万元，向省上申请文化产业贷款贴息扶持资金483.47万元。2016年省上贴息资助庆阳银泰影像有限公司、庆阳大唐文化艺术发展公司、环县龙影文化产业开发公司、环县视梦三维立体数字影院公司4个项目153万元。2017年华池县选定了"四馆一院一中心"建设项目，计划总投资5.12亿元，经国家财政部审定，被列入财政部政府与社会资本合作PPP项目库。同年6月，政府方出资代表华池县文化旅游投资有限责任公司与中标社会资本中国水电四局签署了项目合资协议，下一步将组建项目公司，进入项目实施阶段。[①]

事例21：2015年8月，国内首部大型沙漠实景剧《敦煌盛典》正式演出，成为2015年丝绸之路旅游演艺的新亮点。《敦煌盛典》以月牙泉、鸣沙山的自然景观和莫高山庄的汉唐建筑群为背景，以实景剧的形式，演绎了以莫高窟为代表的佛教文化。该剧实现了"政府主导、市场运作、公司经营"模式，通过市场机制招商引资、多方筹资，形成多元化的筹资体制。并制定出台优惠政策加强对民族传统歌舞的挖掘和开发，与当地旅游景色和推出的文化旅游品牌相协调，体现了民族特色。[②]

4. 专项资金

事例22：甘肃庆阳文化产业专项资金情况。

---

① 数据来源：庆阳市委宣传部。
② 数据来源：敦煌市委办公室。

2016年甘肃省文化产业专项资金资助大唐文化有限公司5万元，庆阳银泰影像有限公司70万元，全部以贴息形式进行，所有资金已于2017年1月拨付到位。2017年申请资助的分别是庆阳荣强生态娱乐有限公司的陇东冰雪健身基地滑雪场、庆阳凌云服饰集团的庆阳香包陇绣艺术传习非遗传承示范园、庆阳圣智文化传媒有限责任公司的中华优秀传统文化推进基地3个项目。

受文化产业资金扶持政策少，上市文化产业体数量少、规模小等瓶颈制约因素的影响，民俗产品经营的共性产品多、个性产品少，投入市场的产品少。庆阳市华池县先后出台《华池县特色文化大县建设政策保障实施办法》和《华池县文化产业发展专项资金管理办法》。

根据中共环县县委宣传部2017年的环县文化产业发展情况报告，环县有入库文化产业机构113家，从业人数2939人，资产总额6.66亿元。"红色环县""道情皮影"是全县重点培育的两张文化名片。环县是"中国皮影之乡"，环县道情皮影代表中国非物质文化遗产先后15次出国出境交流展演。全县113家文化产业机构中，有文化事业单位12家、国有文化投资公司1家、广告制作类企业24家、民俗文化类企业16家、演艺娱乐类企业16家、文化传媒类企业10家、艺术培训类企业5家、科技服务类企业7家、摄影服务类企业3家、数字影院2家、网吧17家。逐步形成了龙影文化产业开发有限责任公司、新艺地毯工贸有限责任公司、艺龙演艺有限公司、福星文化产业有限责任公司等几家龙头企业，其中龙影公司的"龙影"商标被认定为全国驰名商标。

2016年，甘肃省文化产业发展专项资金共资助环县两个项目，其中环县视梦三维立体数字影院有限公司所实施的环县三维立体数字影院建设项目，位于环县环城镇环江大道7号，总投资1500多万元，企业自筹600万元，银行贷款900万元，资助资金50万元。环县龙影文化产业开发有限责任公司所实施的环县民间手工刺绣传承与开发建设项目，主址位于环县环城镇环江大道103号，通过"公司+基地+个人"的方式运行，项目共投资1000多万元，企业自筹600万元，银行贷款400万元，资助资金28万元。目前这两个项目已基本建成并投入使用，起到了良好的示范带动作用，有效发挥了财政资金的引导和杠杆作用。

贴息贷款是西欧国家支持中小企业发展的一种重要金融手段,我国政府也开始广泛采用。英国有多样文化投资的渠道,如政府拨款、准政府组织资助、基金会资助等,鼓励全体公民自愿支持文化事业。法国中央政府直接提供赞助、补助和奖金等;每一个从事文化活动的企业或民间协会,均可向文化部直接申请财政支持。法国各级政府都有支持文化事业发展和文化产业方面的专项资金。企业的作用近年来愈加显著,已成为推动法国文化事业与时俱进的重要力量。这些经验西部发展特色文化产业可以借鉴。

四 西部民族特色文化产业税收扶持中的法律问题

(一) 存在的问题

目前民间资本和外来资本所关注的关于法律地位、权益保护、退出机制等问题的法律法规还远远不够。此外,民族文化产业的各种管理关系尚未制度化和规范化。应鼓励具备条件的文化企业上市融资和发行企业债券、融资票据等,组建文化信贷担保公司,争取建立文化企业贷款贴息机制。

1. 税收扶持不足

虽然国家整体上对文化产业实行了优惠税率,但文化产业基础比较脆弱、风险较高,相对而言,现有的税负依然较重,这阻碍了投资者对民族文化行业投资的积极性。德国继《反对竞争限制法》后,又通过了多部重要法令,以规范中小企业的市场行为,减轻中小企业的税收负担。这些,我们都可根据中国的国情变通利用。

1917年,美国联邦税法就明文规定对非营利性文化团体和机构免征所得税,并减免资助者的税额。美国不设文化部,通过了《国家艺术及人文事业基金法》,保证了美国政府每年拿出相当比例的资金投入文化艺术。美国政府还依据《文娱版权法》《合同法》和《劳工法》,规定了按人口密度配备基本文化设施,还用法律的手段管理文化产业的发展。发达国家在严格的征税过程中,对经济领域和文化领域采取差异很大的税率标准,使税收较好地发挥了调控杠杆作用。英国书籍报刊是零增值税的商品之一。进口图书报刊还享有免征进出口税的优惠。在意大利,经济企业(除食品部门之外)增值税率均为19%,而文化企业的增值税率仅有9%。在法国，经济企业都要缴18.6%的增值税，而文化企业仅缴7%的增值税。

2. 行业政策缺乏衔接性

西部省份可以考虑借鉴美国、日本等发达国家的税收政策，对现有税收执行优惠政策。经省级人民政府批准，民族自治地方的内资企业、外商投资企业可以减征或免征地方所得税；交通、电力、水利企业第三年至第五年减半征收企业所得税；对西部地区内资鼓励类产业，除《国内投资项目不予免税的进口商品目录（2000年修订）》和《外商投资项目不予免税的进口商品目录》产品外，免征关税和进口环节增值税。民族地区税收优惠政策的实施吸引了不少鼓励类的内外资企业，但是享受税收优惠政策的企业，数量明显偏少。民族地区税收优惠政策规定，企业享受政策是从生产经营日开始算起，并非获利之日，因此有些方面并没有达到政策预期。建议调整征收范围，直接优惠降低税率、减轻税负等。

(二) 税收优惠政策法制化进程

西部地区应加快税收优惠政策的透明度与稳定性，提升现行税收优惠政策的法律层次。对税收优惠的具体项目、范围、内容、方法、审批程序的管理权限，应采取中央授权、合理分权的指导思想，进一步完善西部民族特色文化产业的税收优惠政策。

2003年9月，文化部发布了《关于支持和促进文化产业发展的若干意见》，指出非国有经济投资的文化产业项目和建设的文化场馆，在市场准入、土地使用、信贷、税收、上市融资等方面，享受与国有经济投资的同等待遇。[①]

2005年12月，中共中央、国务院颁发的《关于深化文化体制改革的若干意见》指出，继续支持中西部地区、老少边穷地区建设和改造文化服务网络。强调改进和完善国家扶持方式，要以项目为手段，以激发为目标，提高资金的使用效益。2011年11月，中央宣传部、文化部、国家广电总局、新闻出版总署联合颁发了《关于文化体制改革试点工作

---

① 如新闻服务；出版发行和版权服务；广播、电视、电影服务；文化艺术服务；网络文化服务；文化休闲娱乐服务；其他文化服务。

的意见》，在"健全文化经济政策"条目中提出要落实对具有民族特色文化资源的老少边穷地区和中西部地区文化发展的扶持政策，下发《关于开征文化事业建设费有关预算管理问题的通知》（以下简称《通知》）。对经营性资产剥离组建的文化企业，自注册之日起所取得收入免征增值税；对经营性事业单位转制中产权评估增值涉及的企业所得税，以及资产划转或转让涉及从事民族特色电影制片、发行、放映的电影集团及电影制片厂及其他电影取得的销售电影拷贝收入、转让电影权收入免征增值税和营业税；为生产特色文化产品而进口国内不能生产的设备免征进口关税。《通知》规定，出口图书、报纸、期刊、音像制品、电子出版物、电影出版物、电影境外取得收入免征营业税。2009年4月，财政部、海关总署、国家税务总局联合发布《关于继续实施文化体制改革中经营性文化事业单位转制为企业的若干税收政策的通知》《关于支持文化企业发展若干税收政策问题的通知》，进一步规范了文化产业税收优惠政策。

根据财政部、国家税务总局《关于部分货物适用增值税低税率和简易办法征收增值税政策的通知》的规定，所谓的文化企业是指从事新闻出版、广播影视和文化艺术的18种具体的文化企业。[①] 文化捐赠减免税根据财政部、中宣部《关于进一步支持文化事业发展的若干经济政策》的规定，经税务机关审核后，纳税人缴纳企业税时，在年度应纳税所得额10%以内的部分，可在计算应纳税所得额时予以扣除；纳税人缴纳个人所得税时，捐赠额未超过纳税人申报的应纳税所得额30%的部分，可从其应纳税所得额中扣除。公益性捐赠的范围主要有：对国家重点交响乐团、芭蕾舞团、歌剧团、京剧团和其他民族艺术表演团体的捐赠；对国家公益性的图书馆、博物馆、科技馆、美术馆、革命历史纪念馆的捐赠；对重点文物保护单位的捐赠。

国务院《关于进一步完善文化经济政策的若干规定》针对文化行业

---

① 具体为：文艺表演团体；文化、艺术、演出经纪企业；从事新闻出版、广播影视和文化艺术展览的企业；从事演出活动的剧场（院）、音乐厅等专业演出场所；经国家文化行政主管部门许可设立的文物商店；从事动画、漫画创作、出版和生产以及动画片制作、发行的企业；从事广播电视（含付费和数字广播电视）节目制作、发行的企业；从事广播影视节目及电影出口贸易的企业。

颁布了优惠，包括专项资金、财政补助和税收优惠[1]以及文化事业单位转制为企业的各项政策。税收类政策主要包括免税、出口退税两项要素。

按照2014年11月财政部、国家税务总局、中宣部《关于继续实施文化体制改革中经营性文化事业单位转制为企业若干税收政策的通知》的规定，《中国减灾》杂志社等14家中央所属文化企业被认定为文化企业，可享受税收优惠政策。同时，人民交通出版社、知识产权出版社从财政部、国家税务总局、中宣部《关于下发人民网股份有限公司等81家中央所属转制文化企业名单的通知》所附《中央所属转制文化企业名单的通知》中剔除。2015年4月财政部又发布了财政部、国家税务总局、中宣部《关于继续实施文化体制改革中经营性文化事业单位转制为企业若干税收政策的通知》。

2017年《甘肃省"十三五"文化产业发展规划》提出，甘肃省属重点文化企业，经省政府批准，2020年年底前可免缴国有资本经营收益。对符合条件的文化创意和设计服务企业，经认定为高新技术企业并履行相关备案程序后，可按15%的优惠税率减征企业所得税。积极推进向省内文化企业购买公共文化产品和服务。在各地土地利用规划中预留文化产业发展空间，把文化基础设施建设、重大文化产业项目和特色文化产业群以及文化产业示范园区（基地）建设用地纳入土地利用总体规划，由所在市（县）城乡规划主管部门统一进行规划管理，对重点经营性文化产业项目用地予以倾斜，实行划拨、招标、拍卖或者挂牌方式供地；符合国家规定、属于产业升级和城市功能布局优化的文化产业项目，在土地增值税、土地交易费用、土地使用税等方面可享受有关优惠政策。

我国可借鉴国外先进经验，加强对西部地区民族特色文化产业投资制度的立法保障，通过立法对民族特色文化产业予以特别的税收优惠，使投资者能通过对民族特色文化产业的投资尽可能降低投资成本与风险，创造尽可能多的投资效益，借以吸引民间资本对西部民族特色文化

---

[1] 具体包括：宣传文化发展专项资金；文化事业建设费；国家社会科学基金；国家出版基金；宣传文化单位实行增值税优惠政策；国家电影事业发展专项资金及电影精品专项资金；农村文化建设专项资金；中央补助地方文体广播事业专项资金；优秀剧（节）目创作演出专项资金；鼓励对宣传文化事业捐赠的经济政策；文化产品和服务出口退税及相关优惠政策。

产业进行投资。由此调动整个社会对民族特色文化产业投资的信心和积极性，促进西部地区民族特色文化产业的发展。

（三）税收改革方向

对已经进入文化市场的文化企业和即将进入文化市场的文化企业所经营的产品进行全面分析归类，并对需要补贴的文化产品进行科学测算。在核定其单位数额补贴后，可根据文化企业的不同情况，采取或拍卖出售的形式，或以承包、租赁的形式，或以股份制的形式等，让文化企业充分行使自主权；并经过国有文化资产的评估、测算、核定文化企业上缴税收比例；或核定合同签约租赁等利润分成比例，使文化企业真正成为独立核算、自负盈亏的市场主体；直接接收文化市场的信号，以市场的供求状况和盈利状况来组织文化产品生产。虽然市场机制有许多优越的方面，它能够配置文化资源；但是，文化资料生产更需要依靠政府进行宏观调控。文化信贷政策、文化投资、税收差别政策已在有关省市开始实行，比如"零税率""零承包""税金减免"等政策。

第四章 西部民族特色文化产业的法律保障措施

民族特色文化产业的法律保障是一项理论与实践结合的重要论题，西部是民族文化富集的地区，政府应加大在西部地区文化多样性领域的扶持力度。西部地区处于内陆，交通落后，信息比较闭塞；在少数民族文化产业化过程中缺乏国际交流，缺乏开展国际市场的信心与动力。所以在法律方面应注意将国际公约与国内立法结合、一般与特殊立法互补构建法律网络，寻求适宜的法律方法、法律模式来促进西部民族特色文化产业发展。

第一节 构建适度型文化产业政府管理模式

一 完善我国文化产业政府职能

文化产业的发展与政府激励之间关系密切，在我国现行体制下更是如此，因此，确定文化产业政府管理模式是特色文化产业法律保障面临的首要问题。西部地区各级政府在文化产业管理上应构建松紧结合、管理适度的体系，逐步完善其整体结构和运行机制，实现公平与效率的统筹兼顾、动态平衡和协调推进。

（一）培育市场主体，促进市场竞争

只有充分发挥市场机制的作用，才能实现文化产业的帕累托最优。政府对文化产品内容进行审查以及加强文化产品生产经营监管，是为了保证文化产业的正确发展方向和发展质量。[①]

[①] 张秉福：《我国文化产业政府规制的现状与问题探析》，《图书与情报》2012年第4期。

传统民族特色文化产业采取市场与政府相结合的价格调节机制,以此来保证供求基本平衡。① 文化市场要按照市场经济的规律发展,以培育市场主体为前提,只有构建文化主体的健全人格、独立人格,才能有资格去参与竞争。文化产业发展不仅仅是资金的问题,更多是产业主体竞争力培育的问题。② 不能把过多的社会义务和社会责任附加给文化企业,尤其要对文化产业经营者有基本的信任。因为文化产业事关地方经济发展以及"绿色经济",西部各级政府对于文化产业不可谓不重视。但是这种"重视"往往是保姆式的管理方式——对于文化产业主体不信任、政府引导方式过于简单和霸道,造成西部文化企业很难有脱离政府的市场竞争能力。③

(二) 行政审批制度改革

关于文化产业的行政审批一直较为混乱,甚至同级文化法规中也会出现冲突——在一个文化法规与另一个文化法规中所提及的同一审批事项,在此文化法规中要经"某某部门批准"方可经营,而在彼文化法规中却并未提及。另外《立法法》规定只能在为执行法律、行政法规、地方性法规的规定而需要制定规章的事项,及属于本行政区域的具体行政管理事项时才可以制定行政规章,而文化部门却越权为本部门设定各种审批权、管理权、处罚权。

行政审批制度改革对民族特色文化产业立法提出新的要求。党的十六届三中全会提出了建立完善的社会主义市场经济体制的目标,要求民族特色文化行政管理部门进一步转变职能、依法行政,逐步实现民族特色文化产业管理的法制化、规范化。《行政许可法》的实施,要求民族特色文化行政管理部门适应行政审批改革趋势,提高监管和服务的水平。2004 年以来,国家文化行政部门认真贯彻《国务院关于贯彻实施〈中华人民共和国行政许可法〉的通知》,抓紧做好有关行政许可规定的清理工作,凡与《行政许可法》不一致的规定,自《行政许可法》施行之日起一律停止执行。2004—2005 年,原国家广电总局共清理、

---

① 包国强:《论我国文化市场主体培育的路径选择》,《湖北社会科学》2011 年第 2 期。
② 王国华:《完善文化产业市场主体的方法与路径》,《思想战线》2010 年第 3 期。
③ 江凌:《近十年中国文化产业政策的基本类型分析》,《江南大学学报》(人文社会科学版)2012 年第 1 期。

废止有关法规文件 8 件,新闻出版总署共清理、废止法规和政策性文件 170 余件,有力地推动了民族特色文化行政审批改革,推动了民族特色文化产业立法进程。① 2017 年 12 月,国家新闻出版广电总局再次对规范性文件进行了清理,废止 1 件规章,修改 8 件规章,对 3 件规范性文件宣布失效。加强电子政务与电子监管平台建设,进一步实现了权力运行的程序化、清单化;严格按照《行政许可法》要求履行审批职能;完善政务大厅一个窗口统一受理。网上审批改革创新,研究制定"行政审批权力取消、下放后续监管"和"保留的行政审批项目规范化运行"相关制度措施,确保行政审批权力运行合法规范。开展了文化产业行政部门依法行政示范点工作,对依法行政中的风险进行预警和提示。

加入世界贸易组织后,我国民族特色文化产业面临着来自国外民族特色文化产品、民族特色文化资本和民族特色文化价值观的挑战,有必要通过立法维护国家民族特色文化主权,运用法律手段保障和促进我国民族特色文化产业的发展,提高民族特色文化竞争力。② 2016 年,国务院发布有关简政放权法规和文件共 28 件。2016 年 2 月,国务院印发《关于第二批取消 152 项中央指定地方实施行政审批事项的决定》和《关于第二批清理规范 192 项国务院部门行政审批中介服务事项的决定》;同年 6 月和 12 月,国务院下发文件分三批共取消了 222 项职业资格许可和认定事项,涵盖演艺、美术和摄影等文化艺术领域。

2017 年随着《"十三五"国家建设知识产权强国推进计划》等政策出台,从人才发展机制、侵权行为打击、知识产权等方面鼓励新型业态不断向纵深发展。《"十三五"国家战略性新兴产业发展规划》共五项内容,其中第 5 项是和文化相关的数字创意产业。新兴产业对"十三五"的贡献预计达到 10 万—15 万亿元。现在正在研究的文化产业促进法已经进入向全国人大和国务院法制办申报的阶段了,文化和旅游部牵头的前期论证研究工作已经基本结束。截至 2017 年 10 月 1 日,尚有 60 多部法律等待全国人大讨论。中国文化立法仍然有很大空间,需要简政

---

① 明立志:《加强我国文化产业立法的几点思考与建议》,《今日中国论坛》2005 年第 12 期。
② 车树林、王琼:《"新常态"下文化产业制度创新:现实困境与路径选择》,《南京财经大学学报》2018 年第 3 期。

放权，释放政策红利。

近年来，国家提出政府职能的"放管服"，即简政放权，降低准入门槛；公正监管，促进公平竞争；高效服务，营造便利环境。① 在特色文化产业的促进方面，更要落实"放管服"政策，促进文化产业的独立、良性发展环境。

二 文化管理体制改革思考

政府的文化产业促进职能的实现关键是要建立合理的文化体制，文化体制建设既要依靠国家的方针政策，也要依靠法律。运用法治思维、依据法律建立权力运行的规范与约束机制，建立适合"法治中国"的文化管理体制是文化产业发展的基础。

（一）提升对民族特色文化产业的认识

不可否认，西部地区各级政府对于民族文化产业的认识往往停留在促进 GDP 的方面，需要建立民族特色文化产业是支柱产业的认识，制定扶持政策，引导和支持民族特色文化产业发展，确立与新时代相适应的管理理念，构建民族特色文化产业立法体系。由于民族文化各具特色，国家立法往往无法制定具体而详细的保护规定，而西部民族自治地区可依照《宪法》和《民族区域自治法》赋予的制定自治条例和单行条例的权力，根据本地区民族特色文化的特点和产业化制定相关条例、规章，建立本地区的民族特色文化产业发展的法律保障体系。

由于民族特色文化产业是新兴产业，民族特色文化部门的经营实践是超前于制度建设的，法律与政策有一定的滞后性，容易造成西部地方政府在处理新兴产业问题上随意性大、反复性大或时紧时松、时宽时严。民族特色文化产业生产、流通、分配、消费各环节的有序、高效运行需要立法保障，产业发展才不会成为一句空话。产业型和公益型民族特色文化的界限、民族特色文化企业的市场定位、民族特色文化部门性问题都需要思考。例如，出台对于资本流向民族特色文化经营的规范、投资规模和经营权限的规范、投资方式和经营方式的规范等；制定与法

---

① 《李克强："放管服"改革要相忍为国、让利于民》，2016 年 5 月，人民网（http://www.politics.people.com.cn/n1/2016/0509/c1001-28336896.html）。

规相配套的规章、实施细则,保证法规的科学性、完备性和可行性。[①]立法结合西部实际、吸收外国立法中的合理因素,研究制定保障和刺激民族特色文化产业及其相关领域的法律法规,提供民族特色文化产业的发展制度保障。西部地区陆续出台《非物质文化遗产法》《文物保护法》等法律的细则,增强了民族特色文化产业发展保护的可操作性。地方性立法还应遵循抢救先行、保护为主的原则,注意对权利主体的实质性保护,激发对民族特色文化保护的积极性。

(二) 整合西部文化产业管理部门的机构和职能

1. 西部地区文化产业管理存在的问题

由于文化产业自身的复杂性和边界模糊性,我国从事文化产业管理的机构数量繁多,虽然存在一定分工,但在履行管理职能的时候往往互相冲突或者互相推诿。这些管理部门地位平行、互不隶属、缺乏沟通,对于政策法律理解不同,导致了管理行为的"个性化",不利于文化产业统一市场的形成。西部地区在这方面的问题尤为突出。

首先是文化产业管理的地域利益及部门利益倾向。法治社会强调正义的实现,而公平是正义的题中应有之义,在文化产业的发展中,公平竞争是社会主义市场经济法治的基本要求。我国是单一制国家,法律具有普遍适用性。关于知识产权的保护、不正当行为的遏制、市场主体法益的维护应当是一致的,不应因地域及其他原因而有别。基于地方保护和部门利益的短视,西部文化管理部门对于本区域文化企业对于外地企业的侵权往往采取"护犊子"的措施,虽然维护了短期利益,但是对其市场竞争力的形成是弊大于利的。

其次是管理者主导意识浓厚。基于对 GDP 的重视,管理部门对文化产业发展十分关注,加之西部民族特色文化产业所处地域经济发展大多比较落后,文化主体自身条件较差,管理机构生怕文化产业主体不能按照国家的规划发展,采取"保姆型"的管理模式,在发展方向的选择、产品的定位都给予过度的关怀。这就束缚了文化产业主体的手脚,使得文化产业主体"事业单位化"。

最后是管理决策的法治化、科学化不足。行政权力是基于宪法的授

[①] 袁明旭:《论民族地区文化产业政策创新》,《经济问题探索》2008 年第 8 期。

权,不能超越权限。西部地区行政管理机构出台政策往往对于"合法性"的重视不够,大多基于"目的"而忽略"程序",对于"形式理性"的认识不足,造成一些决策与法律之间存在不相融之处。遵守和有效运用法律法规,能有效地保障文化企业的正常营运与合法利益,从而使文化产业获得健康发展的基本条件。另外,决策的科学化要基于多重因素的考虑,国家政策、地方实际、产生效果的预估、政策的合法性等都要综合考虑,但政府行政部门往往只是从单一的角度出发,在主观上刻意忽略与自己想法不一致的因素。

2. 设立相对独立的综合管理机构

针对存在的问题,我国 2018 年机构改革方案中,着力于构建中央和省一级政府的文化管理体制和决策体制,西部地区省一级政府应据此设立由多部门参加的文化产业发展的协调机构,统筹产业规划和产业政策的制定和实施。在科学定位政府文化职能的基础上,组建相对独立、权威、透明、公正、高效、可问责的综合性文化产业政府机构,转换政府职能,进行文化企业的公司制改造,割断机构与企业之间的利益关系。

3. 将"放管服"理念运用于文化产业管理

自 2016 年中央提出行政机关要树立"放管服"工作方式开始,各级政府基于"法治""市场""创新"的理念逐渐改变了以往做法,提升政府治理体系的现代化水平。受制于落后的经济,西部民族特色文化产业的市场化程度并不高,竞争力也存在问题,使得很多"服务"工作需要做,但是这种"服务"不能成为强化"管理"的理由。文化产业作为产业的一种,势必要符合市场经济的规律,因此,营造公平的市场竞争环境,让文化产业主体充分竞争,是西部地区各级政府的首要职能。西部一些省市文化管理部门 2018 年开展了"窗办网办简化办马上办""最多跑一次"行动,并且出台了指导目录,这都是比较好的尝试。

单纯依靠行政机关已不能适应现代社会治理和文化产业发展的需要,可以将部分职能由政府行政机关转移到行业协会和中介机构,逐步实现主体的社会化,形成以政府为主导、非政府组织参与的文化产业主体体系。中央政府应合理安排各主体间的权责分工,根据实际情况确定哪些职能由中央政府在全国范围统一履行，哪些下放给地方政府。[1]

(三) 改善西部地区文化执法水平

西部地区在文化执法方面，可以借鉴发达国家的做法，将文化产业的市场准入与市场监管职能适当分离，使审批与监管之间既彼此支持、配合，又相互制约、监督，以防止腐败行为的发生，促进公平、公正的市场环境形成。

1. 明确法定职责，限定执法权限

按照现行体制运行模式，[2] 存在部门职责不明确、权限交叉冲突等不合理现象，以及新兴行业主管机关不明确、权限范围不清楚等。需要完善民族特色文化产业行政执法机制、文化市场综合执法机构的执法职责权限，完善市县两级政府行政执法管理，理顺执法体制，加强统一领导和协调。

2. 执法程序规范

执法部门在文化产业管理的行政处罚、行政强制等执法程序上，要明确执法操作流程，建立执法全过程记录制度，推行执法依据、执法文书等执法公示制度。理顺行政强制执行体制，健全行政执法和刑事司法衔接机制，确保法律公正、有效实施。在民族地区，修订民族特色文化产业行政执法实用手册，细化、量化行政裁量标准，规范裁量范围、种类、幅度。加强重大执法决定法制审核，行政处罚和行政强制文书须经法律部门审核，确保行政执法程序正当、实体公正、用法适度正确。完善监管体系，提高执法和服务水平，改善地方行政执法条件。

3. 完善执法监督

没有监督的权力是不受控制的权力，仅仅依靠主管部门的自律无法有效规范权力。因此，要完善执法巡查评查制度，制定民族特色文化产业行

---

[1] 张秉福：《论"适度型"文化产业政府规制模式的构建》，《理论学刊》2012年第9期。

[2] 即县级以上人民政府文化行政主管部门是本行政区域民族特色文化市场的主管部门，对民族特色文化经营活动实施监督管理。公安部门负责对民族特色文化经营场所的治安、消防安全和民族特色文化经营活动涉及的信息网络安全实施监督管理；工商行政管理部门负责对民族特色文化经营单位登记注册等事项实施监督管理，依法查处无照经营活动；新闻出版（版权）、电信、交通、卫生等行政部门依照各自职责，依法做好民族特色文化市场的有关管理工作。

政执法监督检查制度;建立健全行政执法巡查、全面落实行政执法责任制;完善文化行政执法证的管理;严格确定不同部门的职能分工,对于越权行政严格约束;严格确定不同部门及机构、岗位执法人员执法责任和责任追究机制,全面推进政务公开。此外,要使得管理对象的监督意见有充分的渠道反映,还要发挥群众、媒体对于文化产业执法行为的监督作用。

(四) 处理好开发与保护的问题

西部地区经济不发达,社会成员愿意接受的文化产品价格往往低于文化产品的真正价值。文化产品的外部性价值难以在市场供求关系中得到准确地体现,文化产品的市场需求量常常也达不到社会最适量,导致文化产品资源配置的效率损失。因此,需要建立保护生产者受偿政策,培育文化产业市场。

在民族文化产品、企业认证方面,需认证民族文化产品或商标,并颁布证书。西部地区各级政府需破除文化产业发展的体制性和机制性障碍,加快文化产业发展的非国有化和非垄断化进程;明晰现有文化物品的产权,或者创造新的可交易的文化产品来推进和促进市场的运行;市场不能有效起作用的地方,政府模拟市场过程来有效提高资源配置的效率。政府通过财政转移支付、政策倾斜、直接扶持等方式调整文化产品的资源配置方向,引导文化产品和文化服务尽量向西部地区中更为边远贫困的地方转移,西部地区各级政府应根据自身可支配财力的实际情况,确定合理的民族传承文化产业作为纯公共文化产品,通过政府购买提升供给规模。

政府立法、立项保护文化是一种手段,这种手段是被动且有明显指向对象的,但这种手段对于文化的系统保护却显得乏力。特别是对一些急功近利的做法,相应的法规也显得无能为力,一些已经被认定的"文物",也不断遭到破坏。在基本建设和旅游开发中,有些地方政府用权力替代了法律法规,违反相关的法律法规,以致造成物质文化遗存形态的破坏。[1]

---

[1] 云南临沧地区耿马县的"石佛洞"新石器时代遗址,是国家级重点文物保护单位。这里有喀斯特地貌的天然溶洞,也是当地少数民族群众进行宗教活动的场所。该县为了旅游开发,"撇开"文物管理部门,县建设局根据县旅游局的报告,分别下文批准开发并发给《建设许可证》和《准营证》,最后导致了对遗址的破坏。

民族特色文化产业的发展要遵循可持续发展战略。现在越来越多的人看到了文物的经济价值，形成了竞相开发的态势，甚至发展到部门与部门、单位与单位、行业与行业之间围绕文物而互相争利。盲目追求经济利益，会造成民族特色文化产业开发丢失了文化，只剩下产业，最后必然导致文化的破坏和文化系统的解构。① 另外，由于各级财政预算安排的文物维修经费有限，与用于旅游开发的资金形成巨大反差。人文景观开发性破坏之风必然波及自然景观，进而导致人文与自然生态关系的破坏。②

例如，云南地处云贵高原，自然地理、气候条件复杂，生态环境多样化；种类繁多的动植物资源也是云南区域发展的自然资源优势。自然环境是人类文化的认识对象，云南少数民族传统文化中不乏保护自然生态的文化意识和社会实践。云南省委、省政府提出"云南民族文化大省建设"的发展战略，建立在云南众多民族及其民族文化研究、开发基础之上的可持续发展的人文理性视角，指导文化建设和民族特色文化产业开发，使文化建设与民族特色文化产业发展能够辩证地统一。地方立法明确了这一方向，实现传统特色与现代发展。例如云南小城镇保护立法，以先进文化为指导，体现特色文化的原则；以加强人的精神文明培养提高文化素质、塑造伦理道德为原则；以民族政策为依据，对传统文化实行继承、保护和发展原则。民族特色文化产业必须走可持续发展道路。③

地方政府应当根据区域内文化多样性的评估情况，划定文化敏感区、颁布文化保护名录。在敏感区与保护区内实行不同的政策，避免对民族文化产生重大破坏与侵蚀。从文化多样性的角度对政策和项目提出支持、评估意见。在民族文化富集的地区，政府应该加大在文化多样性保护领域的投入，改善投资环境，建立市场秩序及发展规划等。此外，

---

① 大理市曾经做出将属于文化部门管理的国家级重点文物保护单位"大理三塔"收归政府统一管理的决定。
② 位于玉龙雪山与迪庆哈巴雪山之间的金沙江上游的虎跳峡，是世界上最具特色的峡谷之一，然而为了开发，迪庆和丽江两地州县竞相在位于本县一侧开山炸石，修筑公路，甚至在虎跳石处的悬崖上修筑石梯，使游客能够轻松到达虎跳峡游玩。殊不知，虎跳峡的价值正在于奇险，以石代峡导致了整体景观的破坏。
③ 左停：《滇西北民族文化产业发展的实证研究》，《学术探索》2002年第1期。

还应寻找可开发的途径，如民族服饰、手工艺品、特色食品等都可以通过网络销售，既宣传了民族文化又获得了群众的支持。信息化平台需要法律法规保障，因此，应制定民族地区信息化建设的地方法规、相关政策、技术应用标准等。

第二节 发挥地方立法的优势

一 结合地方特色的法律激励

国家在民族特色文化方面出台了多部法律，但由于民族特色文化的地域差异性很大，需要地方立法结合本地区的实际情况予以规范。[①] 这些保护民族文化的地方性法规一方面保护并促进了地区文化的发展和繁荣，另一方面为发展民族文化产业提供了良好的平台。

（一）改变地方立法指导思想

1. 地方立法不应该提高文化市场准入标准

地方立法主要是对于国家法律、法规的细则化，由于《立法法》严格规定了不得与上位法冲突，在文化领域的地方立法，要么直接复制国家立法，要么就是小心翼翼，加入一定限定性的程序与要求，秉承"安全第一"的立法思维。非但没有结合本地实际促进文化产业的发展，而且抵消了国家立法的激励功能。因此，西部地区各级立法主体应在上位法允许的范围之内，找到本地区民族特色文化产业发展的关键之处，制定操作性很强、便利高效的地方性立法。

2. 遏制地方的机会主义行为

各级政府对于民族特色文化产业的重视和政策优惠局限在特定范围内，发展民族特色文化产业在优惠政策的推动下可能形成区域或局部的共识，但难以形成社会的整体性共识与行动。我国是单一制国家，国家

---

① 例如云南省于2000年9月率先实施了《民族民间传统文化保护条例》，把当地具有代表性的民族民间文学艺术、民族节日和庆典活动、传统体育和游艺活动，以及反映各民族生产和生活习俗的民居、服饰和器皿，民族特色建筑和设施等都纳入了保护范围。贵州省也于2003年1月实施了《贵州省民族民间文化保护条例》，民族文化富集地区的贵州省黔东南州2008年出台了《民族文化村寨保护办法》，在立法保护民族民间传统文化遗产方面走在了全国的前列。

的文化发展有整体的规划，党和国家一直强调"文化自信"与"美丽中国"，地方立法的指导思想必须以此为根本。

3. 改变过度强调管理的政策取向

西部地区习惯于以政策取代法律，实际上，法律强调规定相关主体的权利义务、行为规范；政策在未转化为法律之前，应强调其指引、激励作用。但是，我国民族特色文化产业方面缺少高位阶的法律支撑，法律规范的权利义务虚化，而政策由抽象转为实际的权利义务规定的过程中，立法的指导思想过于强调管理而忽视规范与促进。比如，甘肃省先后研究起草制定了《华夏文明传承创新区建设总体方案》《甘肃敦煌莫高窟保护条例》《甘肃省文物保护条例》《甘肃省旅游条例》《关于加强省级国有文化资产管理的意见》《甘肃省人民政府关于加快发展对外文化贸易的实施意见》等。虽然"条例"众多，但依然无法在立法层面进行根本性的突破，也无法适应各地（州、市）的自身条件。综上所述，当下民族特色文化产业发展面临很大的法律和制度性瓶颈，也标志着法律制度和法律内生激励作用将对民族特色文化产业发展产生关键性影响时代的到来。

（二）地方财税法

随着西部地区民族特色文化产业战略的推进，文化产业立法的指导思想、基本原则、具体内容"政出多门"、数量庞杂、内容重复与现实脱节等多种问题逐渐暴露。西部地区尊重产业发展规律，适时立法，以法律的强制性和权威性促进文化产业发展是当务之急。需要对现有的行政管理办法、规定及相关文件进行补充扩展与完善，将其上升到法律的层面。

《2018年文化体制改革和发展要点》《国务院关于改革和中央转移支付制度的意见》《2017—2018年度国家文化出口重点企业目录》《深化财税体制改革总体方案》等政策都明确要通过地方性法规的不断完善填补民族特色文化产业领域投资方面的立法。以文化产业融资来说，民族特色文化产业的发展离不开充裕的资金，法律法规缺乏对文化产业投资者的法律地位、权益保护、退出机制等问题的规定，使得民间和外来资本不愿承担投资风险，目前需要在这一领域制定各种保障性和鼓励性的规章制度。

西部地区要进一步完善相关法律法规，特别是有关民族文化产业特殊税收的法规。我国可借鉴国外先进经验，加强对民族及西部地区文化产业投资制度的立法保障，通过立法对特色文化产业予以特别的税收优惠，使投资者能通过对民族特色文化产业的投资尽可能地降低投资成本与风险，创造尽可能多的投资效益，借以吸收民间资本对于西部民族特色文化的投资。由此调动整个社会对民族特色文化产业投资的信心和积极性，促进西部地区民族特色文化产业的发展。

（三）立法层级与可操作性

学界普遍认为，文化产业领域立法层次过低，以及法律规范的可操作性不强。事实上，高层次的文化产业立法往往缺乏可操作性，为此就要充分发挥地方立法的作用。

2018年3月《宪法修正案》规定，宪法第100条增加一款，作为第二款。即设区的市的人民代表大会和它们的常务委员会，在不同宪法、法律、行政法规和本省、自治区的地方性法规相抵触的前提下，可以依照法律规定制定地方性法规，报本省、自治区人民代表大会常务委员会批准后施行。基于法律的高度概括性与普遍适用性，其所规定的权利义务往往具有原则性，需要行政法规、地方性法规、规章予以细化，以及进行具有可操作性的考量。

文化产业门类繁多，即使同一门类，各地方的具体情况也是千差万别。我国文化产业立法主要问题是缺乏可操作性，例如在新疆文化厅艺术研究所调研时，某业务部门的管理者认为，从工作的实际角度来说，《非物质文化遗产法》几乎没有可操作性，这部法律根本没有实现立法初衷，规定太过原则化，权利主体无法根据这部法律受到保护。[①] 高位阶立法的抽象性、原则性条款，需要具体的细则配套实施。因此，从解决问题的实效出发，依照高层次法律的一般性规定，结合民族特色文化产业的特殊性予以细化，正是部门规章、地方性法规、地方政府规章——所谓较低层次的立法的优势与任务。并且，要进一步完善地方一级的相关立法，特别是民族特色文化产业需要民族自治地方人民代表大

[①] 访谈对象：张某，新疆艺术研究所工作人员；访谈时间与地点：2017年1月10日，莎车宾馆。这种理解是基于基层工作人员的角度，对于国家法律的宏观性认识不足，但也反映出一些实际的问题。

会依法制定针对性的地方立法。民族区域自治立法必须秉承宪法赋予民族自治地方立法保护"有序""科学"的原则，地方民族立法呈现出鲜明的特殊性、综合性、多元性等特点。

事例23：地方立法机关通过对非物质文化遗产的项目传承人的调研，了解相关职能部门保护情况，通过私法制度保护项目传承人或其他利益主体权益。甘南藏族自治州人大常委会公布施行《甘肃省甘南藏族自治州非物质文化遗产保护条例》（2015年7月），对非物质文件遗产保护方面的重点问题进行明确表述和规定。该条例立法时遵循抢救先行、保护为主的原则，同时还注意对权利主体的实质性的保护，激发对民族文化保护的积极性。甘肃省人大还通过提高立法技术，完善地方民族文化资源保护法律体系。地方立法目标是建立层次清晰、结构合理、分类明确、内容全面的民族特色文化保护法律体系。要求规范条文中的法律语言，立法过程科学、民主。甘肃积极推动民族特色文化产业发展的法律保护与国际接轨，以积极的态度面对"一带一路"倡议，为西部地区创造的国际化平台，在立法上与《保护非物质文化遗产公约》《保护文化多样性公约》等国际公约接轨，营造良好的民族特色文化产业国际性市场，加强民族文化法律保护。

二 地方法律激励模式构建

从国家层面看，应抓紧时间研究制定保障和刺激民族特色文化产业及其相关领域的法律法规，比如制定文化产业促进法以成文法的形式对文化产业的发展进行制度保障。韩国是世界上最早制定"文化促进法"的国家，旨在促进文化产业发展的法律基础和环境，在充分发挥法律促进作用方面取得了骄人成绩。

1999年，我国文化部在制定的《文化立法纲要》中明确提出：到2010年形成以专项文化法律和行政法规为骨干，以部门规章和地方性文化法规为配套的有中国特色的社会主义文化法律体系。文化产业的立法应当纳入国家整体立法框架中，在充分遵行国家基本法律的前提下，结合文化领域问题特殊性与现象普遍性，制定相应的实施性规范。西部民族特色文化产业的发展，从实效的角度看可以采取立法先行的原则，从外部推进文化产业的变革与前行。2015年11月，甘肃省第12届人大常委会第20次会议决定，省辖十三个市州人民代表大会及其常务委员会开始制定地方性法规，地方立法将更加活跃。

（一）提升西部地方政府规章立法水平

全国31个省、自治区、直辖市和新疆生产建设兵团以及5个计划单列市，有33个制定出台了扶持文化产业发展的政策措施，其中28个省市出台了85个文化产业政策文件，22个省市制定下发了26个文化产业发展规划和纲要，23个省市设立了扶持文化产业发展专项资金。[①]

由于在文化立法方面的经验与知识的欠缺，个别省市政府对于文化产业的管理突破职责权限，设定了审批、管理、处罚等方面的权限规定。对于文化产业的发展，在制定制度的同时要注重制度的适应性，因地制宜地发挥制度的作用，根据文化产业发展的需要定期检查制度上的漏洞或缺陷并做出调整。西部地区需要在以下几个方面提高立法水平。

第一，修订完善西部地区民族特色文化产业立法程序规定，明确规章、规范性文件由业务部门牵头起草，并送法制部门审核。因地制宜制定地方性法规和地方政府规章，加强对地方民族特色文化产业立法的指导，提高地方立法水平和质量。完善立法协调沟通机制，对立法中的重难点问题和部门间分歧意见较大的问题，防止久拖不决。拓宽社会各方有序参与立法的途径和方式，规章草案公开征求意见和反馈公众意见采纳情况，重视社会组织在立法协商中的作用，广泛凝聚社会共识。

第二，完善立法项目专家论证咨询机制。完善专项民族特色文化产业立法机制，探索委托第三方起草法规规章草案，探索建立有关国家机关、社会团体、专家学者等对立法中涉及的重大利益调整讨论机制，探索引入重要立法事项第三方评估机制。

第三，完善重大决策合法性审查机制。对重大决策事项进行必要的

[①] 参见张晓明、胡惠林、章建刚主编《2009年中国文化产业发展报告》，社会科学文献出版社2009年版；转引自朱国辉、王欣欣《我国七年（2002—2009）来文化产业政策现状与问题浅析》，《四川省干部函授学院学报》2010年第1期。

法律风险评估，健全责任追究机制。完善重大决策终身责任追究和责任倒查机制。

第四，做好立改废释和清理工作。适应文化体制改革，积极推进民族特色文化产业法规、规章、规范性文件立改废释工作，按国务院要求定期开展规定和政策相衔接的工作。根据行政审批改革和管理要求，研究退出机制和措施，完善激励创新的产权制度；修订互联网等信息网络传播视听节目管理办法、网络出版服务管理规定等与民族特色文化产业有密切关系的法规起草修订工作。同时，贯彻实施《政府信息公开条例》，完善政府信息公开工作机制；明确各相关部门公开范围和职责，如机构职能、法律依据、实施主体、职责权限、管理流程、监督方式等事项；重点推进财政预算、公共资源配置、重大建设项目批准和实施，及时公布涉及相对人权利和义务的申请。将改革实践中的成果和经验转化为法律规范，并向文化立法部际联席会议汇报。据调研，西部省级新闻出版广播影视部门围绕中心工作规划立法项目、加大立法项目论证调研工作，加大立法项目设计评估。

（二）立法试点先行与整体推进相结合

因法律手段具有强制性、权威性、稳定性等特点，所以，相较于行政保护工作，法律保护更具有权威性和恒定性。可以说，法律既是政府治理的基本依据，亦是形塑新兴产业的有效工具。文化产业发展需要科学完善的外部法律环境。在我国文化产业基本法缺失的情况下，地方立法可以就地方民族特色文化产业的基本概念、内涵与外延、管理机制、市场准入、引导扶持政策、服务保障、合作交流等具体内容，形成科学系统的文化产业地方法规体系。结合国内外有关民族特色文化保护的理论与实践，发挥少数民族地方立法的优势，构建地方特色文化产业立法体系。

由于少数民族文化的特色化特点，国家立法往往不能制定具体而详细的保护规定，大多是一些原则性的规定。建议西部地区通过立法方式对民族文化产业发展直接干预。

例如，甘肃酒泉市境内现有不可移动文物点 1393 处，其中，有莫高窟、境内长城、锁阳城遗址、悬泉置遗址、玉门关遗址 5 处世界文化遗产（全省有世界文化遗产 7 处），《甘肃敦煌莫高窟保护条例》（2002

年12月）是莫高窟旅游开发和保护的重要依据。《甘肃省文物保护条例》（2005年9月）根据《文物保护法》《文物保护法实施条例》和有关法律法规、结合甘肃省实际而制定，规范了甘肃省国有文物保护单位的修缮、保养和考古发掘工作，以及国有博物馆和文物收藏单位收藏、展示文物等相关特色文化产业。甘肃积极开展地方立法工作，在国家法律层面予以细化，增强了指导性和可操作性，围绕特色自然人文资源制定具体的地方实施条例，不断加强对自然人文遗产的保护，增强对自然人文遗产的开发利用价值。目前，《敦煌历史文化名城保护条例（草案）》[①] 正在讨论中。

甘肃省推动民族特色文化产业发展的法律保护与国际接轨，以积极的态度面对"一带一路"倡议为西部创造的国际化平台，在立法上与《保护非物质文化遗产公约》《保护文化多样性公约》等国际公约接轨，营造了良好的民族特色文化产业国际性市场。具体来看，推动了藏羌彝文化产业走廊项目建设，并积极向文化和旅游部申报特色文化产业示范区项目。跟踪指导临夏民族文化产业园、庆阳农耕民俗文化产业园、甘南羚城藏族文化产业园、敦煌文化产业园、陇南市白龙江文化传媒基地、清水县轩辕文化产业园、大地湾大遗址保护和开发项目等重点文化产业园区的建设。

三 法律及激励政策对特色文化产业发展的作用

我们不赞成对产业的"过度保护"，但基于西部民族特色文化产业的现实条件和处于发展初期的情况，在一定阶段内通过立法和制定政策对其进行一定程度的扶持和保护是必要的。产业政策与竞争政策的平衡，能解决由于保护而出现竞争不足的问题，使产业发展充满活力。同时，坚决反对"地方保护主义"和"部门保护主义"，加快横向、纵向的市场沟通，防止对产业法律和政策保护功能的不恰当运用。面临"一

---

① 《敦煌历史文化名城保护条例（草案）》除了规定敦煌莫高窟的保护应当坚持"保护为主、抢救第一、合理利用、加强管理"的方针外，还应当纳入甘肃省国民经济和社会发展计划及敦煌市城乡建设总体规划；该条例（草案）将敦煌莫高窟保护范围分为重点保护区和一般保护区，重点保护区内必须保持石窟及其原有的环境风貌，不得新建永久性的建筑物、构筑物；对开放洞窟采取分区轮休制度或者限制游客数量；各级人民政府及有关部门应当积极采取措施收集流失的敦煌莫高窟文物。

带一路"倡议的历史机遇，西部地区许多作为"丝绸之路经济带"上重要的节点城市，要充分发挥地理区位、历史文化、资源能源和产业基础等独特优势，全力推动民族特色文化产业发展。西部文化市场已不再是一个封闭的市场，国内外的文化产品将通过"一带一路"交易，这决定了必须通过地方性法规、规章和相关的政策来指引、刺激、规范市场，营造良好的竞争环境。

事例24：甘肃省酒泉市具有历史文化底蕴深厚、旅游资源富集的优势，应深入挖掘敦煌文化、丝路文化、长城文化、简牍文化和民俗文化内涵；加大对莫高窟、汉长城、锁阳城、悬泉置、玉门关5处世界文化遗产和夜光杯雕、河西宝卷、敦煌曲子戏、肃北雪山蒙古族服饰、哈萨克阿依特斯5个国家级非物质文化遗产项目的保护；有针对性地制定发展规划，着力打响"敦煌飞天"等文化品牌；充分发挥历史文化名人效应，如霍去病、张芝、左宗棠等。加强河西走廊五市合作联动，甘肃及河西走廊在"一带一路"建设中要坚持设计顶层化、设施联通化、产品差异化、服务标准化、市场一体化和组织高效化原则，打造莫高窟·鸣沙山、玉门关·阳关、嘉峪关长城和航天城四大景区。促进与丝绸之路沿线国家的人文交流合作，丝绸之路（敦煌）国际文化博览会、华夏文明传承创新区和敦煌国家级文化产业示范园区平台叠加机遇，构建"南有博鳌经济论坛，北有敦煌文化论坛"的文化交流平台，整体推进文化产业发展战略格局。利用文博会这个国家级对外交流平台，以丝绸之路文化为纽带，充分利用文博会系列活动的影响力和人脉商机，推介当地特色文化资源产品和历史文化名城、特色文化基地、传统文化村落、特色村镇等项目。这些政府规划都需要法律和规则来实现。例如敦煌文博会展会规则的制定，保障了文博会的秩序和持续发展。

第三节　新疆莎车非遗文化产业法律保障与边疆发展

新疆有13个世居民族、43个民族成分，各民族创造的丰富多彩的非物质文化遗产蕴含着中华民族特有的精神价值与思维方式。新疆的非物质文化遗产原生态保存得比较好，使新疆各民族的非物质文化遗产在总体上仍然保留了民间活态传承的特点。

一 莎车民族特色文化产业发展概览

位于南疆的莎车县是维吾尔族聚居区，是维吾尔族文化瑰宝十二木卡姆的发源地。2005年11月，"十二木卡姆艺术"入选联合国教科文组织第三批世界口头和非物质文化遗产代表作名录。莎车县重视非物质文化遗产传承与保护工作，对县域内的其他非物质文化遗产项目进行彻底普查。目前，已整理发掘出8大类、45个非物质文化遗产保护项目，400余名民间艺人登记在册。同时举办歌舞演出和学术活动，如莎车维吾尔族歌舞文化"莎车民族特色乐器展"。十二木卡姆艺术、喀群赛乃姆被列入国家级非物质文化遗产名录，乌孜别克族习俗叶莱和莎车县依什力苇编技艺入选了自治区非物质文化遗产名录，此外莎车县还准备申报维吾尔医药、烙画、刀郎热瓦甫。[①]

20世纪80年代，莎车相继成立了木卡姆研究室、莎车木卡姆艺术团。1996年，莎车艺术学院还成立了木卡姆表演艺术班。2009年起，新疆投入200万元，运用现代影像技术对莎车民族文化进行抢救性保护。工作人员深入南疆民族地区乡镇，实地、实景拍摄记录了民族歌曲、民风民俗、民族舞蹈、民族器乐、戏剧与曲艺、村寨建筑与文化古村落、编印《莎车瑰宝》画册，编辑制作民族传统文化项目纪录片，在莎车非遗博览园安装触摸屏向社会全方位展示莎车原生态民族文化。

非遗项目管理和产业化发展中，政府主导成立了掌握两种语言知识的非遗鉴定与监理专业队伍，推动非遗产业化规范发展。为了鼓励民间艺人传承、发扬十二木卡姆艺术，该县每年都举办十二木卡姆演唱大赛，从中选出10名优胜者命名为十二木卡姆艺术大师；选送30名有艺术天赋的初中生到新疆艺术学院附中学习深造，为十二木卡姆艺术长远

---

① 卫霞：《新疆莎车汉族移民文化适应研究》，博士学位论文，兰州大学，2017年，第122页。

发展打下坚实基础。

在十二木卡姆文化品牌打造方面，莎车政府还成立十二木卡姆文化艺术研究协会，举办文化节和文艺比赛，保存优秀的民族文化成果，发展民族文化产业。总体来看，新疆十二木卡姆产业化发展以政府推动为主。莎车县十二木卡姆市场业态方面的政策太多了，而鼓励个人发展和创业的文化产业政策不足；专项经费的使用督促还不够，有圈钱和不公平现象。①

二 莎车非遗文化产业激励措施

（一）政府推动为主的莎车十二木卡姆演艺业

新疆的非物质文化遗产种类较多而且较全。截至2016年，各县人民政府已批准公布县级非物质文化遗产代表作名录2480项，财政经费投入共计1371万元，普查全区非物质文化遗产项目3772项。② 分级制定非物质文化遗产规划，明确保护范围，采取有效措施，抢救珍贵、濒危的非物质文化遗产。建立了非物质文化遗产保护领导协调、专家咨询制。扶持开发具有民族传统和地域特色的传统技艺项目。加强名镇、名村、名园、名人、名品等传统文化生态保护，进一步提升当地民族的文化自觉。

1. 莎车政府推动下的木卡姆产业发展

建立国家和自治区、地（州、市）、县（市、区）四级非物质文化遗产名录体系，加强文化传承人（传承单位）的认定和培训机制。莎车县政府举办本级非物质文化遗产保护工程"文化遗产日"活动，积极支持优秀非物质文化遗产内容和保护知识进学校、进课堂，激发青少年热爱祖国优秀传统文化的热情，在该县中小学课间操时段组织跳新疆舞。莎车县主要是通过产业开发来实现木卡姆的活态保护。莎车县十二木卡姆产业完全是在政府策划和经费支持下发展起来的，县城标志性的建筑是十二木卡姆展示中心，全年有不定期的演出，每场演出都可以获得政府补贴。各个乡文化站也在积极开展木卡姆演艺活动。

莎车县木卡姆产业化发展分为民间和官方两个途径。（1）官方演

---

① 访谈对象：莎车县文广局政府工作人员；访谈时间：2017年1月12日。
② 数据来源：新疆文化网（http://www.xjwh.gov.cn/）。

艺团体。莎车文工团于 1938 年成立,由乌孜别克族、维吾尔族和汉族人组成。2013 年获得基层先进单位,有好几项舞蹈节目在全国获奖,2016 年在上海援疆力量的帮助下,排练了音乐剧《阿曼尼沙汗》,并在内地巡演,获得巨大成功,是木卡姆演出的学院派代表。(2) 民间艺术团体。木卡姆艺术团以民间艺术为主,主要表演者是维吾尔族,艺术团最小的 4 岁,最大的 80 岁,每年大约有 200 场演出。在自治区演出 20 多场,全国演出每年 2—3 次。2015 年演出场次较多,在郑州、兰州、广州、宁夏等地演出。其中,在徐州演出门票收入 20 多万元。2016 年 4 月 4 日—5 月 11 日,莎车县 13 名优秀演员先后在乌鲁木齐、西宁、兰州、银川、西安、郑州 6 个丝绸之路沿线省会城市进行巡演。波兰、英国、奥地利等国的 15 名作曲家也前来观看展演。①

2. 莎车其他文化产业的发展

莎车的乐器制造业也是在政府大力帮扶下发展起来的。莎车木卡姆乐器制作公司,原地址在托木斯塘乡,现在搬迁至莎车县叶尔羌民族工艺品合作社。该公司是 2015 年 12 月成立的,在政府扶持下解决了场地问题。现有社员 120 人,其中贫困人员 41 人,产销多塔尔、大塔尔、热瓦尔、手鼓等民族乐器和木碗、木勺、水壶等民族文化产品,已经签订了 200 多万元的订单。采取的经营模式是统一收购,集中销售,会员月收入平均 1500—5500 元不等。目前是莎车县城最大的文化产业,另外莎车乡镇还有旅游文化产业经营户十多家,以制作和出售传统手工艺品为主。莎车县旅游产业产值呈逐年增长态势。

事例 25:自治区主要依据《新疆维吾尔自治区非物质文化遗产保护条例》《新疆维吾尔自治区维吾尔木卡姆艺术保护条例》进行抢救性保护。但是现在对于即将去世的传承人的保护,在影像记录方面新疆还比较落后。目前的管理办法主要是记录保存和保护传承的发展以及出版这些资料,国家级传承人的保护津贴是每月 2 万元,自治区级传承人的保护津贴是每月 4800 元,县级传承人的保

---

① 根据访谈资料整理。访谈对象:陈某,莎车县文化广播旅游局办公室职员;访谈时间:2017 年 1 月 12 日。

护津贴一般是每月1200—1800元，另外在廉租房和公租房方面也有优惠。政府管理方面要求传承人办传习班，但是这个可操作性比较差，有不顾传承人意愿强制的行为在里面。另外把传承人送到大学去研修的做法，过于统一方法也不科学，因为这些传承人对于理论知识的学习很慢，而且很多民间文化并不需要过多的理论强化。一个传承人去世以后，补录一个传承人，目前自治区的名录是293项，83项国家级；每3年申报一次，前几年的时候每一次申报差不多有100多项；最近一次是第四次申报，有76项。传承人个人一般不能申报，都是由保护单位来申报的，保护单位大部分是私营企业，比较好的保护有"泥人张"的案例，还有"国窖1573"这个案例，以及王老吉配方的案例，但是这个行业规范还不够。

东阳木雕也是一个成功的案例，东阳木雕技艺已经获奖。但是在法律上，职务作品和非职务作品的区分可能有一个市场习惯问题，目前来看并没有发生传承人和企业的法律纠纷。法律和政策对传承保护规律的认识还不够。对于非物质文化遗产民族性文化特征的保护比较强调，强化了民族社会的文化差异性。非物质文化遗产打破了原来自然形成的历史地理属性。现在对于传承保护在很多方面还存在着瞎指挥的现象，对于非物质文化遗产的特殊性太过强调；文化的多样性和平等性认识还不够、体现不出来，需要去标签化和加强交流；很多人对于非物质文化还不够了解。[①]

莎车的非物质文化遗产是政府行政力主导，采取"确认、立档、研究、保存、保护、宣传、弘扬、传承和振兴"等多种措施进行保护的。对非物质文化遗产进行挖掘、整理、归档和研究，是保护非物质文化遗产的重要基础，可以清楚了解非物质文化遗产保护的对象、现状，为保护其传承人提供条件。[②]

(二) 民族特色文化产业与非物质文化遗产的活态保护

非物质文化遗产保护法律机制研究是一个复杂的课题。我国采取行

---

① 访谈对象：张某，新疆艺术研究院非物质文化遗产处职员；访谈时间：2016年1月5日。
② 曹新明：《非物质文化遗产保护模式研究》，《法商研究》2009年第2期。

政保护为主、民事保护为辅的模式。所谓行政保护模式，是由政府的主管部门采取行政措施，积极、主动地保存。非物质文化遗产是公共资源，但是，在工业化浪潮中，手工特性的非物质文化遗产生存空间越来越小，自我传承的原动力消失，如果不保护，这些非物质文化遗产将会消失。

1. 原生态的演示性保留

要区分保护、保存与保留的关系。有些非物质文化遗产可被大众利用，如维吾尔族广大人民群众之中的体育、竞技等。"不可进入市场"的非物质文化遗产，如宗教仪式等，为确保严肃性和纯真性需远离市场。对于濒临绝境或即将消失的，没有产业开发价值的文化现象，开展抢救式的保护，只能进行原始性的、真实性的、全面性的记录与记载，做到保存好并进行必要的演示性保留。用影像文字方式记录下来保存进博物馆、研究所供后代怀念。

国务院办公厅《关于加强我国非物质文化遗产保护工作意见》把"文化空间"列入非物质文化遗产，要求"采取切实可行的措施"加以保护。在贯彻和落实这一政策方面，博物馆作为模拟文化空间的实践，证明了文化遗产传承载体的重要性。莎车非物质遗产博览园尝试建立民俗及其文化内涵的活态民俗保护区，并以此带动莎车非遗产业化、市场化运作。从而使民俗文化因产业运作得以传承保护，非物质文化遗产的抢救保护与产业也因之获得了发展的动力。这种保护模式与传统博物馆不同，脱离了展品，而是以场景再现的方式还原民族特色文化。

2. 合理产业开发利用

早在 2005 年 3 月，国务院办公厅就发布《关于加强我国非物质文化遗产保护工作的意见》，指出在全球化背景下，我国文化生态发生变化，不仅有文化遗产消失和传统技艺濒临消亡的现象，而且存在滥用与过度开发的现象。所谓的过度开发，指的是以短期经济效益为目的，不顾及文化遗产自身的特点，经过所谓的市场包装以获得更多的 GDP 增长数据。一些地方政府关心申遗，争先恐后地申报保护项目，其实更多关注的是它能带来多少利益，是借申遗来争取资金，扩大旅游，吸引外资，搞活经济。

将某一文化遗产单独进行开发利用，也会在一定程度上导致文化生态的分解和破坏,使文化遗产的完整性难以保证。非物质遗产的文化产业发展,要开发与保护并重,过度开发和过度保护都不行。在这一点上,地方政府难以形成比较统一的见解,政策也是频繁而多变,因此通过法律确定非物质遗产开发与保护的基本原则十分必要。

2011 年《非物质文化遗产法》通过,这部法律的特点是"以维护为主,以开发为辅"。该法第 37 条规定:国家鼓励和支持发挥非物质文化遗产资源的特殊优势,在有效保护的基础上,合理利用非物质文化遗产代表性项目,开发具有地方、民族特色和市场潜力的文化产品和文化服务。这就明确了"在有效保护基础上的合理开发"原则。由于地方、民族特色不同,法律无法具体规定保护与开发的边界,需要各地根据文化遗产的不同性质和特点,确定不同的文化产业规制方式,地方立法对于非物质文化遗产的产业发展尤为重要。这也是本书一再倡导地方立法予以支持的初衷。

由于众多的非物质文化涉及的许多技术技能知识是数代相传的,而非物质文化遗产的普查记录,会造成其失去保存技能和秘方的权利。所以在法律知识产权框架下,产业开发的活态传承对非物质文化遗产来说是更好的保护。虽有许多非物质文化遗产具有特色和实用价值,但是随着生产力的不断发展,需求量不断减少,产量逐步萎缩,不少项目已灭失。在现代工业用品的冲击下,年轻人对学习民族民间手工技艺缺少兴趣,技艺传承难上加难。

另外,莎车县对维吾尔医术、医药等方面的非物质文化遗产项目开发较充分。随着维吾尔医药制药工艺和科技的发展,产业开发市场空间较大。莎车维吾尔民间文学、民间音乐、戏曲、舞蹈、杂技等非物质文化遗产项目,通过民间流传、社会传颂丰富了人民的文化精神生活,是传播性利用,属于合理开发利用的范畴。

在调研的过程中发现,以新疆莎车县为代表的西部地区非物质文化遗产的产业开发,长期从事"中低端"加工制造层次。近年来,莎车县民族歌舞木卡姆产业化开发也越来越注重文化市场需求,斥重金打造《阿曼尼沙汗》木卡姆舞台剧,在国内国际都获了奖。但是迫于生存压力,民族歌舞团体也加入大型商业演出,使得部分民族戏剧歌舞逐渐远离传统艺术。民族特色饮食、歌舞、服饰、住宅、庆典、祭祀等与现代商业包装的过度结合,在商品化过程中因为成本收益等经济考虑趋向表演化和庸俗化,降低了民族文化固有的价值。为了使部分民族歌舞口头传承不失去传播载体,莎车木卡姆演艺在很大程度上依赖公共文化服务体系,民族歌舞戏剧被新疆各地确定为公共文化服务的重要组成部分。

西部地区民族文化资源丰富,可以以文化旅游为主体,以品牌运作为核心,经济与文化互渗、多角度融合,开发具有民族特色文化的衍生产品,进而形成特色产业群,产业链升级。

三 非物质文化遗产的法律保护

(一)非物质文化遗产开发的法律保护

全国人大常委会在1985年批准了《保护世界文化和自然遗产公约》,2005年批准了《保护非物质文化遗产公约》,2006年批准了《保护和促进文化表现形式多样性公约》。[①] 这三部公约成为我国保护非物质遗产的重要依据。《民族区域自治法》规定各民族都有使用和发展自己的语言文字的权利,第38条规定:民族自治地方的自治机关自主地发展民族特点的文学、艺术、新闻、出版广播、电影、电视等民族文化事业,加大对文化事业的投入……收集、整理、翻译和出版民族历史文化书籍,保护民族的名胜古迹。2011年出台的《非物质文化遗产法》确定了非遗保护和开发的基本准则,该法只有45条,法律条文较为原则化,对于保护的规定远远多于开发。因此,还需要其他层次的法律进行细化和补充。

现有关于非物质文化遗产开发的法规规章主要针对古墓葬、古建筑、石刻、壁画、重要史迹等,对于历史文化名城、历史文化街区和村镇等保护方面的规定比较详细。在调研中发现还有一些细节问题不在这部法律规范之中,需要法律规范调整。少数民族非物质文化遗产是最能体现文化差异性的文化资源,也是最具有文化产业化价值的资源。如前

---

① 《保护世界文化和自然遗产公约》于1972年11月在第16届联合国教科文组织大会上通过;《保护非物质文化遗产公约》于2003年10月在第32届联合国教科文组织大会上通过;《保护和促进文化表现形式多样性公约》于2005年10月在第33届联合国教科文组织大会上通过。

文所述，全球范围内文化产业发展不平衡会导致一国民族文化产业失去了保护与承载自有文化的主体自觉，使得民族文化逐步脱离了它所依赖的群体，萎缩并消亡；进而造成文化产业的市场需求出现严重问题，最终导致文化与文化产业发展的"双输"。因此，对于非物质文化遗产的主动法律保护是世界各国的通例，在文化产业极其发达的美国也有保护民俗"本真性"的法律与案例。[①] 非物质文化遗产保护法律在整个少数民族文化产业法律保障机制中占有重要的地位。

在民族文化产业方面，要么没有地方立法，要么就是对于国家法律法规的简单重复。这种现象并不是个别的，而是在西部各省普遍存在。由于缺少系统立法，加上地方行政机关不能相互衔接和配合，执法往往比较困难。所以，运用新思维构建体现区域文化产业特殊性的法律制度体系，是西部地区民族文化产业发展面临的一个非常迫切的问题。

在民族地区，民族文化是一笔丰厚的遗产，有其重大的文化价值和商业价值。从艺术发生学来说，包括民族文化的文艺出版、影视娱乐、旅游体育、印刷中介、管理咨询。在组织结构上，民族地区的文化产业包括了以政府部门、行业协会、管理咨询机构为主的行业管理系统；记者、作家、艺术家、编辑计算机技术人员、节目制作机构、印刷机构、拷贝机构组成的文化生产系统；发行机构、专业商店、文化经纪人、广告公司组成的商品推销系统；还有相关设备制造机构、技术咨询机构、通用研究开发机构、舆论研究机构、数据统计机构，是一个相对复杂的体系。

(二) 非遗传承人申报办法和专项补助基金

《非物质文化遗产法》第7条明确规定：国务院文化主管部门负责全国非物质文化遗产的保护、保存工作。县级以上地方人民政府文化主管部门是负责本行政区域内非物质文化遗产工作的主管部门。2009年3月，文化部成立遗产司，是非物质文化保护保存工作的具体主管部门。非物质文化遗产保护是一个系统工程，不仅需要文化主管部门切实履行职责，还涉及多个文化部门的职责。例如，传统医药行业主管部门是国

---

① [美] 艾伟:《美国民俗学/非物质文化遗产保护中的"本真性"问题》，王文婷译，《文化遗产》2015年第3期。

家中医药管理局，工艺美术的行业主管部门为工业和信息化部。这两个部门依照《中医药条例》和《传统工艺美术保护条例》的规定来管理。

《非物质文化遗产法》第 28 条规定：国家鼓励和支持开展非物质文化遗产代表性项目的传承、传播。鼓励和支持的非物质文化遗产是那些列入国家级非物质文化遗产代表性项目名录和地方非物质文化遗产代表性项目名录的非物质文化遗产，是那些体现中华民族优秀传统文化，具有历史、文学、艺术、科学价值的非物质文化遗产。传承一旦停止，也就意味着活态的非物质文化遗产变成了静止状态的遗产，确立传承人制度就是让传承人这个非物质文化遗产的载体世代延续。

该法第 29 条、第 30 条和第 31 条规定了成为非物质文化遗产代表性项目传承人的条件、评审程序，以及代表性项目传承人的推出与重新认定机制。具体程序依照《非物质文化遗产法》及《国家级非物质文化遗产项目代表性传承人认定与管理暂行办法》有关规定。为加强非物质文化遗产传承人队伍建设，保护和传承国家级非物质文化遗产代表性项目，经各地申报、专家组初评、社会公示、评审委员会审议等程序，文化和旅游部最终确定国家级非物质文化遗产代表性项目代表性传承人名单。[①] 但是在调研过程中，笔者发现还有一些细节问题有待解决。

1. 关于传承人认定标准

代表性传承人制度是我国非物质文化遗产保护的主要内容。并非所有的非物质文化遗产项目都需要认定传承人，如春节等节庆传承的非物质文化遗产就不需要认定传承人。所认定的传承人需要在特定领域内具有代表性，并在一定区域内具有较大影响力，并且应当遵循公开、公平、公正的原则。能够产业开发的非物质文化遗产项目，其传承人可享有名誉性权利（是将传承人与其相传的保护项目一起列入保护名录，授予传承人相应称号）。传承人有义务毫无保留地传承技艺。法律应规定传承群体的名誉地位、知识产权、经济保障和传承人的法定义务，细化奖罚细则。法律保护要具有超前意识和长远规划，保护

[①] 按照《文化部办公厅关于开展第五批国家级非物质文化遗产代表性项目代表性传承人申报工作的通知》，文化和旅游部确定了第五批国家级非物质文化遗产代表性项目代表性传承人名单（1082 人）。

与合理利用相结合,适度利用与全面严格保护。

国家级非物质文化遗产项目保护单位或传承人个人可以向所在地县级以上文化行政部门推荐该项目代表性传承人。但是,在现实中传承人并不知道可以以个人身份申报,而依赖于组织推荐,这样在几个传承人技艺水平差不多的情况下,基层文化主管部门会推荐与组织积极交往的传承人。结果可能国家级传承人并不是技艺最好的,民间艺人认为很不公平。所以非物质文化遗产传承人申报办法和专项补助基金,测评方法、统计方式、奖励方式等还需要细化:其一加强广泛性,既有内部小系统的评定,又有整个社会大系统的评定,其结果才具有较广泛的认可度;其二体现公平性,要有一个客观、公正、结构合理而又便于公开监督的办法,避免由个人的主观印象、情感的远近和好恶进行评价,使其结果最大限度地体现公平原则。据调查了解,在县级文化部门的专项经费补贴方面,也没有制度规范,存在一些随意和任意的情况。因此,需要制定更具体的传承人认定办法和传承单位条件及奖励办法程序等。

非物质文化遗产多姿多彩,很难量化,应该将普遍的传承人认定标准和严格程序规范结合。国家发展改革委员会对工艺美术大师评审机构、评审办法,已经有了相对成熟的经验,可以部分借鉴。

为了避免出现非物质文化遗产找不到接班人无法传承的问题,政府鼓励传承人举办传习馆,来实现民族手工技艺的传承。传习馆是传授和学习知识的地方,是民间拜师学艺的重要场所,多为非营利自发组织。莎车手工制作的艾德莱丝绸和巴旦木花帽等民族服饰在政府举办的民间文化传习馆得到较好传承。通过政府补贴经费和免费提供场地的办法,鼓励少数民族刺绣手工艺传承人招收学徒,培养民族服饰手工艺者。传习馆以小规模产业化"活"的形式使民族文化得以传承和创新。传统民族文化是一个动态的东西,技术更可以转化为商品,巴旦木花帽和艾德莱丝绸这些民族文化产品不仅在当地热销,外地市场也有需求,量产市场空间很大。莎车县政府已经联合上海设计公司联合开发艾德莱丝绸民族时尚服饰。

2. 保护传承人的权益

首先是传承人版权保护问题。整理、收集传承民族特色文化,所形成的文化产品不像其他出版物因版权交易获得的报酬那样优厚。按照人们的一般理解，记录、编辑民间文学艺术作品是一项公益事业，只是把民间作品加以编选，没有独创性。从著作权的角度保护民间文化存在很多难点，按照《著作权法》的要求，由国务院制定的民间文学艺术作品的著作权保护办法因困难很多而被迫搁置。① 很多学者认为，应该抛开著作权的藩篱，开拓新的权利保护模式，才能有效保护传承人的权益。②明确传承人的权益是保护开发以及发展非物质文化遗产的前提条件。

对于非物质文化遗产的传承人来说，其权利应当包括署名权、获得报酬权以及获得国家资助权等。就署名权而言，国际上制定的《利用及其他损害行为示范法条》中规定：注明一切来源明确的民间艺术表达形式的出处。传承人不仅仅是对文化遗产的继受，而且还根据时代的变化和自己的个性理解推陈出新，这是民间艺术保持活力的根本。但是传承人不能违背其基本思想和内容，进行歪曲性的修改。就获得报酬权而言，传承人基于自己的创新与技艺在展示作品的时候有获得相应酬金的权利，这是对传承人劳动的一种肯定，也有助于传承人进一步进行传承活动。就获得国家资助权而言，国家有义务帮助民间艺术发展和产业化。国家有关机关应当设立相应的登记制度，编制出目录来确定权利。有学者主张通过对民间文艺传承人进行登记备案来保护传承人的权利。③

目前我国对非物质文化遗产法律保护的理论研究比较滞后，正确认识、深入了解非物质文化遗产保护的意义，仍是当前非物质文化遗产保护工作的重要环节。利用数字技术丰富非物质文化遗产的保护，是非物质文化遗产保护专家们所面临的新课题。

3. 传承人的管理

传承人认定后，如何依据法律进行管理的问题就随之而来。由于传

---

① 1990年我国颁布的《著作权法》第6条规定：民间文学艺术作品的著作权保护办法由国务院另行规定；自此由文化部政策法规司牵头《民间文学艺术作品著作权保护条例》草案的起草工作；国家版权局相继于1996年、2002年、2014年公布了《民间文学艺术作品著作权保护条例》草案第一稿、第二稿及第三稿。遗憾的是，历经多年，这部行政法规至今尚未出台。
② 马爱娟：《非物质文化遗产传承人的法律保护研究》，《人文天下》2018年第7期。
③ 周林：《加快制订"民间文艺"版权条例》《中国社会科学报》2018年7月4日第5版。

承人所从事行业的分散性，对于传承人的管理多依照各行业的内部章程和规则。

政府有保护非物质文化遗产的责任，应制定有关法律，采取有效措施确认、立档、研究、保存、保护、宣传、弘扬、传承。《非物质文化遗产法》总体上说是一部行政法。非物质文化遗产在创造和传承的过程中充分体现了创作者和传承者的精神价值、思维方式、文化意识和情感。随着非物质文化遗产在市场经济条件下被发掘利用的增加，出现了对非物质文化遗产的不当利用，造成利用者与创作者或传承人之间的物质利益失衡问题。

4. 开发利用单位的权利和义务

《非物质文化遗产法》建立非物质文化遗产代表性项目制度是为了通过传播，让民族文化渗入群众生活的方方面面，提升知晓度和认同度，最终达到保护的目的。其第35条和第36条对县级以上政府、学校、媒体等应尽的义务作出了规定。第37条规定：国家鼓励和支持发挥非物质文化遗产资源的特殊优势，在有效保护的基础上，合理利用非物质文化遗产代表性项目。将非物质文化遗产及其资源转化为生产要素和产品，并促进相关保护与经济社会协调发展。良性互动的生产性保护使传统文化产品进入市场不但不会给传承带来负面影响，还会促进其发展。但应注意，要保持非物质文化遗产的手工技艺原貌，避免工业化的污染。手工唐卡的售价在万元甚至20万元以上。现在网上已有靠机器印刷批量生产的速成品，每副售价20块钱。"假货的破坏性很大，如果现在的唐卡都变成了速成品，原来的唐卡就死了。"专家认为："手工"是"生产性保护"的重要核心。"开发利用非物质文化遗产代表性项目应当支持代表性传承人开展传承活动，保护属于该项目组成部分的实物和场所。"所以开发单位有义务按照传统技艺开发利用。

实践中，开发利用非物质文化遗产代表性项目的多是老字号。2007年商务部、文化部《关于加强老字号非物质文化遗产保护工作的通知》规定：县级以上人民政府应当对合理利用非物质文化遗产代表性项目的单位予以支持。单位合理利用非物质文化遗产代表性项目的，依法享受国家规定的税收优惠。这是关于合理利用非物质文化遗产项目发展文化产业的税收优惠措施。一些非物质文化遗产项目特别是传统手工技艺类项目一般都是个体企业小规模经营，在市场竞争中存在融资难、生产周期长等困境。这时，各地政府的扶持政策和税收优惠就非常必要。

四 莎车文化产业与地区发展

（一）文化观与文化产业

非物质文化遗产与物质文化遗产共同承载着人类文明的延续，是世界文化多样性的体现。我国非物质文化遗产蕴含着中华民族特有的精神价值，是维护我国文化身份和文化主权的基本依据。民族特色文化遗产保护，还关系到国家和民族发展。

莎车位于新疆西南边陲，汉代时是西域36国之一的莎车国，是丝绸之路南道重镇、维吾尔历史文化名城。它是新疆第一人口大县，有20多个民族，户籍人口87万，维吾尔民族占总人口的96.3%，汉族人口大约占3.5%。①

文化产业的发展产生三个方面的作用：一是增加收入，改善生活；二是增强民族文化自豪感；三是能够使之融入中华民族的整体文化观念中，提高民族凝聚力、向心力。中国西部地区应该重视文化产业的发展，而不能只充当能源基地和只出产初级农产品。发展民族特色文化产业可以使维吾尔族提升民族自豪感，使得传统文化得到更好传承，消除源自文化的紧张感。从这个意义上来看，推动民族特色文化产业的发展具有实现文化安全的战略意义。

建议政府调整产业结构，利用当地的西域文化吸引外来游客发展文化旅游业，引导莎车农村富余劳动力生产民族特色文化产品，如维吾尔族刺绣、艾德莱丝绸、巴旦木花帽、特色手工民族服饰等，这些特色文化也是非物质文化遗产，是维吾尔族世代传承、与生活密切相关的各种传统文化表现形式。民族特色文化产业提供的大量就业岗位能实现增收和脱贫。旅游业带来的现代文化与当地传统文化的接触频次高、强度大，带动维吾尔族人观念现代化、生活小康化。新疆在政府规划和法律激励方面，可以借鉴民族特色文化产业开发已经比较成功的云南、广西

---

① 数据来源：新疆莎车县人民政府网站（http://shache.xinjiang.gov.cn/zjsc/scgk/2016/14021.htm）。

的经验，使文化发展更成熟稳健。

（二）南疆三地州文化产业发展的积极因素

新疆维吾尔自治区给予三地州务实有力的政策支持，2013年12月25日召开的自治区党委经济工作会议提出，从2014年起，不再对南疆三地州考核地区生产总值，引导三地州把工作重点放在促进就业、改善民生上。发展文化产业是将文化资源优势转变为经济优势、显著改善民生的根本途径。文化产业对优化区域经济结构、保护生态环境具有积极的推动作用。因此，取消对三地州生产总值的考核是为三地州发展文化产业带来的重大利好。[①]

2014年7月，"首届丝绸之路经济带国际论坛暨环球企业领袖西部（喀什）圆桌会"举办，南疆三地州提出借着民族文化与丝绸之路沿线国家文化的亲近感优势，扶持民族特色文化产业走出去。例如，和田玉文化、克孜勒苏柯尔克孜自治州《玛纳斯》与鹰文化。南疆各地提出各自不同的文化产业发展路径。

因此，本书建议建立南疆文化产业发展政策扶持体系。

第一，完善具有针对性的优惠鼓励政策。出台针对民族特色基地（园区）建设、投资者的土地政策和文化企事业单位改制涉及的土地房产优惠政策。制定民族特色文化产业财税政策，例如，公益性文化事业捐赠所得税扣除政策。

第二，制定民族特色文化产业发展专项基金项目规则。设立年度文化产业发展专项资金，提供补贴、贴息或奖励，扶持具有示范性和引导性的重大民族特色文化产业项目建设。支持重点文化创意项目开发和优秀作品创作。西部专项文化发展基金不仅仅要增加数额，更需要在制度上规范申请条件、项目实施效果评估、资金配比等。调研中发现专项补助金在申请中有信息公开不足、经费拨付后对经费使用监督不到位的情况。为了更好地体现政府对文化产业发展的引导，在实践中还需要设计合理的制度规则。

综上所述，在西部边疆少数民族地区，特色文化产业的稳边安民作

[①] 王玉刚、周丽：《新疆南疆三地州文化产业发展研究》，《新疆社会科学》2014年第6期。

用突出。在这些民族地区，非物质文化遗产及文化遗产项目众多。新疆地处"丝绸之路经济带"，与中亚五国接壤，可以借着"一带一路"倡议的机遇，扩大民族文化产业国际交流，开拓国际市场。国际社会很关注少数族群的文化保护并出台了一系列的国际条约，中国也相继批准加入。所以新疆各地在文化产业地方立法方面，可以构建与国际公约对接、一般与特殊立法互补的法律网络，寻求适宜的法律方法、法律模式来进行西部民族文化产业发展的探索。

第四节 甘肃庆阳民族手工业与知识产权保护

一 庆阳民族文化产业发展概述

甘肃省庆阳市文化产业依赖于传统民族特色文化，在产业化过程中特色民族文化也获得了传承与创新，主要包括民族特色手工业（香包刺绣、皮影、剪纸、面塑、石刻、泥塑、线贴、草编等）、民间表演艺术（唢呐、徒手秧歌、道情、传统社火、庆阳民歌、南梁说唱等）、黄土社会风情（岁时节令、窑洞民居、饮食习俗、婚丧礼俗、传统庙会）等。庆阳以民间工艺美术中的香包绣制作为民俗文化产业开发的龙头，把特色民俗文化资源优势转变为民俗特色文化产业。

庆阳示范基地有周祖农耕文化产业园、香包民俗文化产业园、环县道情皮影基地、正宁中华黄帝文化区、北石窟寺文化城等。有国家级民间艺术大师 125 名、省级 477 名、市级 459 名；国家级非物质文化遗产传承人 4 名，省级传承人 58 名。① 截至 2017 年 10 月，庆阳市有国家非物质文化遗产生产性保护示范基地 2 个，非物质文化遗产保护项目 34 个，非物质文化遗产传习所 42 个。连续举办了 15 届"中国·庆阳香包民俗文化节"，民俗产品的年销售额均达 1 亿元以上。②

---

① 参见《庆阳市华夏文明传承创新新区建设"十三五"规划》。庆阳先后荣获"中国民俗文化及民间工艺美术调研基地""岐黄文化传承基地""周祖农耕文化之乡""中国香包之乡""中国陇绣之乡""徒手秧歌之乡""民间剪纸之乡""窑洞居民名城"等称号。
② 焦敏龙：《庆阳市文化旅游产业发展势头强劲》，2017 年 11 月，每日甘肃网（http://qy.gansudaily.com.cn/system/2017/11/06/016843495.shtml）。

表 4-1　　　　　　　庆阳民族特色文化产业园区基地建设项目

园区基地	地点	实施目标
庆阳民族产业园	西峰区	民俗文化
周祖农耕文化产业园	庆城县	体验、博览、文化旅游
岐黄中医药文化产业园	庆城县	中药材、养生文化
文化集市展示营销基地	各县	非遗生产性保护
镇原书画一条街	镇原县	书画交易、装裱工艺
环县皮影传承展销示范基地	环县	皮影动漫、演艺、雕刻
石刻雕塑产业基地	合水县	泥塑、石雕

二　庆阳市民族文化产业政策激励的成效

在《国务院办公厅关于实施中华优秀传统文化传承发展工程的意见》《国家发展改革委陕甘宁革命老区振兴规划（2012—2020）》《文化部"十三五"时期文化发展改革规划》《甘肃省华夏文明传承创新区建设"十三五"规划》《甘肃省"十三五"文化产业发展规划》《庆阳市国民经济和社会发展第十三个五年规划纲要》等一系列政策的支持下，庆阳产业布局得以优化，得到了实质性的扶持。所采取办法及各种保护措施很具体，集中人力、物力、财力加大了非物质文化遗产保护。[①] 庆阳市编制了《庆阳市文化与旅游产业融合发展规划》《庆阳市文化资源保护和开发利用总体方案》，出台了《庆阳市繁荣发展社会主义文艺的实施意见》，明确了民族特色文化产业的立项、资助、评审办法。推出体现地域特色和传统汉民族特色的文化产品。

（一）政府推动文化产业的发展

庆阳政府出台了《庆阳市文化资源保护和文物保护的开发利用总体方案》，从宏观角度进行整体的发展规划；此外，重视发展文化领域行业组织的建立，通过《庆阳市文化资助管理办法》落实资助、奖金396万元，陇剧《绿叶红花》获全国"映山红"戏剧节金奖，陇剧电影《医祖岐伯》市场反应较好。

---

① 左文盼：《庆阳地区非物质文化遗产法律保护的经验与反思》，硕士学位论文，西北师范大学，2010年。

表 4-2　庆阳市华夏文明传承创新区建设"十三五"主要指标

主要指标	2013 年	2015 年	2020 年	指标属性
文化产业增加值（亿元）	8.6	15.54	50	预期性
文化产业增加值占 GDP 比重（%）	1.42	2.55	5	预期性
博物馆、纪念馆数量（个）	10	32	100	预期性
乡村舞台（个）	启动	380	1261	预期性
广播电视综合覆盖率（%）	100	100	100	预期性
有线电视入户率（%）	21.51	28.29	95	预期性

庆阳市通过《金融支持庆阳市特色文化产业建设指导意见》，确定了文化产业贷款期限和利率，建立了完善的信用评级和业务考评体系，提供了特色金融产品和优质金融服务；开通了农村五星级文明户小额贷款直通车，着力解决农民在生产发展中遇到的难题。开发妇女小额担保贷款、联户联保以及票据承兑与贴现等金融产品，允许采取多种灵活还款方式建立文化金融服务平台；建立文化产业金融担保风险补偿金，建立政府、银行、文化企业和保险公司多方合作机制。近年来，受经济增速放缓影响，市、县（区）财政刚性支出压力增大，政府用于特色文化产业扶持项目的经费明显减少，西部省份特别是甘肃地方财政供给力不从心。①

庆阳政府推动特色文化产业建设，探索建设政府管理、行业自律、创新管理模式，规范文化主体，鼓励社会资本以多种形式投资文化产业。努力解决文艺院团改革的遗留问题，理顺管理部门之间的关系。针对政府投资非公文化项目缺乏监管问题，也逐渐健全财务、审计和资产管理等制度。

逐步解除非公资本参股从事文化产业方面的限制。依托香包民俗文化产业协会、各县（区）民间艺术大师等专业人才，以"庆阳五绝"特色文化为重点，每年举办不少于 1 次文化创意人才优秀特色文化产业项目。同时鼓励文化企业发行债券。

---

① 庆阳市所辖的 7 县 1 区中，7 个县均为贫困县。按照 2018 年的贫困县名单，环县、华池县、合水县、宁县、镇原县属国家扶贫工作重点县，庆城县、正宁县属国家扶贫片区县。

在"文化搭台,经济唱戏"的理念指引下,行政模式也存在一些需要改进和完善的地方。行政首长负责制必须要面对行政首长变更而带来的不稳定性;随后就是政府保护在各个阶段的差别问题,例如在发展阶段,往往借助非物质文化遗产这个媒介、谋求当地经济发展,体现了浓厚的工具理性主义思维。

(二)"公司+农户"的文化产业化尝试

> 事例26:香包刺绣、剪纸、皮影等以家庭为文化产业生产单元,在当代社会中仍然有很强的传承生命力。例如道情皮影戏主要由民间班社传承。庆阳唢呐鼓吹乐形成于民间娱乐传统,积淀了丰富的唢呐曲牌(《庆阳地区民间器乐曲集成》收录496首),2006年进入首批国家级非物质文化遗产项目名录。民间"顾事"(一种民俗礼仪项目)时如果能请到唢呐艺人助兴,事情就办得好,因而吹鼓手班子而形成了庞大的社会市场,出现了众多的唢呐艺人,成为活着的长盛不衰的民间艺术之花。
>
> 香包刺绣手工荷包中有艾叶末、藿香、苍术、冰片等中药材,可辟秽除潮驱虫,香气袭人。① 剪纸和香包保存了大量的远古文化信息,例如龙凤石榴、鸳鸯象征夫妻恩爱多子。庆阳香包生产是以家庭为单位的传统手工艺,政府组织了合作社指导生产和销售。②

庆阳香包形成了以"公司+农户"为主的经营模式。庆阳市280多家文化企业中,民俗文化产业公司有130多家。全市已形成39个基地、89个营销公司、15万多人的香包产业链。产品达20多个大类5000多个品种,年生产900多万件,对外设立营销窗口43个,远销全国56个大中城市,销售收入3亿元。其中,在"首届中国·庆阳香包民俗文化节"上,仅香包一项销售额就达258万元,引进协议资金24.7亿元。

---

① 庆阳人过端午节有三事必做:孩子戴耍活、门上插艾叶、包粽子(庆阳旧称其为"角黍")。"耍活"就是香包,既可以是填充香料的实体造型,也可以是平面化的。双鱼、龙凤、双蝶象征男女欢爱;石榴、葫芦、葡萄比喻多子;并蒂莲、鸳鸯、双飞燕喻示夫妻恩爱。

② 齐杜祥编:《庆阳特色文化研究(民俗文化卷)》,甘肃文化出版社2014年版,第25页。

成交数目则达 132 万件，吸引国内外游客 800 多万人次，引进合同项目 182 个，签约资金 37.37 亿元。① 还出现了注册资金在千万元以上的大型香包产业公司（如"凌云""岐黄""龙影"等），研发精品品牌。

同时，采取"公司+农户"的方式，依托彩霞香包公司、宁县伊人绣鞋业公司等文化产业龙头企业，开发生活用品类、文化装饰类、旅游纪念类三大类香包刺绣民俗文化产品 120 多种，走出了一条小群体、大规模发展的路子，文化产品不断丰富，销售市场逐年扩大。彩霞香包公司依托资源优势，培育香包生产大户 16 户，重点户 126 户，年生产香包刺绣作品约 6 万件，精品 2 万件，产品远销国内外。宁县伊人绣鞋业公司集民俗文化产品研发、设计、生产、销售于一体，企业员工 80 余人，参与制作人数达 200 余人，特色产品礼仪鞋、表演鞋、绣花鞋远销浙江、山东、西安等地，成为宣传推介宁县的新名片。

(三) 文化园区建设与文化节举办

庆阳市民俗文化产业园占地面积 1313 亩，总投资约 20 亿元。园区建设内容包括：民俗展览馆、牛博物馆、大师创作区、文化传媒中心、黄土窑洞陈列馆、会展中心、民俗产品体验区、手工作坊体验区、陇东民风体验区、养生度假区、休闲度假区、剧院、文化广场等，投入使用后，将极大促进庆阳市文化产业的发展。

2002 年庆阳市开始举办香包民俗文化节，是在国内比较早用文化节的方式宣传民族文化产业的，庆阳市后来又举办了农耕文化节。随着这两个文化节的连续举办，庆阳市政府在民族文化保护与振兴、文化产业的发展上有了实践经验。政府熟练的工作模式、高效的工作机制是庆阳文化产业发展取得成效的主要保障。②

三 庆阳民族特色手工业发展的困境与不足

尽管庆阳民族特色文化产业取得了不错的成效，但仍然存在很多问题。庆阳特色文化产业主要表现在静态和动态两方面，以文化价值转化

---

① 资料来源：庆阳市宣传部相关工作人员提供。
② 每年的香包节和农耕节前，庆阳市的乡镇、街道办的工作重点就转移到组织生产非物质文化产品上，为文化产品的生产做好组织保障、协调运转工作，确保文化产品的生产，充分体现了政府对非物质文化保护工作的重视。

为商业价值的协作关系为纽带的经营性行为，是基于文化意义内容的生产活动。被称为戏剧"活化石"的环县道情（皮影）、窑洞营造技艺相关文化产业法人单位1021个，资产总额35.98亿元，文化领域行业组织78个。但是只占GDP比重的2.14%。文化资源挖掘利用程度不高，文化传承与创新、保护与开发之间的矛盾比较突出，因为资金、项目的原因，部分遗址文化名城保护和产业开发进展比较慢。特色文化遗产展示研发水平有待提升。

如上所述，庆阳的特色文化产业工作卓有成效，发展前景良好，富有庆阳民族特色的文化产业成为当地以及国家的名片，老百姓也借助文化产业谋生致富。但文化产业经济总量小，产业结构不合理，传统产业创新融合不足，增长缓慢。文化市场体系不健全，文化企业实力弱，外向型企业少，市场运营能力不足，文化金融发育缓慢，好项目少。文化产业园区建设滞后，民营资本参与不足，项目管理水平不高，建设周期长，社会效益不突出。文化与其他产业融合发展不够，例如景点的文化内涵不高，特色文化产业效益还未充分释放。对外文化交流不深入、不广泛，缺乏特色文化产品和文化品牌。华夏文明传承建设战略下各县市密集出台了一系列文化扶持政策，但是各县市刚性投资压力大，对文化产业的投入比例缩减，影响了各项扶持政策的持续性。此外，文化建设投入总量有限，文化基础设施建设资金配套缺口较大。

（一）"有包无香"——人文底蕴的流失

民族特色文化产业的发展应按照市场规律实现经济利益并突出文化的传承与发展，没有"文化"的"产业"终究会成为无源之水，不能可持续性发展。香包产业中，只是注重外形而缺乏实用性的香包会失去文化产品的文化底蕴，进而影响其进一步的发展。很早就有人提出这个问题，但是在短期利益的驱动下并没有得到改观。[①] 近年来，庆阳香包发展进入瓶颈期，与丧失香包内在的"文化味"颇有关系。因此，无论是政府在产品质量监管上还是行业制定产品标准时都应该抛弃经济利益绝对化的倾向，将产业发展与民族特色文化、技术研究相结合，才能

---

① 曹焕荣：《庆阳香包开发的反思与展望》，《陇东学院学报》（社会科学版）2003年第3期。

有更加持久的生命力。香包只能用来装饰,还没有开发出原真意义上"香"的医疗保健功能,如何在香包装饰功能的基础上,强化"香"的多重功用,需要相关中药种植生产、提取、贮存、纺织等各个行业的技术支持。2015年庆阳市政府与东华大学在上海成立了中国庆阳香包产品联合研发中心,加强刺绣和"香"联合研发。

在生产营销方面,传统的"农户+基地+公司"模式违约行为严重。伴随互联网的兴起,网络模式为庆阳香包开拓了更大的市场。目前庆阳市积极推动特色文化产业集群模式,构建香包刺绣等民俗文化产业园,培育香包产业集群。

(二)"有纸无剪"——传统艺人的断层

随着时代的变革,传统工艺的谋生功能逐渐消失。除了已经从事这一行业的人之外,很少有人愿意学习传统手工技艺,行业技艺存在灭失的可能。近年来国家扶持传承人以及传统工艺,但是学习传统工艺需要花费大量的时间与精力才能掌握相应的技巧,这与现代快节奏的生活格格不入。即使有入行的年轻人,在技艺上也存在不足,无法与老辈艺人相提并论。民族传统文化生存的环境正悄然发生着剧烈的变化,民族传统文化后继无人的状况堪忧。政府应出台相关政策措施。

庆阳市从事剪纸的艺术人才不少,然而技艺能达到一定认定标准的很少。剪纸传承人老年人居多,据统计,剪纸艺人年龄基本都在35岁以上,50—70岁的人占绝大多数,而且级别高的传承人和艺术大师年龄都偏大,许多人都过了80岁,体现出传承后继无人和活态传承效果不佳的问题。年龄结构失调造成剪纸传承人的换代断层,阻碍了传统手工艺的传承。[①]

表4-3　　　　　　　　庆阳市剪纸传承人统计

分类	省级	市级	无等级
艺术大师	6人	17人	无
传承人	12人	14人	无
有影响的剪纸艺人	—	—	1000人

---

① 李朝阳、郭锋锋:《国家级非物质文化遗产传承状况及保护开发研究——以庆阳剪纸为例》,《科技创新与生产力》2017年第9期。

四 庆阳民族文化产业的法律保护模式

近年来,我国对民族特色文化出台了一系列的法律保障措施,如云南省于 2000 年 9 月率先实施了《民族民间传统文化保护条例》,把具有代表性的民族民间文学艺术、民族节日和庆典活动、传统体育和游艺活动,反映各民族生产和生活习俗的民居、服饰和器皿,民族特色建筑和设施,都纳入了法律法规保护的范围。贵州省也于 2003 年 1 月实施了《贵州省民族民间文化保护条例》,民族文化富集地区的黔东南已出台《民族文化村寨保护办法》,在立法保护民族民间传统文化遗产方面走在了全国的前列。这些保护民族文化的地方性法规保护并促进了地区文化的发展和繁荣。文化产业虽然具有一定的特殊性,但是从文化产业的主体(企业、事业单位、从业人员等)、文化产业的产品(特别是其物质载体),到文化产业的管理机制、权利保护,与其他领域的主体、行为及社会关系一样,需要在整个法律框架和思维下讨论。

(一)文化产业发展法律思维的形成

庆阳市将民族特色文化产业的发展纳入法治的轨道中。文化产业的发展首先要遵从市场经济的规律,在经济交往中遵从《民法总则》《民法通则》《合同法》《公司法》《消费者权益保护法》《产品质量法》《反不正当竞争法》等,促进民族特色法律文化产业并不意味着它可以超越现有的法律规定。无论是政府制定政策、推行激励措施还是文化产业企业的经营行为,都必须在法律的范围内进行,只有这样文化产业才能树立竞争力,才能有长远的发展。

党的十八大以来,我国加快建设社会主义法治国家,将依法治国提升为国家的基本方略,在这样的背景下,庆阳市在民族特色文化产业的发展过程中,也比较注重运用法治方式促进文化产业的发展。一些香包、皮影、剪纸企业和经营者也逐渐形成严格遵守合同的习惯,通过注册商标、专利的方式保护自己的独特技艺。但是从整体上来说,庆阳民族特色文化产业的发展仍然存在诸多问题,基于熟人信任的经济交往、投机取巧的经营方式、不注重售后与品牌的现象还是很普遍。政府在文化产业资金的使用方面也没有严格遵从信息公开、公正合理的原则,存在极其浓厚的领导意识、部门利益意识。如果这种状况得不到改进，那么当地特色文化产业的发展壮大就存在很大的问题。

（二）通过地方立法规范文化产业发展

庆阳对特色文化产业的保护以执行国家和甘肃省立法为主，主要通过政府文件的方式对上位立法进行细化和强调。

2011年，庆阳出台了《关于扶持文化产业发展的意见》，按照国家的要求，在放宽市场准入、优先提供用地、实行税费优惠、加大财政支持、优化发展环境五个方面进行明确规定。以后又相继出台了《关于贯彻党的十七届六中全会精神加快特色文化大市建设的实施意见》《庆阳市红色旅游文化产业发展实施方案》《庆阳市农耕文化产业发展实施方案》《庆阳市关于加快发展对外文化贸易的实施意见》《庆阳市民俗文化产业发展实施方案》《庆阳市扶持在外设立民俗文化产品营销窗口实施细则（试行）》《庆阳市非物质文化遗产保护传承工程实施方案》《庆阳市关于推进文化创意和设计服务与相关产业融合发展的实施意见》《庆阳市人民政府关于进一步加快岐黄中医药文化产业发展的意见》等十多个规范性文件，落实了国家的法律与政策，保障了民族特色文化产业快速发展。

2015年《立法法》修改，规定了设区市的地方立法权，2016年庆阳市开始有权制定地方性法规。[①] 如前所述，地方性法规优点在于稳定性和权威性，可以有效地避免政策的多变性。2017年6月，《庆阳市禁牧条例》获得甘肃省人大常委会的批准，由庆阳市人大常委会公布施行，这是庆阳市第一部地方性立法。按照《立法法》的规定，设区的市人大及其常委会根据本市的具体情况和实际需要，在不与上位法抵触的前提下，主要对城乡建设与管理、环境保护、历史文化保护三方面的事项制定地方性法规。可以看出，历史文化保护将会是地方立法的一个重要内容。庆阳市作为民族特色文化比较丰富的地区，在这一领域的立法空间较大。在庆阳市人大常委会编制的2017年立法计划及2017—2021年立法规划中，审议项目10件，调研项目8件，截至2019年6

---

① 2016年6月5日，甘肃省人大常委会决定，酒泉、武威、张掖、金昌、平凉、庆阳、天水、白银、定西、陇南、嘉峪关十一个市和临夏回族自治州、甘南藏族自治州人民代表大会及其常务委员会，即日起开始制定地方性法规。

月,已批准实施3件。① 已通过的立法主要是城市管理与环境保护类的,没有关于历史文化保护方面的立法,表明对于民族特色文化产业法律保护的意识显然不足。② 近年来出现大量的文化产业方面的纠纷表明,地方立法必须关注地区特色文化产业的发展,原因在于各地特色文产业的特殊性和国家立法的普遍性,只有充分发挥地方立法的作用,才能使文化产业朝着法治、良性的方向发展。

五 民族特色手工业的知识产权纠纷与保护

具有民族特色的传统手工艺品进入市场后,如果市场前景好,就会不可避免地出现受经济利益驱使下的剽窃、复制行为。从法律上讲,此种行为侵犯了他人的传统民族手工艺专利权,需要通过法律保护知识产权,维护自身经济利益。庆阳民族特色文化产业发展过程中,由于缺乏对于香包、皮影等产品的原产地、知识产权方面的保护意识,大量廉价的仿制品极大冲击了当地文化产业的发展。甚至庆阳的文化产业企业开始作为中间商倒卖仿制品,完全失去了自身文化产业的特点与造血功能。如果这种发展势头得不到遏制,庆阳的文化产业前景并不光明。为此,笔者重点从知识产权保护的角度阐释法律对于民族特色文化产业发展的重要作用。

(一) 侵权案件与知识产权保护问题

随着庆阳文化产业产品的市场逐渐扩大,侵犯知识产权的行为也越来越多。③ 庆阳出现的文化产品商标侵权案件中,由于权利主体是在政府扶持下发展起来的微小民俗特色文化企业,不熟悉法律维权程序,依赖政府,希望政府出面维权;地方政府的考虑却比较微妙,希望通过被大量侵权来反向宣传庆阳,提高庆阳的名气,所谓"放水

---

① 分别为《庆阳市人民代表大会及其常务委员会立法程序规则》(2016年5月1日生效)、《庆阳禁牧条例》(2017年10月1日生效)、《庆阳市物业管理条例》(2019年8月1日生效)。

② 这种现象从2018年下半年开始有所变化,在庆阳调研时,庆阳人大常委会法工委的工作人员介绍,《北石窟寺保护条例》《庆阳市古石塔保护条例》《红色遗址文化保护案例》都在起草论证的过程中。

③ 庆阳某文化官员向笔者坦陈,由于手工制作的效率不高,往往本地开发设计出一种新款式,立刻就被外地的厂家模仿并机械化批量生产,甚至侵权产品最后返销到原产地庆阳来。

养鱼"。

事例27:"岐黄"商标侵权案。

本案涉及的是国家级非物质文化遗产项目"庆阳香包刺绣技艺",诉讼的双方都是省级传承人。李某于1999年申请注册了"岐黄"文字商标,2000年起诉尚某要求她停止使用"岐黄"商标。尚某辩称自己的合作社属于使用在先,在原有范围内可以继续使用,不构成商标侵权,也不构成不正当竞争。庆阳市人民法院审理后调解结案,认为尚某证据不足,不能认定为在先使用。判令尚某印有"岐黄"商标的香包停止销售。访谈尚某时,她说她俩是邻居,两人都在使用"岐黄"商标,却让别人抢先注册了,一直懊悔自己没有商标注册意识。①

尚某在商标纠纷初期一直希望政府出面干预,诉讼中也希望政府能调解。她这样有手艺的农村妇女创业受到政府多方支持,她已经产生了有困难找政府的依赖心理。经过这次教训,她在商标局的指导下重新注册了"陇上"商标,以合作社的形式生产香包和刺绣手工艺品,并且接受外地订单。但是在交易过程中,没有合同的概念,买卖双方是熟人,订单数量和价格都是口头达成。为了规避风险,尚某一般不接受陌生人订单,这就限制了合作社的规模和发展空间。显然文化产业生产者想扩大规模、进一步发展,必须要有相应的法律知识与法律意识。

事例28:刘某某香包外观设计专利权案。

刘某某是庆阳香包刺绣省级传承人,2009年和丈夫共同开办了岐黄传统文化公司。刘某某设计和研发香包和手工艺制品,把图样交给农户生产,在这个过程里其他的香包企业会迅速仿冒,占领市场。为此刘某某2011年将另外一家小微文化企业告上法庭,但

---

① 访谈对象:尚某,女,50岁;访谈时间和地点:2017年12月,庆阳香包刺绣合作社。

因为证据不足败诉。2013年庆阳市科技局专干对小微特色文化企业做了外观设计专利申请指导和宣传，目前在科技局专干的帮助指导下，刘某某获得4项外观设计专利。访谈中刘某某很感谢科技局的同志，说不是因为科技局上门服务，自己永远不知道权利还可以这样保护。刘某某的女儿大学毕业回来帮助母亲管理企业，懂得上网下载格式合同，也会网上收受和支付定金货款。目前公司业务涉及多种民族特色文化产品。

从尚某和刘某某的案例中发现，作为产业的文化，需要知识产权法律制度的保护。从现有法律制度上看，我国目前对传统文化知识权利的保护在《著作权法》《专利法》《商标法》中都有所体现。但就西部民族特色文化产业而言，因为创业主体多是手工业的艺人，文化不高，几乎没有法律知识。需要商标局、专利局上门服务、手把手地指导，他们才能依据法律保护自己的权利。

在调查中了解到政府文化部门、妇联等也会组织培训，多是技艺和营销包装方面的，没有企业管理、知识产权保护、合同等方面的培训。因此，政府组织民间艺人了解相关权利义务、法律和政策显得尤为重要。科技局、商标局等相关机构要主动提供具体服务，加强对文化企业的知识产权培训与宣传，引导文化企业建立知识产权管理体系，指导文化企业有效运作、科学管理知识产权。2017年《"十三五"国家建设知识产权强国推进计划》出台，鼓励创新保护知识产权是实现强国梦的一个重要途径，文化产业是一个具有传承性、创新性的智力成果转化的过程，不能没有知识产权的保护意识。

此外，还可以发展文化产业的经纪、代理、评估、鉴定、推介、咨询、拍卖等中介服务机构，对具有地域特征的民族民俗特色文化产品鼓励注册集体商标、原产地商标，培育一批凝聚民族文化特色的品牌。引导文化企业主动进行注册商标、品牌认证、推介提升工作，以利于字号、知名商号的保护和传承。

事例29：调查了解到，目前庆阳香包的大部分市场份额被义乌产品占领。义乌以"小商品王国"著称，庆阳香包的原材料，如布料、填充物、丝线、缝合机等全部是从义乌商人处购买的。原材料就较贵，手工更加费时间，产品成本高，所以庆阳香包定价高。义乌商贩多采用机绣，也组织农户手工刺绣。因为原料是一手买进，节省了差价，成本低、价格低。义乌人更懂管理和生产流程，产品质量更好。庆阳宣传部的同志无奈地介绍说，每年庆阳香包节上都是义乌香包大卖，庆阳香包反而卖不出去，以后改成义乌香包节好了。政府也思考过如何保护地方特色文化产业，例如地区封锁、提高场租等，但是似乎都有违市场公平原则。只能眼睁睁地看着庆阳发展起来的特色香包产业衰落下去。

基于以上情形，以庆阳的民族特色文化产业知识产权保护为例，笔者认为文化产业的知识产权保护应从以下方面予以重视。

建立民族特色文化产业知识产权代理机构来协调各方的利益，共同发展。通过法律法规明确民族特色知识产权代理机构的权限和代理方式，避免民族文化产业化发展过程中陷入不必要的诉讼争议之中。

发挥我国行政管理力量较强的特性，在知识产权行政执法方面加强对地方民族文化产业的保护力度，对有些民族民间文化的特殊权利可以实行半官方的集体管理模式。例如，产业化开发过程中传承人在非物质文化遗产传统技艺的基础上再创作，可以由政府进行集中的版权保护。初期传承人可能并没有认识到将非物质文化遗产权利化，而庆阳政府推动下的申请商标、进行原产地保护做法可以细化推广。

(二) 地方性法规保护缺位

如前面所述，庆阳民族手工业产业化的法律保护主要依据的是国家法律法规，以及相关部门的部门规章。这些法律大多从宏观的角度予以规定，至于具体如何保护、采取什么机制、什么办法就需要地方立法来发挥作用，民族文化产业的地域性特征对地方立法提出了很高要求。但是庆阳市的地方立法刚刚起步，在立法规划中似乎也无法顾及文化产业方面，从长远来讲，不利于民族特色民间手工艺产业的发展。

（三）立法激励与特色文化产业海外市场拓展

事例30：庆阳特色文化产业的海外发展。

庆阳凌云服饰集团迪拜分公司成立于2014年11月6日，注册地址：迪拜龙城二期F-C-115，商号：Zawyat Al Jamal I期F-C-115，是庆阳市香包民俗文化产业龙头企业。2012年端午前节，董事长率公司营销团队赴阿联酋迪拜考察，并借此机会在迪拜中国商贸城租赁场地开展"中国甘肃省庆阳市凌云服饰集团端午香包民俗文化产品展销推介活动周"。通过这次推介会，认识了外国客商，也结识了在迪拜做生意的中国客商。通过"走出去"打开了眼界，捕捉到了迪拜人的文化信仰和基本生活习俗，了解到迪拜工艺品市场的特点和货品空缺。回国后就组织公司设计团队开始构思研发在迪拜销售的新产品，在短短三个月的突击设计开发过程中，研发出了适合外国人穿的绣花拖鞋、中国新唐装、儿童旗袍、少女绣花挎包、手包、钱包、背包等刺绣民俗工艺品。同年12月，他们再次组织参加了阿联酋首都阿布扎比"中国轻工消费品博览会"，期间又参加了迪拜大学"国际大学生象棋比赛会场小商品展卖活动"，吸引了参加比赛的全球不同肤色、不同语言的大学生对中国刺绣工艺品的欣赏和热买。连续三次去迪拜，打开了通往中东国际市场的通道，把庆阳香包正式推向国际市场，2014年11月在新建的迪拜龙城二期租赁了98平方米的商铺，2015年3月进行装修布置，创建了"丝绸之路迪拜国际文化集市——甘肃庆阳香包常态展销馆"。仅2014年、2015年两年的酒店一次性拖鞋加工出口产值就达到56万美元。

事例31：庆阳淑方香包刺绣有限公司于2015年4月派员赴白俄罗斯的明斯克市成立了陇庆私营商贸企业，现已注册挂牌正式开业。店铺占地28平方米，精美的各种民俗文化产品深受白俄罗斯人民的喜爱。作为第一家在明斯克落脚的中国民俗文化企业，办理相关营业手续文件时相关部门积极配合提供帮助，陇庆私营商贸企业顺利成立。公司主营香包、刺绣、剪纸等系列产品，香包以传统手工香包为主，多为十二生肖、荷包、龙凤等蕴含吉祥如意喻意的造型。刺绣有手工十字绣，也有机绣，多以风景、景物为主，新推出的以外国伟人为内容的人物绣像，栩栩如生，白俄罗斯人民赞不绝口。新产品在保留和继承传统产品整体造型的原始生命感的基础上，加入了一些创新的元素。公司找准了庆阳香包与国外大众审美的契合点，发展了香包、皮影、面塑、剪纸等非物质文化遗产项目。[①]

从以上案例可以看出，国际市场的消费者可能是见惯了工业化产品，对手工艺民族特色文化产品尤其喜爱。

在涉外文化产业的法律激励方面，文化部门对涉外文化经济已有了相应的规定，比如有《艺术品出国和来华展览管理细则》等，各地区则可在国家文化法律法规的基础上，协助制定或完善切合地方实际的文化涉外法规，包括国外文化产品的引进或控制、涉外文化经济合作办法、文化市场建设、文化资源在文化企业之间合理流动的宏观调控等方面的法规。对外文化交流方面要迈开大步走出去。中央出台多项政策鼓励和支持对外文化交流，2016年《文化部"一带一路"文化发展行动计划（2016—2020年）》的颁布也为加强与"一带一路"沿线国家和地区的文明互鉴与民心相通，切实推动文化交流与文明传播，以及增强中华文化传播力和影响力提供了新时期的发展思路。

第五节　甘肃甘南演艺文化产业与演艺合同

一　甘南州演艺文化产业的概况

甘肃省甘南藏族自治州地处七省（区）藏羌彝文化产业走廊的核心区域，包括夏河县、合作市、碌曲县、玛曲县、迭部县、舟曲县、卓尼县、临潭县7县1市，99个乡（镇、街道办），面积4.5万平方公里，州内有24个民族，总人口73万人，其中藏族占总人口54%。[②]

在甘南藏族自治州，有风格独特的寺院经堂、色彩缤纷的民族风

[①] 参见《民俗庆阳》2017年第2期。
[②] 资料来源：甘南藏族自治州人民政府官方网站（http://www.gn.gansu.gov.cn/zjgn/）。

情，也有异彩纷呈的人文底蕴、光辉灿烂的红色文化。全州有名的寺院经堂就有20余座，有格鲁派（黄教）六大寺院的拉卜楞寺及有"东方小瑞士"美称的郎木寺等。临潭县新城北街的隍庙，保留了中国古建筑的宏伟华丽遗风。迭部县腊子口战役遗址、纪念公园入选全国红色旅游经典景区。国家"一带一路"和全甘肃省"丝绸之路经济带黄金段"建设，都为甘南文化产业发展带来了契机。甘南民族特色文化资源保护传承和民族风俗习惯及宗教信仰等文化资源集中，可以作为西部地区特色文化产业带的重要组成部分。这其中，民族服饰光彩夺目、珠摇环佩，民族歌舞格调迥异，为甘南演艺文化产业的发展奠定了良好的基础。

2010年以来，甘南打造了文化旅游为主导的文化产业发展格局。从旅游客源地来看，甘南国内游客占游客总量90%以上，甘南2013年接待游客410万人次，收入占地区生产总值的比重超过15%。在旅游业的牵引下，依托民族歌舞、戏剧、民俗、服饰、技艺、饮食等原生态重点打造了香巴拉旅游艺术节、临潭万人拔河、格萨尔赛马大会等，民族特色文化产业体系初步建立。甘南2014年成功签约了夏河县文化旅游综合体、合作市帕乔村民俗体验区、安多部落等8个产业项目，以大项目与大投资助推文化旅游。

但是，甘南文化产业发展的短板也很明显，特色文化资源与文化产业的融合度不足，文化旅游资源开发缺少文化内涵，尚未形成集观光、休闲、度假、购物、美食等多功能、复合型的文化旅游产业链。另外甘南文化旅游季节性太明显，资源缺乏互补。游客进入甘南州旅游的困难较大、成本较高，致使甘南州对东部主要客源地游客的吸引力较小，形成以陕西、宁夏等邻近近程为主的客源结构：来自西北五省区游客占总游客的70.3%；而包括京津冀、长江三角洲和珠江三角洲等地在内的其他省区的游客仅占29.7%。甘南州旅游项目规划不合理，旅游链条有待完善。存在纳入旅游开发规划的景点数量繁多、县域之间资源整合捆绑力度不够、景区间结合度差等现象，没有形成独特的旅游环线和互补性产品。

2015—2017年，政府扶持甘南州羚城藏文化公司、夏河摩尼宝藏文化艺术有限公司、夏河白海螺文化旅游公司、舟曲农舟生物实业开发有限公司、甘南多罗影视文化传媒公司、迭部腊子口旅游有限公司等10个文化产业重点企业。打造甘南藏族文化千幅唐卡、甘南州"格萨尔"影视演绎基地,重点建设甘南羚城藏族文化产业园区、夏河县拉卜楞文化产业园区、甘南白龙江流域民俗和生态文化园区、洮河风情文化产业园区4个文化产业园区;建设甘南藏族歌舞演艺基地(合作)、甘南藏族服饰制作基地(合作)、甘南唐卡藏香艺术传承基地(夏河、合作)、甘南藏医药生产基地(碌曲、夏河)等7个文化产业基地;重点扶持甘南文化旅游创意园区、夏河县白海螺文化旅游产业园、夏河县拉卜楞唐卡绘画展示中心、甘南州曲拉文化产业博物馆、碌曲郎木寺藏族歌舞演艺中心、舟曲县博峪民俗风情文化产业园、卓尼洮砚雕刻工艺品展示中心、迭部县茨日那民俗文化展示中心等30个文化产业项目。甘南州7县1市藏民族风情休闲街区、特色村镇、特色旅游餐饮和主题酒店发展,延伸了文化旅游产业链,开发了具有地域特色和民族风情的特色文化用品、工艺品和旅游商品等。甘南藏民族文化元素与高新技术、音乐制作、时尚设计、广告设计、藏式家居装饰设计相结合,藏文化创意和设计服务与相关产业融合发展,提升了甘南地域特色文化产品的创意设计水平。其中,当周神山藏文化国际生态旅游体验区、甘南藏区原生态游民部落文化休闲体验区、古洮州民族民俗文化产业园区、郎木寺藏族文化艺术演艺中心等重点文化产业项目陆续建成。甘南州政府加大文化与旅游、文化与科技、文化与金融、文化与体育的深度融合,培育产业主体,扶持10个骨干文化企业,扩大产业增量,计划"十三五"末,甘南文化产业增加值占GDP的比重达到5%以上。①

二 甘南演艺文化产业的现状与问题

(一)甘南演艺产业的发展状况

随着经济的发展,人们对于精神娱乐的需求增大,近年来,演出市场的发展速度很快。2017年5月,中国演出行业协会网站公布《2016中国演出市场年度报告》。②从报告中可以看出,2016年我国演出产业总额为469.22亿元,比上年增长5.07%。演出市场整体发展态势向好。

---

① 《甘南州"十三五"藏羌彝文化产业走廊专项规划》,碌曲县文化体育广播影视局提供。
② 参见中国演出行业协会网(http://www.capa.com.cn/)。

演艺产业是文化产业的重要组成，西部省份中云南省充分利用少数民族能歌善舞特点，以旅游为依托，基本形成演艺业品牌化格局，演艺业产业链不断延伸。①

甘南州有丰富的藏族演艺文化，具有广泛的群众基础及地域特色，具有发展演艺产业的广阔市场。2016年，甘南州举办首届"甘南州文化旅游发展文艺会演"，② 以南木特藏戏《唐东杰布》为代表的演出广受好评，2016年全年累计演出304场次，观看人数86000余人次。③

（二）从碌曲锅庄舞大赛看甘南演艺产业的模式

2017年8月，项目组到甘南州碌曲县调查演艺文化产业的发展状况，以此可管窥甘南州演艺文化产业的现状与问题。

以碌曲县华夏文明传承创新区建设布局，打造以郎木寺民族风情文化为核心的则岔—郎木寺—尕海生态文化园区，举办锅庄舞大赛及香浪节活动的举办为契机，"中国锅庄之乡——碌曲"文化品牌建立。截至2017年，碌曲县已经成功举办了六届锅庄舞大赛暨香浪节活动，中国舞协授予碌曲县"锅庄舞传承与研习基地"，并举办了"中国·碌曲首届锅庄舞论坛"。

> 事例32：2017年8月6—9日甘南碌曲县举办了锅庄舞大赛，已经成为全国最负盛名的锅庄舞赛事，是碌曲最响亮的文化品牌。中国舞协2014年授予碌曲县"中国锅庄舞之乡"称号，次年又授

---

① 云南的演艺企业先后推出了《云南映象》《丽水金沙》《勐巴拉纳西》《蝴蝶之梦》《吉鑫宴舞》《印象丽江》《梦幻腾冲》《吴哥的微笑》等优秀产品；与全国其他省区相比，云南演艺产业具有自己独特优势，民族特色鲜明，产品类型丰富，社会效益和经济效益俱佳，得到了社会和学界的普遍赞誉。参见李蔺静《走向国际市场的云南演艺产业——民族歌舞的"场域"转换与"话语"调适》，博士学位论文，云南大学，2015年。

② 甘南州藏族歌舞剧院编排了大型民族歌舞《情满羚城》；夏河县民族歌舞《绚丽拉卜楞》表达了藏族儿女对党的真挚情怀；临潭县舞台剧《洮州情印》以舞乐的形式演绎了悠久的历史文化及旖旎的自然风光；卓尼县民族歌舞《五彩卓尼》展示了卓尼县神奇秀美的自然景色、绚丽多彩的民俗风情和文化；迭部县民族歌舞《迭山春韵》充分展示了迭山儿女拼搏进取的时代精神；玛曲县民族歌舞《首曲情歌》展示了玛曲秀美的自然景色和多姿多彩的文化底蕴；舟曲县民族歌舞《花开舟曲》展示了舟曲县经济发展、生态文明建设的成就；碌曲县歌舞剧《碌曲神韵》将碌曲的发展变化展现在人们面前。

③ 赵梅、杨旭明：《文化之花绚丽绽放——甘南州文化事业发展综述》，2017年5月，中国甘肃网（http://www.gansu.gscn.com.cn/system/2017/05/10/011699363/shtml）。

予了"锅庄舞传承与研习基地",使锅庄舞文化得以传承和发展。来自西藏、云南、四川、青海、甘肃五省藏区的27支代表队参加,每支代表队人数从35人到120人不等。借此活动碌曲也成为文化旅游的热点,游客从东方小瑞士——郎木寺、尕海湿地归来后,在县城秀龙扎西广场与藏族同胞同跳锅庄舞。

第五届锅庄舞大赛参赛队的组成主要如下:

第一,政府表演队。本次大赛的云南迪庆、德邦和甘肃碌曲锅庄舞队采取了这种模式。笔者在现场访谈了碌曲县直属机关代表队,舞蹈队员都是从各单位抽调的,其中领舞的三男三女是碌曲县艺术团的专业演员(碌曲县艺术团是碌曲县文化演艺公司的下属企业,改制后由政府购买一些演艺和节庆节目),抽调来的群众演员因为连年参赛,有较好的锅庄舞基础,已经连续三届蝉联冠军,这次也只是集体排练了三天。直属机关队的参赛费用等都由政府开支,比赛后再各自回到原单位。[①]

第二,民间团体。青海黄南州尖扎县具有文艺爱好的退休干部组建了五彩神箭锅庄舞协会,并在民政部门办理了注册登记。五彩神箭锅庄舞协会多次参加比赛,有了一定的影响力后申请到政府一些小额项目补助。但是服装道具主要靠自己买,也承接商业演出,不过劳务费很少。参加这次比赛的编导费、交通费等都要自理,演员的经济压力大。[②] 甘肃天祝县雪域灵芝队也是由爱好者自发组织,没有得到过任何来自官方和民间的经费支持。有舞蹈团员提出该团体曾经获得2万元奖金,全部留作发展基金(没有征求大家的意见),比赛排练的服装费用等都是自理的,一些队员甚至想要退出舞蹈团。访谈发现,团体内部的奖金劳务费等收入的分配没有约定,队员希望能够分配到一些。随着收入增加,会产生纠纷,因为社团缺乏内部章程,资金的使用由个别核心队员决定。[③]

第三,专业演艺团体。此类以四川阿坝州演艺公司为代表,它的前

---

① 访谈对象:碌曲县直属机关代表队领队卓某;访谈时间:2017年8月8日。
② 访谈对象:青海黄南州尖扎县某农业局退休干部,女,55岁;访谈时间和地点:2017年8月6日,碌曲县锅庄舞赛会场。
③ 访谈对象:甘肃天祝县某政府机关退休干部,女,58岁;访谈时间和地点:2017年8月6日,碌曲县锅庄舞赛会场。

身是公办的阿坝艺术团。改制后其他人员分流，只留用了几个老演员。2017年开始公司化经营，政府提供基本工资保障，演艺公司提供节庆演出和"四下乡"文艺服务。目前通过承接商业演出小有盈余。在访谈中，阿坝州演艺公司的负责人认为，地方政府并没有用行政合同约定演出公司每年提供文化服务的场次和具体内容，演出公司文化服务的市场价值远远大于政府发给艺术团的基础工资，超出部分应该另外付费。但是当地政府认为艺术团改制后，场地设备等并没有评估就转让给演艺公司，也就是说，演艺公司仍然占用了公共资源，所以应该提供公共文化服务。而且，政府认为改制时退休人员的社保等遗留问题都是政府买单的，改制后的企业基于关联适当多做一些贡献也是应当的。这也是前文提到的西部地区改制不彻底的后遗症之一。另外，演艺公司自主经营，在创收方面希望政府能加大激励机制，给予排练新剧的经费支持。因为民族特色文化产业市场风险大，很难融资。[①]

（三）甘南演艺产业主要存在的法律问题

通过以上调研，笔者发现甘南民族特色文化演艺业主要存在以下法律问题。

1. 没有建立完善的经纪人公司，演出规模小、组织分散

在调研中了解到，参加锅庄舞大赛的27支舞蹈队都有商业演出的经历。一般是通过圈子里的熟人介绍，还有通过宣传部、文化局等官方和半官方途径介绍接洽的。除了几支专业艺术团体外，大多数舞蹈队没有听说过经纪人公司。经纪人属于定约居间人，国务院2004年通过的《经纪人管理办法》第2条规定，经纪人是指在经济活动中，以收取佣金为目的，为促使他人交易而从事居间、行纪或者代理等经纪业务的自然人、法人和其他经济组织。演艺经纪人具有较多的社会关系，市场信息灵敏，对于民族特色演艺事业的开拓具有积极意义。西部文艺市场尚不成熟，需要培育市场和推动艺术服务中介机构等发展。而民族特色文化产业的发展离不开充分的市场化模式，充分的市场化需要现代化的法律理念。

[①] 访谈对象：四川阿坝艺术团某领队，男，28岁；访谈时间和地点：2017年8月6日，碌曲县锅庄舞赛会场。

2. 缺乏合同意识，较少签订演艺合同

调查发现无论是群众性社团组织还是公司化运营的国有艺术团，内部管理都不以合同为依据，承接外部商业演出时也几乎不签订演出合同。原因是目前甘南演艺产业化规模较小，不容易产生纠纷，即使产生纠纷，通过熟人来调解也能解决问题。但是从长远来看，伴随产业化发展，无论是内部权利义务还是外部交往都应该缔结合同，通过法律来实现管理和市场的规范化。在访谈中听到演艺群体内部的抱怨，其原因就在于双方没有明确各自的权利义务，只是从各自的立场出发考虑问题，造成了矛盾。

3. 政府包办现象比较严重，缺乏市场运作模式

碌曲县锅庄舞大赛的参赛队中，除了上文提到的碌曲县直属机关代表队，各乡镇代表队也是在政府直接推动支持下组建的，目前西部地区国企性质的艺术团市场化程度仍然有限。如此大规模的演艺活动，基本上只是当地人的盛会，组织单位似乎并没有通过大赛吸引来游客的计划，连续六届锅庄舞大赛并没有实现促进旅游经济，以及推广锅庄舞演艺的目的。笔者在观看过程中被节目的编排和气势所折服，有原生态的劳动之余的质朴，也有结合现代元素的动感。这样好的艺术表演不进行市场化推介殊为可惜。这种"叫好不叫座"的现象，表明了政府并没有按照市场规律来运作演艺文化产业，仅仅作为一种文娱活动对待。① 调查了解到，第五届锅庄舞大赛的组织者是碌曲县旅游局和其下属的锅庄舞协会。虽然该协会是性质和定位不清的半官方组织，也没有经费，在活动中只是旅游局的执行机关，但是也说明西部县级政府在思考运用新型的管理模式，更好地推动文化产业的发展。因此，制定具有普遍约束力的制度化管理规范性文件，来改变锅庄舞大赛的市场定位、促进演艺产业的发展，成为迫在眉睫的任务。

4. 演艺产业管理法制化程度不够

据碌曲县文化局领导介绍，截至 2016 年，全县文化体育经营单位十余家，经营项目 20 多个，从业人员 30 余人，年营业收入突破 300 万

---

① 在访谈中，组织者认为没有进行广泛宣传和吸引游客的一个重要理由是碌曲县的接待能力非常有限，参赛队员和嘉宾的到来已经使得碌曲县宾馆爆满，没有能力再接待普通游客。但是我们认为，可以通过草地帐篷的方式解决这一问题，对于游客来说也是一种非常新奇的体验。

元。碌曲县对文化事业和文化产业区别对待，分类指导，形成了以国有文化企业为主体、多种所有制共同发展的文化产业发展格局。文化市场开放有序。但是，文化产品市场和生产要素市场的统一、开放、竞争、市场管理等方面需要进一步法制化。目前管理发展的依据只有县文化体制改革实施规划。① 国有经营性单位转企改制中的细节问题，县文广局无权解决。② 县文广局归口管理县文化馆、图书馆、博物馆、电视台、文化市场综合执法大队5个事业单位，文化演艺有限责任公司、甘肃省网络公司碌曲分公司和新华书店3个企业。③

2011年5月6日甘肃全省广播电视有线网络整合工作会议之后，碌曲县广电网络整合工作正式启动，资产剥离，于2012年5月11日正式挂牌运行甘肃省广播电视网络公司碌曲县分公司。《关于加快推进市、县两级国有文艺演出院团体制改革的意见》规定将碌曲县则岔艺术团转企为碌曲文化演艺有限责任公司，新改制的演艺公司内设办公室、声乐组、舞蹈组、创研组、后勤组。目前已完成了清产核资、企业工商注册登记，核销了事业编制、注销了事业编制法人、签订了职工劳动合同、按企业办法参加了社会保险，已于2012年5月底正式挂牌运行。同时，引进社会资本和先进管理方式，碌曲文化演艺有限责任公司和碌曲县网络公司都采取国有控股的资产组织形式。④ 调研发现，前文提到的阿坝演艺公司的制度困境，在碌曲县也存在。

我国关于演艺产业的专门法律规范主要有国务院的《经纪人管理办

---

① 《碌曲县文化体育广播影视局关于上报2015—2020年文化体制改革实施规划的报告》，碌曲县文化体育广播影视局，2015年11月9日。
② 碌曲县文化体制改革采取"三局合一"。2010年9月，根据《中共甘肃省委、甘肃省人民政府关于市县政府机构改革的意见》文件精神，结合碌曲县实际，将县文化体育旅游局有关文化体育的职责、县广播电影电视局的职责，整合划入县文化体育广播影视局。新组建的文化体育广播影视局总编制为31名（事业编制），科级领导职数6名，其中局长1名（兼党支部书记）、副局长3名、党支部专职副书记1名（科级）、纪检组长1名（副科）。碌曲县文化体育广播影视局是县人民政府主管全县文化艺术、图书发行借阅、文物、电影、文化市场管理、新闻出版及印刷的职能部门。
③ 参见《碌曲县文化体制改革和文化建设工作调研报告》，碌曲县文化体育广播影视局，2017年10月。
④ 访谈对象：碌曲县文广局办公室张某；访谈时间：2017年11月10日。

法》《营业性演出管理条例》①和文化和旅游部的《营业性演出管理条例实施细则》②，这些行政法规、部门规章对于演艺合同并没有比较详细的规定，目前的演艺合同按照《合同法》的规定予以规范。演艺公司表示可以对排练节目的投入与产出进行合同约定，所以地方立法可以考虑政府扶持的可能性；也可以借鉴陕西等省的做法，在充分的市场机制框架下购买公共文化服务。

三 合同在演艺文化产业中的重要作用

合同是市场的最基本的规范，也是确定权利义务、解决纠纷的重要依据。文化产业的发展要遵从市场经济的规律，因此必须与合同打交道。甘南的锅庄舞等文化产业，需要在合同的规范之下健康发展。

（一）演艺合同的性质

"演艺合同"并不是《合同法》中所规定的有名合同，学界对于演艺合同的性质存在争议，有人认为演艺合同是委托合同的一种。这种看法实际上是把演艺合同当作"演艺经纪合同"处理，在演艺经纪合同中，"经纪公司根据艺人的授权代表艺人进行演艺事业活动"，从这个角度来看，演艺合同属于有偿委托合同。这种看法基本上将规模较小的艺术团体或者个人与演出公司（或者活动组织者）签订的演艺合同排除在外，并不适合西部地区的演艺市场现状。从碌曲县管窥西部经济欠发达地区的演艺市场，均存在规模小、市场化程度不高的问题，很少（或者说基本上不可能）有聘请经纪人的现象，按照委托合同来理解，并不适合西部地区。

另外一种看法是，演艺合同是劳动合同，经纪人与艺人、艺人与演出公司之间实际上是关于劳动获取报酬的权利义务关系。但是劳动合同一般包含了期限、工作内容、劳动条件、劳动报酬、社会保险等条款，演艺合同往往具有临时性，并不是标准的劳动合同。此外，劳动合同要求双方平等自愿、协商一致，但是演艺合同往往存在强势的一方，乙方

---

① 《营业性演出管理条例》于2005年7月7日通过，2008年7月、2013年7月、2016年2月三次修订。

② 《营业性演出管理条例实施细则》于2009年8月5日通过，2017年12月修订。

能够讨价还价的余地非常小，这一点也和劳动合同不相符合。从碌曲锅庄舞大赛参赛队商业演出的经历来看，参赛队在商业演出中几乎没有话语权，只有接受与不接受两种选择。大部分演员出于对锅庄舞这种民间艺术的爱好，认为受到邀请本身即是一种令人欣慰的事情，演出报酬并不是需要考虑的首要问题。尽管队员们对于入不敷出的演出多有抱怨，但这似乎不会影响他们积极参加下一次演出。

演艺合同包括三类：一类是演艺单位内部与艺人之间的比较固定的劳动合同；一类是演艺经纪合同；还有一类是演艺单位与演出者的短暂演出合同。因此，要根据具体的情形确定演艺合同的性质。演艺合同实际上是兼有居间、行纪、劳动或劳务等多种合同属性的复合型合同。西部地区的演艺团体要根据演艺的性质，确定签订何种合同，以利于保护自身的权益。

（二）演艺合同在演艺产业中的作用

前已述及，合同是市场经济的基本特征，是确定双方权利义务的基本依据。明确的合同可以减少争议，出现纠纷时也能尽快解决纠纷，保证市场的效率性。云南少数民族演艺产业在西部较为发达，云南文投集团聚焦文化"走出去"和"一带一路"倡议，重点培育打造了《吴哥的微笑》《梦幻腾冲》《丝路传奇》三台大型文化旅游驻场演艺。演艺活动中都有较为规范的合同，这一点值得甘南州学习和在西部推广。甘南州的演艺资源并不比云南各地州差，差距的形成还在于观念的落伍，缺乏市场经济的眼光，把具有经济价值的演出做成了本土的"自娱自乐"。在这样低层次的运作过程中，签订合同也成为一件很"奇怪"的事情。在调研过程中发现，几乎所有的参赛队都有怨言，四川商业演出经验丰富的参赛队对于现有的模式也表示不解。

因此，我们认为，演艺合同不仅是确定演艺双方权利义务的手段，更是检验市场经济的标准。是要树立可持续发展的市场思维，培育壮大各个演出主体，使得它们通过市场的竞争与考验，按照市场经济模式运作，带动地方经济的发展。

当然，这种说法有"纸上谈兵"的嫌疑，但是思维的形成与现实本身就不是同一性的问题，文化产业的发展是基于市场，演艺活动只有带来经济效益才能成为产业，这个方向是大致正确的。至于在向着这个方向行走的过程中如何排除困难，就需要发挥地方立法、行政等各方面力量的作用，这也是政府所具有的当然职责。各地情形不同，几乎不可能存在现成的"手把手"教程，"地方智慧"也考验地方政府的行政能力。

(三) 西部民族特色文化产业与演艺合同

合同是双方平等协商的成果，合同一旦成立，对于双方就具有法律拘束力，任何一方不得随意解除或者不履行合同。西部民族特色文化产业具有市场化程度偏低、法治观念不足等缺陷，运用合同可以实现对基本权益的保护。

西部民族特色演艺文化缤纷多彩，从封闭的环境进入开放的市场必然会存在不适应的问题。即使出现了不适应，也不能成为退缩的理由，只有"走出来"、适应市场、适应社会的发展，民族特色演艺文化才有生命力，否则被淘汰是迟早的事情。基于此，居于弱势地位的西部演艺文化在产业化的过程中应该更加注重运用法律明确各方的权利和义务，才能避免被不明确的"行规"借口所损害，这是我们在甘南调研时一再强调签订演艺合同的重要原因。

可以说，演艺合同的签订是一种未雨绸缪的措施，从长远发展的眼光来看，西部民族特色演艺产业市场前景广阔，只要能转变观念，努力拓展市场就能得到良好的发展。而进一步的发展，离不开合同，离不开法律。

第五章　国外文化产业的法律制度

第一节　美国文化产业法律制度

美国是个移民国家，只强调种族，并不严格区分民族。① 截至 2017 年 8 月，美国人口 3.26 亿人。非拉美裔白人占 62.1%；拉美裔占 17.4%，非洲裔占 13.2%，亚裔占 5.4%，混血占 2.5%，印第安人和阿拉斯加原住民占 1.2%，夏威夷原住民或其他太平洋岛民占 0.2%（少部分人在其他族群内被重复统计）。② 美国强调国民意识，其民族特色文化产业指的是美国整体国民的文化产业发展特色。

美国作为世界文化强国，文化生产和输出能力居全球第一。美国市场主导模式的特色文化产业位居全球首位，据世界知识产权组织数据，2013 年美国特色文化产业增加值占到了 GDP 的 11.3%，③ 考虑到美国 GDP 的庞大总量，这个数额是相当大的。美国将营利性和非营利性文化产业加以区分：政府投资或引导社会资金支持非营利性的各级博物馆、国家公园和文化艺术团体、组织等；而营利性文化产业的发展主要依靠法治秩序下的市场经济的自由竞争。注重文化产业发展的法律保障是美国文化产业稳定而持续发展的主要因素。

目前，美国已经形成了定位明确、层阶清晰、相互衔接、体系完备的文化产业发展法律体系。该体系主要由宪法、文化产业发展的基本法

---

① 虽然美国有"少数民族"（ethnic minority）这个词语，但它的含义是"非白种人"，实质上还是种族概念。
② 参见"美国国家概况"，中华人民共和国外交部网（http：//www.fmprc.gov.cn/web/gjhdq_ 676201/gj_ 676203/bmz_ 679954/1206_ 680528/1206x0_ 680530/）。
③ 数据来源于世界知识产权组织网（http：//www.wipo.int/portal/zh/index.html）。

律、知识产权法、针对文化产业的行业性法律、其他相关法律五种不同类型的法律构成,这些法律和法规为美国的文化产业发展提供了理念、政策和实践的法律指导和保障,使美国的文化产业发展有法可依、有章可循。

一 法律创造自由竞争环境

美国影视、音乐唱片、图书、出版等行业几乎完全依靠商业运作,始终坚持在市场竞争机制下自由发展的原则,是社会接受所必需的前提条件。这种模式的基本特点是:以市场为导向,实施市场化运作。美国各界对于文化产业发展的共识是:自由开放的市场是文化多样性的基础,它可以使各种文化在同一个平台同等展示、公平竞争,因此法律对文化产业的保障体现在市场秩序的构建上。

美国至今没有设立专门负责文化管理的行政部门,而采取商业决定文化政策。文化管理事务主要通过联邦艺术及人文委员会、国家艺术基金会、联邦政府的文化代理机构实现管理职能。[①]

完备的市场经济体制和良好的法治环境足以使文化产业规范发展,为此,政府的角色和定位限于宏观调控领域,政府的目标是通过法律保障美国宪法所保障的言论自由的基本权利,为文化产业的自由发展奠定基础。1791年美国宪法的第一修正案规定:国会不得制定关于下列事项的法律:确立国教或禁止信教自由;剥夺言论自由或出版自由;剥夺人民和平集会和向政府请愿申冤的权利。这项宪法修正案被认为是美国文化产业政策的出发点,它确立了美国文化产业政策的基本原则,即保障文化产业的自由发展。[②]

二 美国文化产业法律制度

美国的文化产业法律制度可以分为对内与对外两个方面。

(一)对内文化产业制度

美国并没有赋予文化产业在经济领域中的特殊地位,政府认为文化

[①] 1965年,美国通过了《国家艺术及人文事业基金法》。依据此法,美国创立了致力于艺术与人文事业发展的机构——国家艺术基金会与国家人文基金会。
[②] 张慧娟:《美国文化产业政策的形成与发展》,《科学社会主义》2012年第6期。

产品与一般产品没有什么性质上的区别,文化产业并不需要特别的规划与保护。政府所做的是为个人和企业的文化创造提供一个宽松的环境,为文化产业经济活动营造一个公平合理、充分竞争的舞台。① 因此,在制度设计上采取放松管制的方式,让国内文化产业自由竞争,以促进多元文化的发展。

1. 通过反垄断立法促使文化产业市场充分竞争

垄断影响市场平等竞争,美国通过《反垄断法》对垄断行为给予严格约束,《反垄断法》同样适用于防止文化产业某一领域的市场份额过分集中在一些大型企业中。文化市场一旦出现垄断,就会阻碍充分竞争,从而导致文化产业失去创新动力,最终影响文化产业的发展壮大。

需要注意的是,随着海外文化市场的扩大和美国向全世界推行价值观的需要,从20世纪末期开始,美国对于文化产业的垄断约束开始放松,当然这种放松并非放弃反垄断。以美国《联邦电信法》(*Telecommnunication Act of* 1996)的出台为例,克林顿政府在1996年出台的这部法律赋予电话公司在其营业区域内经营有线电视、销售视频节目的权利,同时放松了文化企业合并的限制。其目的是让美国一些文化企业壮大起来,以适应和增强国际文化产业市场的竞争。

2. 通过税收减免促进文化产业的发展

作为文化产业强国,美国文化产业的规模、水准以及对于经济发展的贡献都与税收法律相关。美国《联邦税法》采取以下措施保障文化产业的发展:一是对非营利文化机构予以免税;② 二是规定个人和企业对于政府指定的文化企业捐款减免税收,美国文化捐助中90%的数额来自个人。

此外美国各州对一些特定文化产业部门设置较低的税率,比如,对

---

① 张慧娟:《美国文化产业政策及其对中国文化建设的启示》,博士学位论文,中共中央党校,2012年。
② 美国的文化机构从经营目的上分为营利性和非营利性两种。营利性机构经营的目的是给老板或股东赚取更多的钱,非营利性机构除了支付雇员工资以及运营所必需的其他费用之外,其收入、财产和经营所得利润不得为个人所有。文化艺术团体可以自愿根据本身的情况选择登记注册的类型。如果注册为营利性质的机构,与一般的商业企业一样,它是需要纳税的。如果注册为一个非营利性机构,则是免税的,而且可以得到政府和社会的资金支持。从事高雅艺术、民族艺术和文化遗产保护领域的文化机构大多属于非营利性机构。

电影、音乐和数字媒体及相关文化产业很多州都出台了减免企业所得税的优惠政策。美国《个人所得税法》对于从事文化产业的人员给予税收优惠,如作家的应纳税所得额可以扣除最高达到 60% 的各种写作费用。

3. 建立严格的版权制度保护文化产业的收益

《版权法》是美国文化产业方面的重要立法,版权产业一般指使用智力作品并依靠版权保护进行经营和持续发展的产业,它涵盖了本书所定义的美国文化产业的大部分行业。[①]美国第一部《版权法》颁布于 1790 年;1976 年,美国对《版权法》进行大幅度的修改,具有了美国现有版权法的基本框架。《版权法》自 1976 年实施以来至今一共修订了几十次。

总体上来说,美国版权法律保护从实用主义出发,强调国家利益,以促进本土文化和经济为中心,因此长期实施单边主义保护措施。而欧洲基于自然法思想强调版权的个人属性,以作者为保护核心,强调无国界的平等保护。随着美国版权出口的增加,美国开始转变单边策略,积极加入《伯尔尼公约》,但是欧洲各国仍然在诟病美国只注重严格保护本国版权而对他国版权漫不经心的行为。

美国在文化产业方面的其他法律有《国家艺术及人文事业基金法》《无线电法》《通信法》《图书馆服务和技术法》《国家艺术及人文事业基金法》《国际广播法》《博物馆图书馆事业法》《联邦电信法》《数字千年版权法》等,当然《合同法》等关乎市场经济交易的法律也是文化产业的重要法律。

(二) 对外文化产业制度

美国认为文化是国家的"软实力",与军事、经济等同等重要。美国为了保持自己世界领导的地位,对外实行文化扩张,通过文化产业输出美国的价值观念、生活方式。在美国国家利益委员会[②]发布的《美国国家利益》报告中,美国将国家利益分为四个等级:致命利益(vital

---

① 张慧娟:《美国文化产业政策及其对中国文化建设的启示》,博士学位论文,中共中央党校,2012 年。

② 该机构由美国三家著名的智库——贝尔福科学与国际事务中心、尼克松中心和兰德公司共同发起,于 1992 年成立。该机构分别于 1996 年、2000 年发表了《美国国家利益》。

national interests)、极端重要利益(extremely important interests)、重要利益(just important interests)和次要利益(less important or secondary interests)。在这四个等级的国家利益里,除了"致命利益"包括防止核武器、生物武器扩散等之外,都有文化方面的内容。[①] 可见美国关于文化对于国家重要性的认识。西方发达国家正是通过文化贸易全球化、资本支持国际化和商业运作跨国化,实现文化传媒的"传播培育"功能,将核心价值观和文化产品进行有机融合和高效传播,让普通民众在消费文化的同时,浑然不觉地被其核心价值观影响。[②] 可以说,美国文化产业从根本上追求的是"经济利益至上的全球渗透性霸权"。[③]

1. 开拓文化产业国际市场

美国的文化产业肩负有向世界推销美国核心价值观的目的,围绕着国家利益的更替,美国对于文化产业的国际贸易策略也多有变化。比如,美国曾倡导"文化例外"原则,在1950年的《佛罗伦萨协议》中,美国还在强调各国不进口那些"可能对本国文化产业发展构成损害"的文化商品的合理性。[④] 但是当美国的文化产品开始席卷全球的时候,美国开始站在了"文化例外"的对立面,反对各国对于外国文化产品的保护壁垒以及对本国文化产业的经济扶持。这种表面上的世界贸易平等竞争实质上是美国对于其国家利益的坚决维护。

在美国的积极推动下,《与贸易有关的知识产权协议》《世界知识产权组织版权条约》以及《世界知识产权组织表演和唱片条约》等知识产权保护国际规则得以建立,以消除国家文化壁垒。美国在国际贸易中屡屡动用"301条款"[⑤] 督促他国保护知识产权,以实现其文化产业经济利益。美国在与中国进行"入世"的谈判中,要求中国进一步开放文化市场,允许视听服务业外资企业的设立,让其从事视听产品的制

[①] 极端重要利益第六项:促进西半球的民主、繁荣与稳定;重要利益第八项:保持国际信息传播领域中的优势,保证美国价值观对外国文化的持续影响;次要利益第二项:促进世界民主发展。参见刘志云《国家利益的层次界定与国际法的关系——以〈美国国家利益报告〉为分析蓝本》,《晋阳学刊》2014年第6期。
[②] 周凯:《西方国家如何通过文化产业传播核心价值观》,《红旗文稿》2016年第1期。
[③] 谢传仓:《美国文化产业的价值取向》,《现代哲学》2014年第5期。
[④] 李怀亮:《当代国际文化贸易与文化竞争》,广东人民出版社2005年版,第54页。
[⑤] "301条款"是美国《1974年贸易法》第301条的俗称,是美国贸易法中有关外国立法或行政上违反协定、损害美国利益的行为而采取单边行动的立法授权条款。

作和发行。① 近年来，美国文化产业鼓励境外的投资，体现了美国文化产业经营的跨国化。②

2. 采取单边策略，维持文化霸权

美国在知识产权保护、文化产业规制上一贯采取单边政策，对于本国文化产品和他国文化产品区别对待，采取两种完全不同的规则。近年来，美国的单边策略在世界各国批评的压力下有所变化，但是并没有得到根本性的改变。美国文化产业法律与政策依然坚定地服务于国家利益。

2005年，联合国教科文组织缔结了《保护和促进文化表现形式多样性公约》。③ 该公约可以被理解为经济全球化趋势的一种逆向结果，引起世界各国的热烈回应。许多国家制定政策保护各自的文化，以避免经济全球化带来的文化同质化风险，保留民族特色文化。美国虽然反对该公约，但是在保护自己民族文化产业的时候仍然不遗余力地出台了多项政策法规，以维持自己在世界文化市场上的霸权地位。

总体上来说，美国文化产业法律制度特色如下。

第一个特色是美国政府"无为而治"的理念，对于文化产业上采取不干预主义，更不会去"办文化"，政府不设立专门文化管理部门。美国政府虽然奉行自由市场原则，但意识到完全保护民族传统文化遗产，还要在市场失灵的领域里加强立法和法治，指导行业发展中共同道德方面的问题，发挥宏观调控管理的作用。美国目前已形成比较完善的文化产业融资体制。

第二个特色是美国政府通过法律法规和政策杠杆鼓励各州、各企业以及社会对文化艺术进行支持。联邦政府主要通过政策杠杆鼓励各州、各企业以及社会对文化艺术进行支持，美国文化艺术类社会资助数额远高于政府资助。当然，尽管联邦政府和各州各地方机构提供的赞助资金只占很小份额，但是政府赞助往往会产生一系列的连锁效应。

第三个特色是构建严密的知识产权保护法律体系，激励知识产权创

---

① 张胜冰等：《世界文化产业概要》，云南大学出版社2006年版，第48页。
② 孙有中等编：《美国文化产业》，外语教学与研究出版社2007年版，第256—262页。
③ 该公约于2005年10月20日第33届联合国教科文组织大会高票通过。我国于2006年12月29日由第十届全国人民代表大会常务委员会第25次会议批准。

新与输出，实现美国价值观的全球化传播。为巩固美国在国际战略格局中的国家地位，美国文化产业借助贸易自由化潮流发展壮大，美国文化产业已经取得了向全球输出的主导权，且正在形成资本、技术、信息等要素的文化产业准则。

第二节　英国文化产业法律制度

欧洲各国在民族文化产业发展模式上兼顾政府推动与市场作用，采取了多样的发展模式。在法律保障模式上一方面采取本国文化保护主义政策，抵御美国及他国文化的入侵；另一方面对内采取自由主义政策，利用市场的竞争和政府的推力壮大本国特色文化产业。

英国是仅次于美国的世界第二大文化产品生产国。英国文化产业的亮点是创意产业，这个名词甚至可以代替文化产业的提法。[1] 英国将文化产业解读为："将创意用于到生产与工业开发之上，从而产生文化附加值的经济效益的产业，又称创意产业。"[2]

英国积极实施"创意英国"战略，对历史文物的保护非常重视，使英国变成了一个旅游资源富有之国。[3] 在民族文化产业运作方面，英国政府只负责调控和统一划拨经费，由不属于官方的第三方部门来行使管理职责。这些部门由中立的专家组成，为政府提供建议和意见，负责文化经费的划拨，并对相关行业进行监管。第三方部门可以进行经济活

---

[1] 也有学者认为英国文化产业的范围更加广泛，而创意产业仅指通过知识产权开发和运用的部分。参见毕佳、龙志超编《英国文化产业》，外语教学与研究出版社2007年版，第1页。

[2] 创意产业在英国已成为与金融服务业相媲美的支柱性产业。2006年公布的《英国创意产业比较分析》，将创意产业分类为三个产业集群：生产性行业、服务性行业、艺术工艺行业。英国创意产业具体包括：出版、电视和广播、电影和录像、电子游戏、时尚设计、软件和计算机服务、设计、音乐、广告、建筑设计、表演艺术、艺术和古玩、工艺13个子行业，是英国经济中增长速度最快的一个产业。参见毕佳、龙志超编《英国文化产业》，外语教学与研究出版社2007年版，第1页。

[3] 英国是全球最早提出"创意产业"概念，也是世界上第一个政府出台政策推动创意产业发展的国家。1997年布莱尔上台后，创立英国文化、媒体和体育部（DCMS），内设创意产业工作组（Creative Industries Task Force），大力推进创意产业。参见杨会军《英国创意产业已成为新兴支柱产业》，中华人民共和国驻大不列颠及北爱尔兰联合王国大使馆经济商务参赞处网站（http：//gb.mofcom.gov.cn/article/i/201104/20110407499008.shtml）。

动,但要自负盈亏、自主经营。

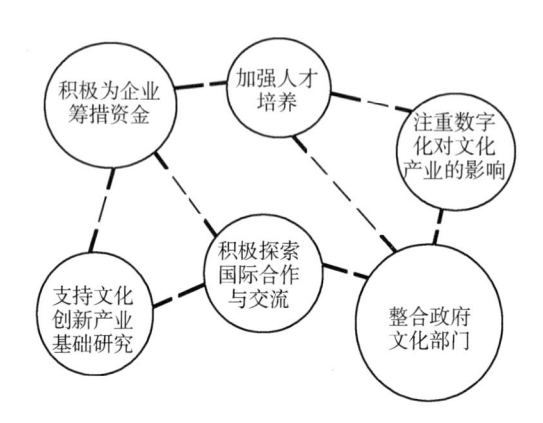

图 5-1 英国创意产业的运作模式

一 创意产业管理体制

1997年,英国政府创建了第一个包括财政部、外交部、贸易与工业部、教育与就业部以及英国文化委员会负责人的"创意产业工作组",由首相布莱尔亲任主席。综合各部门职能,为创意产业的发展打开新的局面。

英国对文化产业管理实行"三级管理模式"。中央一级统管全国文化事业的政府主管部门是文化、媒体和体育部,负责文化政策的制定和经费的划拨。中间管理机构是"准政府"性质的各类艺术委员会,负责执行文化政策和具体分配文化经费。[①] 基层管理机构是基层地方政府及地方艺术董事会、各行业的组织,比如电影协会、广播标准理事会、体育理事会等。

需要说明的是,这三个机构并无垂直领导关系,须保持各自的相对独立。但是由于执行统一的文化政策以及经费的逐级分配而相互紧密联系。国家的文化拨款方式转变为间接管理,通过纵向垂直的中央与地方分权和水平横向的各级政府与文化专门机构的分权找到政府与市场间微妙的平衡。

---

① 刘咏梅、饶世权、习洁:《英国政府发展创意产业的主要措施及经验启示》,《天府新论》2014年第3期。

二 "臂距原则"管理模式

"臂距原则"（Arm's length）是英国文化产业管理的基本原则。它的基本含义有两个层次：第一个层次是政府与文化产业主体保持一定距离，不直接管理文化机构和文化企业；第二个层次是发挥政府与文化企业之间的中介机构的作用，政府无论是制定文化政策还是对文化机构或者企业的拨款、监督和评估，都接受中介机构的建议和咨询。臂距原则在本质上是采取分权思路发展国家特色文化产业。从纵向看，中央政府拥有文化政策制定与实施和部分拨款，并要求各级地方政府行使相应职责的权力；从横向上看，各级政府通过"准政府"性质的中介机构，由其负责把政府的部分文化拨款落实到具体文化单位。这些中介机构有着自身独立的法律地位，与政府之间并没有隶属关系，虽然接受政府的委托，但是独立履行其职能。

"臂距原则"的优势在于以下三方面。

第一，符合市场经济条件和文化产业发展的内在规律，为市场运作留下了充分空间。政府信任市场，用市场决定资源配置；不过分参与，避免用权力代替市场，以免导致文化产业发育不良，缺乏竞争力。

第二，使政府能够在国家特色文化产业的发展中起到引导作用。文化产品具有外部性，这个特征使得政府有必要介入文化产品生产，以避免在自由竞争中产品供给不足，并起到对文化导向的监督作用。但"臂距原则"使得这种作用的发挥是有限度、讲究方式的。政府的职能定位于文化公共政策的制定以及财政支持，而不会陷于细节，同时降低了行政成本。

第三，在"臂距"管理模式下，特色文化产业中介机构与政府职能充分融合，各司其职，为创意产业发展提供了一个较好的产业环境。文化相关中介机构则填补了政府与市场功能的空白，承担了文化市场的微观管理职能，发挥了其沟通政府和企业的桥梁和纽带作用。主要作用体现在：一是为文化主体提供一个运行与发展的平台；二是非政府文化组织作为自律性行业管理组织，可以对立法和政府决策提出相关建议，监督成员单位依法经营，使得特色文化产业更加有序发展；三是非政府组织可以为文化发展提供多渠道的资金来源；四是非政府文化组织的存在可以形成一种制约政府的力量,防止文化管理中的官僚主义。①

三 英国文化产业法律制度

英国是判例法国家,对于文化产业的法律保护散见于各种判例之中。但是英国近年来也非常重视成文法的制定,通过了很多关于文化产业的制定法,同时英国也是第一个利用公共政策推动文化创意产业发展的国家。

以英国影视业为例,其法律保护主要体现在两个方面。一是电视配额的法律。根据英国的《广播法案》,要求保证在合适的地点和通过适当的手段,凡在管辖区内的广播公司都必须给欧盟作品保留一段重要的黄金时段。英国面向全球和公共服务的广播公司必须依法执行项目内容配额。二是关于电影及其赞助的法律,电影制品可以得到公共资金或其他可以帮助电影产业进行准备活动的资金。1985年《电影法案》规定,购买英国电影的英国购买者可以根据购买价格获得税收减免。② 西方国家在严格税收征管原则下,对经济领域和文化领域采取不同税率标准,通过税收杠杆促进文化产业的发展。英国对书籍报刊实行零增值税,如果英国公司向其他征收增值税的国家进口图书,所支付的税金可向有关部门索回。

英国政府出台了一系列相关的法律法规。20世纪50年代英国就颁布了鼓励创新的《设计法》。1990年英国文化委员会接受政府委托,在1992年形成"国家文化艺术发展战略"讨论稿,以"创造性未来"为题确立了正式发展方向及各项政策原则和具体措施。在1993年将"创造性"概念引入文化内容文件,1998年出台了《英国创意产业路径文件》。此外还有多部文化产业立法。③

相关法律法规的完善为英国创意产业的发展提供了一个良好的市场

---

① 曹峰旗、贾小鹏、张国昌:《英国"臂距"文化管理模式与启示》,《商场现代化》2007年第33期。
② 刘悦笛:《"英国文化创意十年"对文化产业的启示》,《现代传播》2008年第4期。
③ 主要有1990年的《计算机滥用法》和1994年的《计算机信息系统安全管理法典》,完善了计算机领域的版权保护制度;1996年颁布了新的《广播电视法》《著作权法》《电影法》,在旧法的基础上完善了相关领域的版权保护制度,加大了保护力度;1998年颁布了《国家彩票法案》,该法提出成立国家科学、技术和艺术委员会,以资助和促进这些领域的人才、革新与创造,重点资助创意。参见毕佳、龙志超编《英国文化产业》,外语教学与研究出版社2007年版,第26页。

环境和公平的竞争格局。英国致力于制定完善的文化法规和稳定的特色文化产业促进政策，以主管创意产业的英国文化、媒体和体育部为核心。政府政策方面，主要致力于对文化创意企业减免税、知识产权保护。政府与有资源和特长的民间组织机构一起建立提供产业咨询、战略规划、市场支持、融资与贷款、知识产权咨询和风险投资来源咨询等服务，指导创业者从金融机构、基金和政府部门那里获得投资。[①]

英国在学习美国企业赞助文化产业机制的基础上，采取了政府配套方式鼓励企业赞助，更有效地调动了企业赞助的积极性。英国文化产业的资金主要来源有二：一是公共资金，二是私人投资。公共资金主要是影视协会、艺术协会和高校孵化基金；此外还有贸工部在地区发展局下设立的创意产业特殊基金。英国的创意产业还可以申请欧盟的企业发展基金融资。政府配套资助是英国特有的文化创意产业融资模式，如果企业决定投资某一文化创意产业，政府将配套资助。特别鼓励"新投入"，即当企业第一次资助时与政府投入比例为 1∶2。英国政府拓宽文化经费筹措的渠道，以法规的形式将国家彩票的部分收入投资文化设施的建设，支持优秀艺术门类的发展和人才的培养。[②]

总而言之，英国的特色文化产业非常注重因地制宜。英国区域特色文化产业非均衡发展的状况比较大，英国在制定文化创意产业发展战略时充分考虑了这种地区差异，合理发挥地区独特的历史底蕴与自然文化资源，打造当地文化创意特色。并且，英国政府提供多元化融资渠道，如政府拨款、准政府组织资助、基金会资助等，建立起政府、银行、行业基金与创意产业之间紧密联系的融资网络，为其奠定了资金基础。

第三节 法国文化产业法律制度

法国拥有璀璨的文化资源，发展文化产业得天独厚。据相关研究，法

[①] 伦敦政府的做法是：政府直接参与创意项目的投资，并以基金方式引导私人资金投入。伦敦每年投入创意项目的资金平均可达 11 亿英镑，其中多数来自政府的资金。

[②] 英国还采取了"国家彩票基金"的方式，即以法规的形式规定将国家彩票的部分收入投资于文化设施建设和人才的培养。英国彩票一年收入就可为文化创意产业筹集到赞助费 6 亿多英镑，极大地弥补了政府投资的不足。

国文化产业的国际综合竞争力指数为66.47，仅次于美国（71.44）。[①] 法国人具有极强的民族自豪感，对自己民族的文化情有独钟，法国政府适应这一民族个性，不遗余力地保护和推广本国文化，十分重视文化产业的公共性和特殊性。因此在文化产业的发展模式上，法国是典型的国家主导模式，[②] 这和前述的美国和英国有很大的区别。

一 文化产业国家主导模式

法国崇尚浪漫主义，注重传统的、精英化的"文化"，对于美国式的完全基于市场需求的"娱乐化文化产业"并不认同，极力维护传统是法国文化产业发展的鲜明的特色。[③] 法国每年投入巨额财政预算用于保护文化发展，不仅用于公共文化事业领域，还扩大到了文化产业领域。

与美国崇尚特色文化产业通过市场发展的理念不同，法国政府认为，在全球化的文化市场中，如果没有政府的有效扶持和干预，一些国家的特色文化产业将受到很大冲击，其本土文化元素将会被其他外来民族文化元素替代。法国政府有责任组织力量应对这一文化侵略。法国政府在文化发展问题上并不信任市场机制。在这一理念下，国家制定各种政策，以政府行政力量大力扶持本国文化事业与特色文化产业。企业在发展特色文化产业中的作用也越来越显著，积极参与一系列大型古文物的修复和重大国际性文化交流活动。除了政府和企业外，法国的各类专业协会也积极参与特色文化产业发展，如音乐协会、话剧协会、舞蹈协会等，各类协会在号召和组织志愿者的过程中发挥了不可忽视的作用。[④]

法国保守党在20世纪80年代执政后，对于政府的"过度扶持"政策进行了矫正，由政府控制的电视台等文化机构也逐步向市场开放。但

---

① 蓝庆新、郑学党：《中国文化产业国际竞争力评价及策略研究——基于2010年横截面数据的分析》，《财经问题研究》2012年第3期。
② 方雪梅：《法国文化产业的发展模式及其启示》，《湖南科技大学学报》（社会科学版）2015年第1期。
③ 谢传仓、李正园：《传统而内敛：法国文化产业的价值取向》，《贵州社会科学》2016年第11期。
④ 李宁：《"自由市场"还是"文化例外"——美国与法—加文化产业政策比较及其对中国的启示》，《世界经济与政治论坛》2006年第5期。

总的来说，法国政府对于文化还是以政府主导的保护为主，认为文化产业关涉国民素质、民族传统和凝聚力、国家形象与国家安全等。法国政府出台了系统的文化政策和法律，每年政府支出庞大的费用用于电影、音乐等文化产业领域的发展。①

1946年国家电影中心建立，电影和戏剧这两个领域正式被国家管理。从1959年马尔罗创建文化事务部，法国政府管理文化的范围已经包括各种文化领域。20世纪80年代以前，法国中央政府是文化事业和特色文化产业的最主要投资者，是跨部门的促进机构和协调机构。法国在文化发展方面不太注重市场的作用，主要依靠国家扶持。《法国文化政策》强调文化与法国"国家形象"密切相关，并确定在国内加强政府对文化发展的扶持力度，在国外则由法国外交部和其他涉外机构推进文化交流。

国家主导的模式并不排斥文化的自由发展，法国秉承西方的一贯理念，强调软实力依赖于文化繁荣，文化繁荣的前提是文化自由。文化自由则源于法国人民的意志自由和创作自由。法国文化事业百年来蓬勃发展的一个根本原因就是历届法国政府坚持通过法律等手段来保证文学家、演员、艺术家等文化主体的权益。

法国历届政府都设有文化部，专门负责国内文化发展及对外文化活动，担负着"通过文化扩张"复兴法国的使命。另外，外交部中专设负责文化外交职能的国际合作与发展总司，有着庞大的人员和资金额度，占外交部总人员和总预算的1/3以上，该机构成为法国外交部内最为重要的部门之一。

二 "文化例外"原则

文化安全是全球化趋势下法国应对文化发展挑战的又一理念。各国文化都受到其他国家文化的冲击。法国意识到必须采取措施让法国文化中立的战略问题。②

---

① 侯聿瑶：《法国文化产业》，外语教学与研究出版社2007年版，第32—35页。
② 王海冬：《法国的文化政策及对中国的历史启示》，《上海财经大学学报》2011年第5期。

"文化例外"最早由法国提出，目的是对抗美国的"文化霸权"。第二次世界大战后法国文化受到美国文化的很大冲击。法国作为拥有传统文化的欧洲国家，其文化的各个方面，就连号称"最可靠的碉堡"的法国电影市场，都受到美国文化的冲击。在关税与贸易总协定谈判过程中，法国非常注重保持国家和民族文化的独立性，坚决反对把文化列入一般性服务贸易。在谈判中，美国指责欧洲国家政府对本国文化产品的补贴过多。法国认为，文化产品有其特殊性，不能与其他商品等同，在贸易谈判中采取了毫不妥协的立场。[①] 1993 年 10 月，四十多个法语国家领导人通过一项决议，主张文化产品是精神产品，不能等同于其他工业产品和服务。

2001 年联合国教科文组织大会上通过了《世界文化多样性宣言》，是法国文化例外理念的胜利。"文化多样性"是"文化例外"的延伸和扩展，其本质也是戴高乐主义在文化产业发展中的应用。[②] 此后，"尊重差异、包容多样"的原则成为各国维护国家文化主权的思想依据。总体而言，"文化例外"和"文化多样性"成为法国维护文化自由和文化安全的重要依据。

就目前而言，大多数国家采取各种措施保护与促进本国文化产业发展，在国际文化贸易方面强调"文化多样化"，对国外文化产品和投资设置程度不同的障碍，以保护本民族的文化独立和经济利益。[③]

法国的"文化例外"原则将文化与一般商品生产区别开来，在一定程度上阻止了文化的低俗化，对于本国民族文化产业的发展起到了一定的保护作用，但与此同时也带来了文化发展缺乏活力等问题，在文化领域的巨额政府支出也令法国政府很头疼。

[①] 1993 年关贸总协定乌拉圭谈判局中，时任法国总统密特朗（1981—1995 年在任）谈道：精神产品的创作于一般商品，文化的构成不同于纯粹的商业。如果我们所有民族放弃了描绘自己方式，社会将很快坠入受奴役的困境之中。参见侯秉强《法国文化产业》，外语教学与研究出版社 2007 年版，第 45 页。

[②] 戴高乐主义就其本质而言可称为法兰西民族主义，它包括三方面思想：民族主义思想、集权主义思想和独立自主思想。戴高乐主义以谋求法国在国际政治中的独立自主和世界大国地位为政治目标。

[③] 杨炼：《文化产业立法的国际借鉴及启示》，《重庆社会科学》2012 年第 5 期。

三 法国文化产业法律制度

(一) 文化遗产的特殊保护

法国官方文件的表述中很少出现"文化产业"一词，但在法国，对于"文化遗产"的保护被放在法国文化政策的首位。法国是世界文化遗产大国，法国文化遗产是法国特色文化产业的核心竞争力。[①]

法国将"文化遗产"保护放在文化立法的首位，将文化遗产的保护上升到国家战略层次，认为文化遗产关系到国民素质和国家文化安全。文化产业是与其他产业有着巨大区别的特殊领域，需要采取保护政策。法国政府采取了一系列措施增强法国文化的竞争力。法国通过立法保护历史文化遗产，捍卫法语的固有地位；同时为了防止法兰西民族文化被边缘化，法国采取坚决措施限制外来文化产品充斥本国市场。《保护历史古迹法》《历史文物建筑自然景区保护法》《景观保护法》《修复历史遗迹法》《建筑法》《考古发掘法》《历史街区保护法》等立法，为法国文化遗产保护提供法律支持。

法国政府将大量资金投放到历史文化遗产保护中，期望厚重的文化遗产带动旅游业发展，增加就业机会，拉动经济增长。法国政府每年投入900万欧元实施修复教堂的"教堂计划"。巴黎重视那些具有特殊历史意义的名胜，2001—2007年，巴黎市政府共投入8700万欧元修复历史建筑，以保护这些建筑的原貌，并使其在快速发展的城市中发挥作用。这些修缮工程的资金来源于国家的部分在逐年减少，尽量用地方财政资金来完成，而该类工程也给地方带来好处，带动了就业和相关艺术产业。[②]

[①] 法国自1975年6月27日加入《保护世界文化与自然遗产公约》以来，截至2017年，《世界遗产名录》中法国的世界遗产共有43项（包括自然遗产3项、文化遗产39项、文化和自然混合遗产1项），在数量上居世界第四位，次于意大利（53项）、中国（52项）和西班牙（46项）。巴黎是联合国教科文组织所在地，所以一共承担过9次世界遗产大会，是举办次数最多的国家。

[②] 巴黎市政府将每年九月的第三个周末定为"文化遗产日"，为避免文化设施、文化活动和文艺团体过分集中在巴黎地区，近年来法国政府开始实施文化分散政策。十年中，政府2/3的文化投资用于巴黎外省，重要文化设施大部分建在外省，平衡巴黎与外省的特色文化产业。法国所有名胜古迹和博物馆等在"文化遗产日"都免费向公众开放。

（二）税收资助制度

法国通过税收杠杆积极促进文化产业的发展，通过税收调节文化产业重心。在法国，所有的经济企业都要缴 18.6% 的增值税，而文化企业仅缴 7% 的增值税。

1. 电影税收资助制度

为了振兴法国电影，1948 年法国开始实施电影税后资助制度，此项制度后来多有变化，现在所采取的方式是依据 1959 年《电影资助法》的规定，将每张电影票强制征收的 10.72% 的税收直接纳入由国家电影中心（CNC）监管的电影产业资助账号中，作为促进电影产业发展的基金。

20 世纪 80 年代电视行业发展迅速，法国从 1984 年开始对所有的电视台征收营业额 5.5% 的税收，用于对电影的资助。20 世纪 90 年代录像带和 DVD 兴起，21 世纪网络付费点播发展迅速，法国政府分别于 1993 年、2004 年颁布法令，征收营业额 2% 的税款用于电影产业的发展。

强有力的资金支持使得法国电影产业保持较强的创造力和竞争力，在促进文化产业收益和抵制他国文化的影响，以及向世界推广法国文化中都起到了重要的作用。[①]

2. 税收杠杆作用

法国电视台实行私有化之后，私人电视台大量引进美国大片，获取了不菲的广告收入，于是法国政府就开征电视广告税，每年征收额达 5.5 亿欧元，这笔税金由文化部的国家电影与动画中心发展法国动漫影视。20 世纪 80 年代，随着数码与复印业的兴起，法国开征复印税，每年的征收额达 3500 万欧元，这笔税金用来支持出版业。房地产开发商要为文物勘探缴纳一种特别税，税金由专门机构管理，用于房地产开发之前必需的地下文物勘探，此项税收每年达 6500 万欧元。对图书出版行业则降低税收，法国的增值税为 19.6%，而图书出版企业只按 5.5% 的税率纳税，报纸杂志的税率更低，只有 2.1%。通过降低税率给予图书出版支持，而大量税收又被投入各项文化产品，形成良性循环。

[①] 根据法国国家电影中心的统计数据，2014 年法国电影市场共吸引观众近 2.1 亿人次，比上一年度增长 7.7%，法国本土影片共吸引观众 9162 万人次，在法国电影市场中所占份额达到 44%，为近 30 年来的最高水平。

对外国公司征税,曲线提高本国文化产业公司的竞争。密特朗提交了一份长达 69 页的调查报告,报告共有 22 条内容,其中提出对谷歌、雅虎和美国在线等互联网企业征收广告收入税,用于扶持法国创意产业,保护艺术家及媒体的知识产权。

(三) 通过"文化民主化"保护民族文化产业

法国政府非常重视发展民众文化,认为文化同教育一样,是每个公民所应享有的基本权利。法国把文化普及称为"文化民主化",通过"文化民主化"促进和发展民族文化产业。

"文化民主化"首先体现在票价免费上,如博物馆每个月第一个周日免费向公众开放;巴黎歌剧院每个月免费公演一场音乐会等。其次,这个"文化民主化"还体现在艺术教育上,法国 18 岁以下青少年可以免费参观由国家管理的博物馆;法国文化部还与教育部合作,发展中学校园内的电影教育。再次,"文化民主化"还体现在分布于法国各地的文化设施上。最后,支持相对专业的人士从事文化艺术的普及宣传工作,帮助公民欣赏高雅艺术的"文化协调员"制度。一方面提升了公民的文化素质,另一方面间接地培育了文化市场。①

为保护和扶持民族文化产业的发展,法国国民议会 1975 年颁布了《巴—洛里奥尔法案》,这项法律禁止法国的工程合同、广播电视(外语节目除外)中使用外来词汇,遇到外来词必须用法语代替,违反者将追究法律责任。1992 年 6 月,法国修改《宪法》,在第二条加注了"共和国的语言是法语"的条款。1994 年 8 月颁布了《法语使用法》(又名"杜蓬法"),② 该法规定,在公告、广告出版的出版物中必须有法语的概述,在法国境内举行的各种研讨会,法国人必须使用本国语言做大会发言等,违反此法令个人将被罚款 5000 法郎,法人则罚款 2.5 万法郎,处罚力度可谓不小。③

---

① 例如,蓬皮杜国家文化艺术中心对外国旅游者均收门票,但对法国人不收。
② 此法的积极推动是巴拉迪尔的文化部长雅克·杜蓬(Jacques Tou-bon),他说服国民大会修改了《巴—洛里奥尔法案》,通过对法语保护更加严格的《法语使用法》。
③ 立法生效后执行很严格。迪士尼乐园在法国落成时,法国政府就要求它把景点名称译成法语。法国于 1997 年 11 月在越南首都河内举行峰会,通过了《法语国家宪章》,在政治上确定了法语国家共同体的存在。每年 3 月 20 日还被定为世界法语日。参见谢传仓、李正园《传统而内敛:法国文化产业的价值取向》,《贵州社会科学》2016 年第 11 期。

第四节 日本文化产业法律制度

日本是今天世界上文化产业第二大国，文化产业也是日本的支柱性产业，在其国民生产总值中占相当高的比例。日本文化产业的发展离不开法律的规制和对民族特色文化产业的保护。20世纪末期，日本经济经历了长期的低迷期，泡沫经济破灭。日本政府为促进全球化时代的经济发展，大力发展文化产业。1995年，日本提出《新文化立国：关于振兴文化的几个重要策略》，确立了其在21世纪文化立国的战略方针。2001年日本临时国会通过《振兴文化艺术基本法》，通过立法显示出"文化立国"的理念。[①]

一 文化产业管理模式

日本的文化产业管理模式类似于法国的"政府主导型"，在主要依靠市场机制的前提下，日本十分重视政府对于文化产业的促进作用，制定了一系列法律和鼓励政策，形成了文化产业发展的"产、官、学"模式，充分挖掘了日本文化产业的发展潜力。[②]

文化产业政府主管部门主要有文部科学省和经济产业省，后者从经济的角度管理文化产业，负责政策制定及组织调研课题，研究文化消费和市场规模。文部科学省主管文化事务的下属部门是文化厅，致力于从文化角度管理文化产业，以及促进国际文化交流。2000年以后，文部科学省也开始研究文化产业的发展情况，建立了文化产业年度统计制度。[③]

日本政府非常重视对海外市场的拓展，通过建立海外市场来完善日本的特色文化产业体系。比如，日本经济产业省与文部科学省联手促成建立了民间的"内容产品海外流通促进机构"，完善特色文化产业的政策支持体系。

---

① 杨炼：《文化产业立法的国际借鉴及启示》，《重庆社会科学》2012年第5期。
② 参见张胜冰、徐向显、马树华《世界文化产业概要》，云南大学出版社2006年版，第115—116页。
③ 霍步刚：《国外文化产业发展比较研究》，博士学位论文，东北财经大学，2009年。

日本政府的文化产业主管部门每年都要举办各种文化主题的年度大型国际文化交流活动，以及众多的来自国外的艺术演出和美术及文物展览等。通过引进外资和国外先进技术，为本国文化产业注入活力。日本的许多大企业从事国际文化产业的投资并控股。强调文化艺术产品面向大众，特别对优秀的具有创造性的艺术门类提供经费，主要拨向与公众文化生活密切相关的重点文化单位。政府认为，艺术是启迪人的思维和创造力的教育，必须重视文化产业所能带来的巨大素质和创造力教育。

二 日本文化产业法律制度

一般认为，日本的文化产业立法模式是：以文化产业基础法加文化产业单行法的方式建构文化产业单行法体系。[①] 日本学者将文化产业法分为文化艺术振兴基本法、知识产权基本法、IT 基本法、内容促进法为基本的四大类。[②]

（一）立法体系

日本政府主管部门历来重视文化产业的立法支持。1970 年颁布的《著作权法》迄今已经修改 20 多次，作品和表演、唱片、广播电视等的权利及相关权益得到更充分的保护。2002 年还修订了《传统工艺品产业振兴管理法》、颁布了《知识财产基本法》，2004 年颁布了《关于促进创造、保护及应用特色文化产业的法律案》（《特色文化产业促进法》）。而在 1995 年颁布的《科学技术基本法》、1999 年颁布的《产业活力再造特别措施法》、2000 年颁布的《形成高度信息通信网络社会基本法》（简称《IT 基本法》或《信息技术基本法》）也和知识产权保护大有关系。同时，完善《特色文化产业振兴基本法》《关于电影及录像制品振兴法律》等，并修订了《影像振兴基本法》等法规。

除了直接与特色文化产业相关的法律，日本的《民商法》《教育基本法》也为文化产品提供了法律保护，为特色文化产业快速发展提供了法律依据和保证。日本非常重视法律法规的可操作性，一部新的法律颁布后，通常都要制定具体的配套措施。此外，在特色文化产业发展的一

---

① 饶世权：《日本文化产业的立法模式及其对我国的启示》，《新闻界》2016 年第 11 期。
② 转引自饶世权《日本文化产业的立法模式及其对我国的启示》，《新闻界》2016 年第 11 期。

些战略性问题上，除了通过法律法规进行约束外，日本政府还出台各种政策进行直接指导，认识日本的特色文化产业管理体制，不可忽略行政指导这一富有日本特色的管理方式。

(二) 文化产业融资制度

在日本，政府多依赖企业举办大型文化交流活动，公司的参与和资金赞助是经费主要来源。"文化艺术振兴基金"成立后获得很多日本企业资助。日本政府主导基金除了文化艺术振兴基金外，还吸收了日本民众和企业的资本。

日本政府积极推动知识产权证券化，为拥有知识产权的企业提供融资渠道，对未来能够产生现金流的无形资产包括专利权、商标权、著作权、电影电视版权等进行证券化。无形资产证券化为中小文化企业解决其融资难问题提供了一条有效途径。这种模式在日本政府引导下解决了企业融资难问题。在知识产权证券化过程中，由政府成立专门的知识产权管理公司运作管理。[1]

日本标准（Scalar）公司利用光学专利发行证券是比较典型的知识产权证券化。2003年4月，标准（Scalar）公司采用信托著作权方式融资。电影、电视、动漫等知识产权持有人也通过资产证券化的手段和途径进行社会融资活动。例如，新《信托法》颁布后，信托银行受托人将信托财产进一步划分为小单位以后，再转让给投资者，投资者可以从电影版权销售中获得相应的收益。在这种模式下，拥有知识产权的企业就可以通过电影版权证券化获得融资。

另外，企业资助是日本特色文化产业发展的另一个重要支持力量，主要方式为企业直接资助特色文化产业。日本企业非常重视资助文化活动的名誉增值。例如，在20世纪八九十年代，NEC公司举办了中日围棋擂台赛。该项赛事后来成为中国和日本的一项传统围棋赛事，促进了中日文化交流，宣传了NEC的品牌。NEC共资助举办了11届比赛，取得了良好的效果。

(三) 知识产权保护制度

日本十分重视与特色文化产业相适应的知识产权法律。1970年颁

---

[1] 庄严：《日本文化产业制度安排及其创新》，《经济纵横》2013年第11期。

布的《著作权中介业务法》明确规定，保护各类著作物作者的所有权利，维护作者的权利。《文化财产保护法》将非物质文化保护提高到国家法律规定的高度。《著作权管理法》于 2001 年开始实施。日本制定了十分完备的文化创意产业方面的法律法规《专利法》《IT 基本法》《知识产权基本法》《文化艺术振兴基本法》等。日本文化创意产业相关法律法规的可操作性一般都比较强，并且对相关法律制定更为具体的配套政策，比如与《文化艺术振兴基本法》相配套的就有《关于文化艺术振兴的基本方针》。2002 年，时任首相强调日本已进入从"工业社会"向"知识社会"转变时期，《知识产权战略大纲》将"知识产权立国"定为日本的国家战略。[1]

2002 年，日本国会通过了政府制定的《知识产权基本法》。这部法律的根本目的是集中而有计划地推进关于促进知识财产的创造、保护及活用的措施。2003 年 3 月，日本内阁设立知识财产战略本部。同年 7 月，知识财产战略本部按照《知识财产基本法》的要求制定了第一个日本知识财产推进计划。

2004 年，根据知识财产推进计划的要求，日本政府对《著作权法》《信托业法》和《关税定率法》等法律进行了修改。《著作权法》的主要修改之处是防止 CD 的海外回流和书籍、杂志的授予权等的处置；《信托业法》主要修改了以包含内容的知识财产为信托对象的部分；《关税定率法》的修改主要是为了明确进出口商信息等事项。2005 年日本成立了"知识产权上诉法院"，统一审理知识产权民事和行政上诉案件。

第五节　韩国文化产业法律制度

文化产业在韩国被称为文化内容产业（cultural contents industry）。1998 年的亚洲金融危机使韩国经济遭受巨大打击，韩国开始寻找新的经济增长模式。1999 年韩国提出"文化立国"的方略，制定了文化产业发展计划。短短几年间，"韩流"风靡世界，使韩国摆脱经济低迷，

---

[1] 唐永亮：《试论日本文化产业及其理论基础》，《东北亚学刊》2011 年第 4 期。

并创造了世界经济发展的奇迹。① 韩国在开发文化产品时，强调保留本土特色，提升产品在全球市场的接受度。韩国文化产业的成功还有一个重要的原因，就是对民族传统文化的坚守，这也是韩国文化产业特色和最能吸引眼球的奥秘之所在，这一点对中国文化产业的发展具有启发意义。

一 文化产业管理模式

韩国负责文化产业管理的政府部门主要是文化观光部，其前身是1990年成立的文化部。韩国1998年组建成立文化观光部，其内部设有1名副部长助理、2个室、6个局、5个馆、29个科、5名负责官、16个所属机关。文化观光部的工作目标是推动韩国文化的发展，其下属主要机构的具体职责如下：文化政策局负责制定博物馆业务的政策；艺术局负责支持文化艺术创作活动，维护国民的文化艺术享受权，开展和普及各种文化艺术活动，承办文化交流事务；文化产业局负责电影、影像、游戏、音乐、出版、动画片、广播产业等。②

2001年由文化产业振兴院、广播影像振兴院、电影振兴委员会、游戏产业开发院、国际广播交流财团五个部门组建成立了"文化产业支持机构协议会"，集中各方优势力量促进文化产业发展，加强文化进行协调与统筹管理。2002年7月，文化观光部对原来分散组织的活动统筹管理，有效地避免了业务重复，提高了文化产业工作效率。2007年9月，韩国新设文化产业本部及观光产业本部；2013年3月，为了活跃大众文化新设立大众文化产业科；2016年9月，为了提高视听觉残疾人的语言能力，在国立国语院专门增设了特殊语言振兴科。③ 机构的增设与合并都是为了更好地实现政府对于文化产业的扶持政策。

可以看出，与欧美不同，韩国将文化产业的振兴上升到基本国策，在管理模式选择上充分发挥政府的职能作用，强化对文化产业的管理。这种模式的好处是可以"立竿见影"，对于经济起到良好的促进作用，

---

① 任鹤淳：《韩国文化产业实况与发展政策》，《当代韩国》2004年第3期。
② 温景涛：《韩国文化产业发展研究》，硕士学位论文，吉林大学，2005年。
③ 资料来源：韩国文化观光部中文网站（http://www.mcst.go.kr/chinese/ministry/history/history3.jsp）。

但也存在过分"输液"造成后劲不足的现象,韩国近年来文化产业发展出现的疲态正印证了这一点。

需要特别说明的是,韩国文化产业发展的一个基本出发点就是挖掘本民族的文化特色,形成独特的文化风格,这一点非常值得我们学习。

二 韩国文化产业法律制度

(一) 国家文化产业专门立法

韩国非常重视文化产业方面的立法,1999年制定了世界上最早的《文化产业促进基本法》,奠定了韩国文化产业发展的基石。2002年8月制定了《出版与印刷振兴法》;为适应数字化信息时代文化产业发展的需要,近几年陆续对《影像振兴基本法》《著作权法》《电影振兴法》《演出法》《广播法》《唱片录像带及游戏制品法》等进行了部分或全面修订。法律体系的完善规范了文化产业市场的运行程序、克服了政府和企业的盲目性。[1]

(二) 支持文化产业的制度构建

1. 重点培育特色文化产业方面的制度

政府加大对文化产业的投入,建立资金预算支撑机制。为促进本国文化产业的发展,韩国政府不仅通过多种途径积极改善各种投融资渠道,筹措文化产业发展资金;加大对文化产业的预算经费,政府对文化产业的财政支持力度逐年加大,经费上确保文化产业的发展;并且韩国政府的资金支持向文化产业出口战略地区项目倾斜。[2]

韩国文化产业发展中的政府作用——政府导向型模式。韩国文化产业的政府导向型模式表现为政府对文化产业采取保护政策,进行巨额投资。由于资源和资金有限,韩国政府实行"选择与集中"的基本政策,集中力量支持重点产业和重要项目,扶持政策产生最大的整体实效;扮演宏观调控和服务的角色。文化产业政策制定的出发点在于推动、扶持、支援,是指令性的,对企业没有直接的约束力。韩国政府对知名游戏产业,综合支援,多方面支持:韩国政府支持组建游戏投资联盟;政

---

[1] 温景涛:《韩国文化产业发展研究》,硕士学位论文,吉林大学,2005年。
[2] 赵丽芳、柴葆青:《韩国文化产业爆炸式增长背后的产业振兴政策》,《新闻界》2006年第3期。

府为游戏企业提供长期的低息贷款；韩国有 8 家分别由政府各部门直辖的官方游戏行业协会，为韩国游戏企业提供各种协助和服务。由于政府的积极作为创造了文化产业发展的各种机会，文化产业在世界特别是在亚洲范围内迅速地兴盛起来。

2. 培养专业人才制度

政府重视文化产业专业人才，实行多层次的、健全的人才培养机制。政府对文化产业的大力支持使民间文化艺术家们能够参与文化艺术振兴基金的分配决策，韩国创意内容署还提出了 27 个具体的推进项目。2011 年 5 月韩国政府发布《内容产业振兴基本计划》，2015 年使内容产业居世界第 7 位，幸福指数从第 56 位提升至第 30 位。2013 年，韩国提出了未来国际化发展的五大核心产业战略，游戏产业排第一位，游戏产业的审核及相关内容管理脱离文化部的管辖独立出来。这使得运作模式获得更大活力。

第六节　对我国的启示

一　对民族特色文化产业促进模式的启示

世界各民族的文化产业是一种既有物质属性又有精神属性的产业，是一种既有意识形态属性又有一般商品属性的产业，是一种跨行业"渗透""蔓延""同化"的产业。文化产业呈现的上述特性，使其对传统促进模式不断地提出新的挑战。

1. 文化产业基本政策的三种模式

通过以上民族特色文化产业法治最为发达的几个国家进行分析可知，国家促进自己民族文化产业的模式大致可以分为三种：市场主导型、间接管理型和政府推动型。

美国是典型的市场主导型，文化产业以强大的国力、成熟的市场为依托，造成全球"美国化"的现象。政府只需要以"守夜人"的角色维护市场秩序即可。当然，在文化产业的对外拓展上，一旦遇到抵制，美国政府往往会以强硬的姿态出现。所以，市场主导型只是强势文化国家的一种选择。

以英国为代表的间接管理型，较偏向于利用市场经济的杠杆来促进文化产业的发展，对于市场的宽容没有美国那么自信；但通过准政府的方式，用资金分配进行协调，是一种比较"中庸"的态度。其文化产业理念与美国基本一致，甚至借势发展本国的文化产业。

政府推动型的国家比较多，法国、日本、韩国应该都是此类型。法国偏向于国家对文化产业发展的扶持和庇护；日本、韩国政府在第二次世界大战后更是"使尽浑身解数"推动文化产业的国内繁荣与世界影响力，把特色文化产业发展上升到国家战略层面，政府发挥多方位主导作用推动特色文化产业；并在各自的一些特长领域产生了良好的效果。

2. 构建我国文化产业策略的基本思维

西部地区民族特色文化产业的民族性主要表现在文化产品内容的民族性、表达形式的民族性、文化产品和文化服务对象的民族性以及文化产品生产主体的民族性等。对于我国来说，要利用和探索一切有利于自身发展的模式。作为单一制国家，地方服从中央的模式造就了产业发展依赖于中央政府对于文化产业的积极推进。国家和地方不断地调整有关文化产业的架构、部门、政策和法律，以适应文化产业管理。

借鉴各国经验，是为了能对我国民族特色文化产业的发展有所裨益。文化产业都是在充分考虑本国产业发展背景的基础上，以满足本国实际需求为原则进行的。例如英国政府在对创意产业的门类进行界定，以满足本国的实际需求为原则。文化产业管理机构的设置打破了行业的界限，把政府部门、产业界管理、产业界纳入管理机构。美国、韩国在推动文化产业发展的历程中，都强调政府定位的准确。这些经验和理念或多或少地对中国民族特色文化产业发展有所启发。

二 对立法选择的启示

（一）文化例外与文化多样性

以法国为代表的国家，运用文化多样性的原则倡导文化例外，强调产业文化的民族特色方向；通过大量的立法与政策促进民族文化的国内影响力和国际竞争力。甚至反对"文化贸易壁垒"的美国，也曾是"文化例外"的倡导者。在1950年的《佛罗伦萨协议》中，美国坚持协议应有"保留条款"，允许各国不进口那些可能对本国文化产业发展构成损害的文化商品。无论是采取自由市场还是政府主导的文化产业发展模式的国家，都非常重视本土民族文化的保护及其产业化发展，采取补贴、减免税收等多种扶持措施。

文化例外与文化安全相关，我国在发展文化产业的时候，要重视民族特色。对于西方文化在宽容的同时要有一定的警惕之心。一个民族如果丧失了自己文化的独特性，那么这个民族也就消亡了。西部对于国家安全意义重大，通过文化产业提高当地的经济水平，同时继承和发展当地文化，有助于增强中华民族文化的多样性，也有助于增强文化的凝聚力。因此，我国应该坚持"文化例外"原则，给予西部民族特色文化产业特殊的法律保护。

（二）政府与市场的关系

文化产业的发展，离不开政府的推动作用，但文化产业毕竟属于国民经济的范畴，要遵从市场规律。因此，在设计法律制度的时候，界定政府与市场对于推动文化产业的分工显得极为重要。政府定位不同必然会产生不同出发点的文化产业立法。

以美国为代表的文化产业"自由市场"国家，主要着力于市场法治化的构建，通过一系列促进竞争、规范市场的法律，营造文化产业发展的良好平台。在国际市场上，也是按照普通贸易的方式防止贸易壁垒，推进文化产业的全球化。美国坚持这样的政策和其国家实力是相关的，作为唯一的超级大国、世界最大的经济体，其政治、经济、文化的影响力是无与伦比的。在这样的大背景下，不必专门立法，就可以使文化产业随着美国的科技、商品、理念顺其自然地"流淌"到世界各国。

世界上其他国家显然没有美国这样的优势，但为了应对美国强势文化的侵袭，必然会采取相应的法律措施，来扶持本民族文化产业的发展。由于英国文化与美国文化同属一脉，所以采取比较中庸的"臂距"原则，市场作用与政府作用并重，在立法上采取"必要"原则。而法国、日本、韩国等国家则具有强烈的危机意识，认为本民族的文化会在美国强势文化的"侵略"下逐步消亡，所以采用政府主导模式，通过了专门的文化产业立法和配套的法律，积极促进民族文化产业的发展。

我国作为四大文明古国之一，文化积淀深厚璀璨，文化产业的土壤肥沃。近几十年来，似乎"按照西方的方式生活"备受欢迎，成了

"有文化"的表现。现代中国人更喜欢消费西方的文化产品,一方面是西方科技与工艺的发达以及西方文化的魅力;另一方面便是对于自身传统文化价值的不重视。近年来,党和国家非常重视传统文化,在以德治国、美丽乡村、家风建设等方面政策的指引下,也开始积极开展民族文化产业立法。

因此,我国应该采取政府主导原则,加强文化产业立法。文化产业促进法正在制定当中,除此之外还应该鼓励各地因地制宜地制定文化产业发展法规政策,民族自治地方也可制定单行条例。

三 对法律制度构建的启示

（一）根据国情构建文化产业法律保护体系

在分析各国文化产业法律制度的过程中,笔者发现每个国家都根据本国的国情制定相应的法律。各国经济模式不同,对于文化产业的理解也存在偏差,但是都能够发挥自己的优势来构建文化产业法律保障模式。无论是美国的市场法律为主还是韩国的专门法律为主,都切合了自身的民族文化特性与法律制度现状。

（二）国家法律与政策相互配合

美国在发展文化产业保护知识产权领域法律体系相当完善,有《文娱版权法》等,美国政府除了在政策上的宏观调控外并不插手文化产业具体事务。英国的相关法律有《国家彩票法案》,还有《英国艺术组织的戏剧政策》等的配合。英国利用政府与市场的双重力量,推动投资主体多元化拨款和补助,活跃了文化创意产业市场,营造了良好的投资环境,促进文化产业发展。美国、英国、法国、日本、韩国等国政府在发展文化产业上的职能不尽相同,无论哪种模式,这些国家的经验都告诉我们,政府职能明确是保证文化发展空间的关键。或者说,政府的管理体制是影响文化产业发展的决定性因素之一。

其他国家文化产业政策法规的发展与英国类似,芬兰、荷兰、澳大利亚和加拿大等国的文化政策都表明政府对文化产业采取积极态度。澳大利亚政府在1994年制定了一部名为"创造性的国家"的文化政策,强调了文化产业对经济的重要性。

现代文化市场体系要求各类文化市场主体能够依法平等进入市场领

域，要求各类文化市场主体能够适用同样的市场竞争规则，要求各类文化市场生产要素能够自由流动，要求完善文化产权制度、依法平等保护各种所有制产权，要求建设法治化的营商环境。①

  以上的各种模式都怀有促进本民族文化产业发展的共同目的。模式的选择与一个国家历史传统、政治制度相关，我国在选取文化产业法律保障模式时应充分考虑现实情况，对于西方国家的法律保障经验进行慎重甄选，找到适应我国国情的道路显得极为重要。

---

① 赵晓强：《文化产业治理的法治维度》，《中国社会科学报》2018 年 5 月 9 日第 7 版。

结　　语

如同文化产业外延的不断扩大一样，文化产业的法律保障范围也在不停地扩大，几乎涉及全部的部门法。西部地区对于新时代中国实现强国梦意义重大，没有西部的发展就不会有中华民族的伟大复兴。民族特色文化产业是西部经济发展的强劲动力，在将来的发展中作用会越来越明显。

用"保障"这个词来表述法律，其出发点不免有"工具性"倾向之嫌，但是在依法治国作为基本治国方略的时代背景下，法律所提供的良好社会秩序与竞争秩序，以及人们行为的可期待性、可预测性都是经济发展所必不可少的基础性条件。因此，法律的"功利性"作用毋庸置疑；而且在西部地区的政治社会环境下，外部推动与法律激励在经济发展的突破期显得尤为重要。

本书把西部地区民族特色文化产业作为一个整体进行研究，有其合理性，也有不合理性。合理性在于西部地区所共同具有的经济较为落后、少数民族聚居、法律观念与行政效率需要提高等特征，而且国家也把西部作为一个整体的区域进行发展规划。不合理之处是书名冠以"特色"，就是要直指与众不同，西部地区地域广大、文化差距很大，各地的文化产业的发展方向与龙头项目差别很大，比如云南的经验在新疆运用可能"水土不服"。因此，本书采取整体与个别的研究方法，尽量能够兼顾到整体与个体，产生的结果就是体系显得有点乱；但是也基本上将二者联系起来了，可以从不同的层面体现西部民族特色文化产业法律保障的方方面面。

中国的文化产业管理制度是以政策为主、法律为辅。法律的地位虽然高于政策，但是其过于抽象，操作性不如政策好。因此，在文化产业的发展中，政策所起的作用往往是最直接和最高效的。特别是西部地区，法治观念与东部的差距使得文化产业的发展更加依赖政策。在西部民族特色文化产业法律保障的论述中，无法避开国家和各地区的政策，这些规范性文件在很多时候起着"法"的作用。按照社会法学的观念，它就是法。但是笔者并没有放弃区分法律与政策，认为法律自身所具有的稳定性品格是政策所不具备的。在本书的表述中，尽量运用法律思维、从法律制度角度去看待特色文化产业，也用法律思维去审视政策。

参考文献

一 著作类

包桂荣等：《民族自治地方少数民族非物质文化遗产的法律保护研究——以蒙古族为例》，民族出版社 2010 年版。

毕佳、龙志超编：《英国文化产业》，外语教学与研究出版社 2007 年版。

［英］大卫·赫斯蒙德夫：《文化产业》（第三版），张菲娜译，中国人民大学出版社 2016 年版。

［澳］戴维·思罗斯比：《经济学与文化》，王志标、张峥嵘译，中国人民大学出版社 2015 年版。

［英］戴夫·奥布赖恩：《文化政策：创意产业中的管理、价值和现代性》，魏家海、余勤译，东北财经大学出版社 2016 年版。

戴晶斌编：《西藏特色文化产业理论与实践》，上海人民出版社 2015 年版。

戴琳：《民族民间传统文化产业的制度环境》，中国社会科学出版社 2007 年版。

冯天瑜等：《中华文化史》（第三版），上海人民出版社 2010 年版。

［德］弗里德里希·卡尔·冯·萨维尼：《论立法与法学的当代使命》，许章润译，中国法制出版社 2001 年版。

国家新闻出版广电总局发展研究中心编：《中国广播电影电视发展报告（2017）》，中国广播影视出版社 2017 年版。

甘肃省地方史志编纂委员会编：《甘肃省志：工商行政管理志》，甘肃文化出版社 2017 年版。

甘肃发展年鉴编委会编：《甘肃发展年鉴 2015》，中国统计出版社

2015年版。

［英］H. K. 科尔巴奇：《政策》，张毅、韩志明译，吉林人民出版社2005年版。

韩小兵：《中国少数民族非物质文化遗产法律保护基本问题研究》，中央民族大学出版社2011年版。

何敏等编：《文化产业政策激励与法治保障》，法律出版社2011年版。

侯聿瑶：《法国文化产业》，外语教学与研究出版社2007年版。

胡惠林主编：《我国文化产业发展战略理论文献研究综述》，上海人民出版社2010年版。

黄虚峰编：《文化产业政策与法律法规》，北京大学出版社2013年版。

江蓝生、谢绳武编：《2001—2002年：中国文化产业发展报告》，社会科学文献出版社2002年版。

李怀亮：《当代国际文化贸易与文化竞争》，广东人民出版社2005年版。

林日葵编：《中国文化产业政策法规与典型案例分析》，浙江工商大学出版社2009年版。

陆祖鹤：《文化产业发展方略》，社会科学文献出版社2006年版。

［德］马克斯·霍克海默、西奥多·阿道尔诺：《启蒙辩证法》，渠敬东、曹卫东译，上海人民出版社2003年版。

［英］尼克·史蒂文森：《认识媒介文化——社会理论与大众传播》，王文斌译，商务印书馆2013年版。

齐社祥编：《庆阳特色文化研究》（民俗文化卷），甘肃文化出版社2014年版。

祁述裕、王列生、傅才武主编：《中国文化政策研究报告》，社会科学文献出版社2011年版。

全国干部培训教材编审指导委员会编：《社会主义文化强国建设》，人民出版社2015年版。

［英］斯科特·拉什、约翰·厄里：《符号经济与空间经济》，王之先、商正译，商务印书馆2006年版。

孙有中等编:《美国文化产业》,外语教学与研究出版社 2007 年版。

王克岭:《微观视角的西部地区少数民族文化产业可持续发展研究》,光明日报出版社 2011 年版。

王文章主编:《非物质文化遗产概论》,教育科学出版社 2008 年版。

[美] 约翰·费斯克:《理解大众文化》,王晓珏、宋伟杰译,中央编译出版社 2006 年版。

张国庆:《公共政策分析》,复旦大学出版社 2007 年版。

张国祚编:《中国文化软实力研究报告(2010)》,社会科学文献出版社 2011 年版。

张胜冰、徐向显、马树华:《世界文化产业概要》,云南大学出版社 2006 年版。

张晓明、胡惠林、章建刚主编:《2009 年中国文化产业发展报告》,社会科学文献出版社 2009 年版。

张晓明、胡惠林、章建刚主编:《2011 年中国文化产业发展报告》,社会科学文献出版社 2011 年版。

赵锐:《创意产业的知识产权保护研究》,知识产权出版社 2012 年版。

赵玉忠编:《文化产业法学通论》,云南大学出版社 2009 年版。

郑培凯主编:《口传心授与文化传承》,广西师范大学出版社 2006 年版。

周正兵:《文化产业导论》(第二版),经济科学出版社 2014 年版。

二 报刊类

[美] 艾伟:《美国民俗学/非物质文化遗产保护中的"本真性"问题》,王文婷译,《文化遗产》2015 年第 3 期。

安雪梅:《非物质文化遗产保护与知识产权制度的兼容与互动》,《河北法学》2007 年第 12 期。

包国强:《论我国文化市场主体培育的路径选择》,《湖北社会科学》2011 年第 2 期。

蔡武进:《我国文化产业法体系建设的进路》,《福建论坛》(人文社会科学版)2014 年第 10 期。

曹峰旗、贾小鹏、张国昌：《英国"臂距"文化管理模式与启示》，《商场现代化》2007 年第 33 期。

曹焕荣：《庆阳香包开发的反思与展望》，《陇东学院学报》（社会科学版）2003 年第 3 期。

曹新明：《非物质文化遗产保护模式研究》，《法商研究》2009 年第 2 期。

曹义孙：《法治要为民族文化产业发展保驾护航》，《贵州民族报》2015 年 2 月 3 日。

车树林、王琼：《"新常态"下文化产业制度创新：现实困境与路径选择》，《南京财经大学学报》2018 年第 3 期。

丁雪：《文化产业发展的"云南模式"分析——以丽江为例》，《思想战线》2010 年人文社会科学专辑。

段莉、胡惠林：《中国文化产业研究是否进入学术疲劳期——基于学科概念体系的研究》，《东岳论丛》2013 年第 8 期。

方雪梅：《法国文化产业的发展模式及其启示》，《湖南科技大学学报》（社会科学版）2015 年第 1 期。

［美］弗里德里克·J. 特纳：《边疆在美国历史上的重要性》，黄巨兴译，《历史译丛》1963 年第 5 期。

傅守祥：《论全球化压力下的中国文化产业发展》，《内蒙古社会科学》2003 年第 3 期。

关萍萍：《我国文化产业政策体系的 3P 评估》，《西南民族大学学报》（人文社会科学版）2012 年第 1 期。

韩小兵：《少数民族非物质文化遗产概念界定及其法律意义》，《北京政法职业学院学报》2010 年第 4 期。

何星亮：《民族学界关于非物质文化遗产保护的研究和建议》，《中国民族报》2008 年第 7 期。

江凌：《近十年中国文化产业政策的基本类型分析》，《江南大学学报》（人文社会科学版）2012 年第 1 期。

蓝庆新、郑学党：《中国文化产业国际竞争力评价及策略研究——基于 2010 年横截面数据的分析》，《财经问题研究》2012 年第 3 期。

李朝阳、郭锋锋：《国家级非物质文化遗产传承状况及保护开发研究——以庆阳剪纸为例》,《科技创新与生产力》2017 年第 9 期。

李凤亮、宇文曼倩:《"一带一路"对文化产业发展的影响及对策》,《同济大学学报》(社会科学版) 2016 年第 5 期。

李高协:《地方立法的可操作性问题探讨》,《人大研究》2007 年第 10 期。

李建柱:《论区域特色文化产业发展的困境与对策——以吉林省为例》,《延边大学学报》(社会科学版) 2013 年第 5 期。

李俊霞:《西部特色文化产业集群发展战略研究》,《兰州大学学报》(社会科学版) 2012 年第 5 期。

李敏:《发达国家促进文化产业跨行业经营的政策变革及特征》,《中国行政管理》2012 年第 11 期。

李宁:《"自由市场"还是"文化例外"——美国与法—加文化产业政策比较及其对中国的启示》,《世界经济与政治论坛》2006 年第 5 期。

李滔:《"一带一路"视角下少数民族文化产业的法律保障》,《广西政法管理干部学院学报》2016 年第 6 期。

李炎、侯丽萍:《内容与形态——民族文化产业的理论预设》,载顾江主编《文化产业研究》,南京大学出版社 2011 年版。

李炎、林艺:《差异性竞争:西部地区文化产业发展的模式研究》,《民族艺术研究》2004 年第 5 期。

刘咏梅、饶世权、习洁:《英国政府发展创意产业的主要措施及经验启示》,《天府新论》2014 年第 3 期。

刘悦笛:《"英国文化创意十年"对文化产业的启示》,《现代传播》2008 年第 4 期。

刘志云:《国家利益的层次界定与国际法的关系——以〈美国国家利益报告〉为分析蓝本》,《晋阳学刊》2014 年第 6 期。

马爱娟:《非物质文化遗产传承人的法律保护研究》,《人文天下》2018 年第 7 期。

马翀炜、马骏:《文化品牌与民族地区文化产业发展》,《广西民族研究》2010 年第 1 期。

齐骥:《理论与实践:中国文化产业十年总揽》(上),《学术探索》

2012 年第 2 期。

齐勇锋、吴莉:《特色文化产业发展研究》,《中国特色社会主义研究》2013 年第 5 期。

饶世权:《日本文化产业的立法模式及其对我国的启示》,《新闻界》2016 年第 11 期。

任鹤淳:《韩国文化产业实况与发展政策》,《当代韩国》2004 年第 3 期。

宿伟玲、郑岩:《乡村旅游扶贫中 PPP 模式的应用与探索》,《中国管理信息化》2018 年第 3 期。

唐一力:《民族文化产业培育的法律生态构建》,《贵州民族研究》2017 年第 8 期。

唐永亮:《试论日本文化产业及其理论基础》,《东北亚学刊》2011 年第 4 期。

王国华:《完善文化产业市场主体的方法与路径》,《思想战线》2010 年第 3 期。

王海冬:《法国的文化政策及对中国的历史启示》,《上海财经大学学报》2011 年第 5 期。

王克岭:《西部民族地区文化产业发展中的政府作用——基于微观视角的解读》,《企业经济》2011 年第 10 期。

王雅霖、胡惠芳:《民族文化产业法律保障的问题反思与完善路径——以甘肃省民族文化产业地方立法为例证》,《甘肃政法学院学报》2017 年第 6 期。

王玉刚、周丽:《新疆南疆三地州文化产业发展研究》,《新疆社会科学》2014 年第 6 期。

王者洁:《当下文化产业立法模式之选择》,《中国发展》2017 年第 3 期。

卫霞:《汉文化在丝路明珠莎车的传播述论》,《北方民族大学学报》(哲学社会科学版) 2016 年第 1 期。

谢传仓:《美国文化产业的价值取向》,《现代哲学》2014 年第 5 期。

谢传仓、李正园:《传统而内敛:法国文化产业的价值取向》,《贵州社会科学》2016 年第 11 期。

熊晓辉：《民族地区文化产业发展趋势研究》，《大众文艺》2009 年第 6 期。

徐鹏：《我国文化产业振兴中的法律问题研究》，《法学杂志》2013 年第 9 期。

杨炼：《文化产业立法的国际借鉴及启示》，《重庆社会科学》2012 年第 5 期。

杨文辉、王纲：《法人治理新探索：联合理事会制度——以西部遂宁市文化体制改革为例》，《四川图书馆学报》2018 年第 1 期。

羿克、梁强：《我国文化产业发展与保护相关法律问题研究》，《今传媒》2011 年第 2 期。

袁明旭：《论民族地区文化产业政策创新》，《经济问题探索》2008 年第 8 期。

苑捷：《当代西方文化产业理论研究概述》，《马克思主义与现实》2004 年第 1 期。

张秉福：《论"适度型"文化产业政府规制模式的构建》，《理论学刊》2012 年第 9 期。

张慧娟：《美国文化产业政策的形成与发展》，《科学社会主义》2012 年第 6 期。

张军：《文化产业法律制度的困惑与思考》，《理论月刊》2011 年第 12 期。

张翼：《2016 年文化产业保持快速增长》，《光明日报》2017 年 2 月 7 日。

章可：《我国文化立法的路径探究》，《学习与实践》2013 年第 8 期。

赵丽芳、紫葆青：《韩国文化产业爆炸式增长背后的产业振兴政策》，《新闻界》2006 年第 3 期。

赵晓强：《文化产业治理的法治维度》，《中国社会科学报》2018 年 5 月 9 日。

郑维炜：《社会主义文化产业发展中的民商事法律制度研究》，《中国法学》2012 年第 3 期。

周建军、张爱民:《论特色文化产业的内涵和发展途径》,《社会科学研究》2010年第6期。

周凯:《西方国家如何通过文化产业传播核心价值观》,《红旗文稿》2016年第1期。

周丽:《新疆特色文化产业的发展》,《新疆社会科学》2009年第6期。

周林:《加快制订"民间文艺"版权条例》,《中国社会科学报》2018年7月4日。

朱国辉、王欣欣:《我国七年（2002—2009）来文化产业政策现状与问题浅析》,《四川省干部函授学院学报》2010年第1期。

庄严:《日本文化产业制度安排及其创新》,《经济纵横》2013年第11期。

左停:《滇西北民族文化产业发展的实证研究》,《学术探索》2002年第1期。

三 学位论文类

迟莹:《中国文化产业国际拓展研究》,博士学位论文,东北师范大学,2014年。

范志杰:《发展文化事业促进文化产业政策研究》,博士学位论文,财政部财政科学研究所,2013年。

甘露:《甘肃文化资源产业化开发研究》,硕士学位论文,西北师范大学,2013年。

高薇:《文化遗产旅游开发研究》,硕士学位论文,兰州大学,2014年。

高宇:《甘肃省文化产业发展现状及对策研究》,硕士学位论文,兰州大学,2013年。

侯金灵:《基于比较视角的中国文化产业发展问题研究》,硕士学位论文,青岛大学,2014年。

霍步刚:《国外文化产业发展比较研究》,博士学位论文,东北财经大学,2009年。

李菡静:《走向国际市场的云南演艺产业——民族歌舞的"场域"

转换与"话语"调适》，博士学位论文，云南大学，2015 年。

李曼：《甘肃省各市（州）文化产业竞争力评价研究》，硕士学位论文，西北师范大学，2014 年。

李蓉：《甘肃文化资源保护与利用的治理机制研究》，硕士学位论文，兰州大学，2014 年。

罗艺：《甘肃省非物质文化遗产立法保护研究》，硕士学位论文，西北师范大学，2009 年。

田雪蓉：《酒泉文化旅游资源开发研究》，硕士学位论文，山东大学，2008 年。

王丹：《我国文化产业政策及其体系构建研究》，博士学位论文，东北师范大学，2013 年。

王颖：《文化创意产业资产证券化融资模式研究——以电影产业为例》，博士学位论文，北京理工大学，2014 年。

温景涛：《韩国文化产业发展研究》，硕士学位论文，吉林大学，2005 年。

杨丽：《我国文化产业法制建设研究——基于〈文化产业促进法的立法视角〉》，硕士学位论文，四川师范大学，2014 年。

张慧娟：《美国文化产业政策及其对中国文化建设的启示》，博士学位论文，中共中央党校，2012 年。

张庆盈：《中国文化产业法制建设问题研究》，博士学位论文，山东大学，2011 年。

张文静：《金融支持甘肃省文化产业发展问题研究》，硕士学位论文，兰州商学院，2014 年。

张亚丽：《我国文化产业发展及其路径选择研究》，博士学位论文，吉林大学，2014 年。

左文盼：《庆阳地区非物质文化遗产法律保护的经验与反思》，硕士学位论文，西北师范大学，2010 年。

后　　记

中国自古倡导"以文化之",是个极端重视文化的国度。中华文明从未中断,几千年的文化资源是一笔极大的财富,必然会在中华民族的伟大复兴中起到重要的作用。

市场经济下的文化产业的发展需要有自我造血的功能,同时良好的制度能够提供输血机制,对于处于弱势和起步阶段的西部文化产业来说非常重要。我虽然籍贯在中原,但出生于西北,成长于西北。这里的豪情与水土已经融入了我的血脉之中。自从2012年获得国家社科基金项目"西部地区民族特色文化产业法律保障研究"(12XFX004)后,多次在甘肃、新疆、青海、四川等地调研,收集资料。其间的辛苦自是应该,遗憾的是最终的成果与预期存在不小的差距。项目成果如同自家的孩子,无论收获赞扬抑或批评,纵有千般不是,也要展示出来。如果这部书能对西部文化产业的法治建设有所帮助,则幸莫大焉。

感谢我的先生康建胜博士对本书框架和内容的建议,以及为完成本课题分担的家务与精神的鼓励!

感谢在资料的收集中给予帮助的所有朋友!

感谢甘肃省委党校对本书出版给予的资金支持,以及刁佳慧、梁剑琴编辑为本书出版所付出的努力和劳动!

2019年6月于兰州